UNIVERSO DE AMOR

Luiz Sérgio

UNIVERSO DE AMOR

Psicografia: Irene Pacheco Machado

3ª Edição
2003

Esta Edição: do 31º ao 35º milheiro

SÉRGIO, Luiz (Espírito)

Universo de Amor; Luiz Sérgio; psicografado por Irene Pacheco Machado. – 3ª ed. – Brasília: Livraria e Editora Recanto, 2003.

286 p.: il.

1. Espiritismo. 2. Comunicações Mediúnicas. I. Machado, Irene Pacheco. II. Título.

CDU 133.9

ISBN 85-86475-28-9

Capa e ilustrações: Maurício Maia Soutinho
Este livro foi psicografado no ano de 1997
1ª edição – 1998

SUMÁRIO

MENSAGEM AO LEITOR

Mundo espiritual: o nosso universo de amor, onde encontramos novas oportunidades de vida. Depois do mergulho na carne, a volta à superfície deixa o Espírito em êxtase, leve, livre, mas, muitas vezes, perturbado. Uma nova vida o espera: é o retorno, o recomeçar sem bagagem, sem documentos, antes tão necessários; uns Espíritos apresentam-se completamente mendigos, sem bônus-hora[1], tudo deixando no plano físico. Outros, mais inteligentes, trazem na consciência o bônus do amor, que lhes dá o direito de locomover-se em busca de uma nova vida, quase igual à do plano físico, encontrando trabalho, escola, lar, recreação, enfim, novas oportunidades. Há os que, mesmo apegados aos bens materiais e até endurecidos, são levados aos hospitais, às escolas de recuperação, aos umbrais redentores. Mas todos recebem de Deus uma nova oportunidade de aprendizado.

Pensando nos encarnados, que vão às estações do adeus talvez julgando que ali seja o ponto final da vida de cada um, tentaremos contar um pouco das belezas do mundo em que vivemos. Não sabemos se seremos capazes de descrevê-lo, tão belo é o Universo de Amor.

Luiz Sérgio

Brasília, janeiro de 1997.

1 NE — Moeda simbólica a que se refere André Luiz no livro "Nosso Lar", edição FEB.

I

FLORENCE

Apocalipse, Capítulo XXI: *Esplendor e riqueza da cidade santa*

9 *Então veio um dos sete anjos que tinham os seus sete cálices cheios das sete pragas últimas, e falou comigo, dizendo: Vem cá, e eu te mostrarei a esposa, a consorte do Cordeiro.*

10 *E ele me transportou em Espírito a um grande e alto monte, e me mostrou a santa cidade de Jerusalém, que descia do céu da presença de Deus,*

11 *a qual tinha a claridade de Deus; e o lustre dela era semelhante a uma pedra preciosa como pedra de jaspe, à maneira de cristal.*

12 *E tinha um muro grande e alto, com doze portas, e nas portas doze anjos, e uns nomes escritos, que são os nomes das doze tribos dos filhos de Israel.*

13 *Três destas portas estavam ao oriente, e três portas ao setentrião, e três portas ao meio-dia, e três portas ao ocidente.*

14 *E o muro da cidade tinha doze fundamentos, e neles os doze nomes dos doze apóstolos do Cordeiro.*

15 *E o que falava comigo tinha por vara de medir uma cana de ouro para medir a cidade, e as suas portas e o muro.*

16 *E a cidade é fundada em quatro, e tão comprida, como larga; e mediu ele a cidade com a cana de ouro e achou que era de doze mil estádios; e o seu comprimento, e a sua altura, e a sua largura são iguais.*

17 *Mediu também o seu muro que era de cento e quarenta e quatro côvados, da medida de homem, que era a do anjo.*

[18] *A estrutura porém deste muro era de pedra de jaspe, e a mesma cidade era de puro ouro, semelhante a um vidro claro.*

[19] *E os fundamentos do muro da cidade eram ornados de toda a qualidade de pedras preciosas. O primeiro fundamento era de jaspe, o segundo de safira, o terceiro de calcedônia, o quarto de esmeralda;*

[20] *o quinto de sardônio, o sexto de sárdio, o sétimo de crisólito, o oitavo de berilo, o nono de topázio, o décimo de crisópraso, o undécimo de jacinto, o duodécimo de ametista.*

[21] *E as doze portas eram doze margaritas, uma em cada uma; e cada porta era feita de uma margarita, e a praça da cidade era de puro ouro como vidro transparente.*

[22] *E não vi templo nela, porque o seu templo é o Senhor Deus Todo-Poderoso e o Cordeiro.*

[23] *E esta cidade não há mister de sol nem lua que alumiem nela, porque a claridade de Deus a alumiou, e a lâmpada é o Cordeiro.*

[24] *E as nações caminharão à sua luz; e os reis da terra lhe trarão a sua glória e a sua honra.*

[25] *E as suas portas não se fecharão de dia, porque noite não haverá ali.*

[26] *Trazer-lhe-ão também a glória, e a honra das nações.*

[27] *Não entrará nela coisa alguma contaminada, nem quem cometa abominação ou mentira, mas somente aqueles que estão inscritos no livro da vida do Cordeiro.*

Se nesta passagem, dada a impossibilidade de descrever com expressões humanas a beleza das cidades espirituais, João utiliza os nomes das pedras mais preciosas, conhecidas naquela época, para nos dar uma pálida idéia de tamanha beleza, completamente desconhecida para o homem, como podemos nós, narrar para você, leitor amigo, as belezas do mundo onde vivemos hoje? Mas, vamos tentar.

Assim estávamos a pensar, sentado, compenetradamente, na nossa sala de estudos, quando Samita, nossa boa amiga, nos chamou, pois um grupo de ex-drogados se encontrava em nossa casa e desejava ver-nos.

— O que desejam eles, Samita?

— Luiz, são irmãos nossos, que muito receberam dos Raiozinhos de Sol.

— Nada fizemos por eles, sim o Rayto e seu grupo, Samita.

— Mas mesmo assim eles estão desejando revê-lo.

Guardamos os livros de consulta, enlaçamos o ombro de Samita e ganhamos o jardim. Um jovem alto, o Genaro, aproximou-se de nós, dizendo:

— Vimos cumprimentá-lo e lhe desejar boa sorte, pois sabemos que o querido amigo dia após dia recebe novos trabalhos.

— Obrigado, Genaro, e vocês, o que estão fazendo?

— Estamos também lutando contra a droga. Onde um traficante se aproxima de algum jovem, lá estamos para tentar impedi-lo.

— Genaro, serviço difícil é esse dos Raiozinhos... A droga está alastrando-se como capim e o pior é que algumas personalidades dizem que a maconha não vicia, enquanto bem sabemos que não só vicia, como ataca o sistema nervoso, deixando nos ex-usuários seqüelas irreversíveis. Se as famílias das vítimas da maconha não levantarem uma campanha contra ela, logo o nosso país será o paraíso dos traficantes.

Abraçamos aqueles amigos que ainda tinham no olhar as marcas de ex-viciados, a tristeza de um dia não terem tido força para lutar contra o pior inimigo de um adolescente: a droga. Ficamos conversando e quando partiram senti vontade de ir com eles, só que hoje o meu trabalho é o de narrar, aos que se encontram no plano físico, as belezas e as tristezas do universo de amor onde vivemos.

— Vamos, Samita, o dever nos espera.

— Querido, gostaríamos de acompanhá-lo, mas o nosso trabalho é outro, porém onde estivermos estaremos ao seu lado, orando a Deus pelo seu crescimento espiritual.

Abraçamos a boa amiga e as lágrimas molharam as primeiras páginas do nosso novo livro. Não eram lágrimas de tristeza, mas de alegria e esperança, pedindo a Jesus Cristo as forças necessárias para bem realizar a tarefa a nós oferecida. Samita se foi e nós nos colocamos a caminho, afagando as pedras e as heras e ouvindo a voz de Francisca Theresa, dizendo-nos: "Os filhos de Deus não param no meio do caminho, prosseguem sempre e jamais se detêm diante dos obstáculos, porque sabem que Aquele que em nós confia, Jesus, estará sempre à nossa frente nos iluminando a estrada."

Assim, chegamos à estação dos comboios. Muitos carros partiam, uns levando socorro, outros trazendo as vítimas do suicídio, dos acidentes, das tragédias. Era um vaivém incrível. A tudo olhava e, andando devagar, avistamos o comboio dos suicidas, um carro enorme, e, reclinadas em poltronas confortáveis, as mais estranhas figuras; uns ainda ensangüentados, outros enforcados, enfim, irmãos que traziam ainda no corpo perispiritual as marcas do momento do desencarne. Fomos aproximando-nos e com olhar fraterno os fitamos com carinho e respeito. Uma jovem de poucos anos segurou nosso braço:

— Pelo amor de Deus, ajude-me, sinto tanta dor!... Por que não paro de respirar? Ninguém me chama um médico. Preciso de ajuda. Depois, quero avisar meus pais que me encontro apenas ferida, que não consegui me matar com o tiro.

— Como se chama?

— Florence.

— E por que se suicidou?

— Julguei que estivesse com AIDS.

— Tão jovem e já envolvida na problemática do sexo?

— Está por fora, bem mostra que é um careta. Comecei com treze anos. Com dezesseis já havia feito dois abortos.

— Dois abortos? E seus pais?

— Coitados, eles me davam de tudo e graças a esse tudo me vi jogada nos braços da promiscuidade. Era insaciável, uma viciada em sexo.

— Como julgou que estava com AIDS?

— Julguei não, contraí mesmo a doença. Estou doente, sou portadora do HIV, a maldita. Mas, também, passei-a adiante a muitos outros jovens. Depois busquei a morte, mas ela não me quis.

— O que lhe aconteceu depois do tiro?

— Aí é que está o problema. Parece-me que não consigo tirar o revólver da minha mão. Andei, andei por lugares escuros onde ouvia gritos alucinantes e ninguém me socorria. O revólver estava em minhas mãos, escutava o barulho do tiro, o sangue descendo-me ao pescoço, chorava, gritava, sofria, tudo era escuridão. Só ontem alguns enfermeiros me colocaram neste trem e me trouxeram para este lugar, junto a esses malucos que gritam e choram. O que faço? Que cidade é esta? Qual é o seu nome?

— Luiz Sérgio. Segure-se no meu ombro e vamos até o pronto-socorro.

E assim Florence, filha única, a bonita menina rica, segurava-se com firmeza em nosso ombro, como se desejasse apoio e proteção. No pronto-socorro, uma loucura! Alguns não queriam esperar ser atendidos e outros, mesmo socorridos, não conseguiam livrar-se da dor, que não diminuía, ou do sangue, que não estancava. Florence olhou-me, suplicante.

— Luiz Sérgio, não me deixe. Depois, avise meus pais, eles não sabem onde me encontro.

— Calma, irmã, logo providenciaremos tudo.

Rapidamente, acompanhamos a nossa amiga para ser examinada.

— Seja bem-vindo, Luiz — falou-me, com carinho, a enfermeira Marina.

Florence foi medicada, porém sua cabeça, mesmo enfaixada, não deixava de doer. Fomos informados de que deveríamos levá-la até a ala cento e quinze, onde iria ser o seu alojamento, e para lá nos dirigimos, mas o nosso olhar buscava aqueles irmãos à procura de paz. Quando chegamos, Florence preencheu sua ficha e ganhou um uniforme azul com um crachá com a inscrição: paciente número mil e dez. Ainda a levamos até a enfermaria, onde iria conviver com umas trinta moças, todas suicidas. Antes, falei com a encarregada Anna que estávamos acompanhando Florence, a trabalho.

— Já fomos informados. Seja bem-vindo ao ambulatório do Pronto-Socorro Judas Iscariotes.

Paramos, assustado.

— Que disse?

Ela nos falou com carinho:

— Pronto-Socorro Judas Iscariotes.

— Desculpe-me, somos meio desatento.

— Amanhã Florence terá sua primeira aula, às seis da tarde, quando poderá acompanhá-la.

— Sim, e somos-lhe muito gratos.

Florence apertou nossa mão, pedindo-nos que não fôssemos embora. Ficamos ainda um pouco, até que foi encaminhada a seu pequeno quarto.

É bom que lhes apresente como é a enfermaria do Pronto-Socorro Judas Iscariotes:

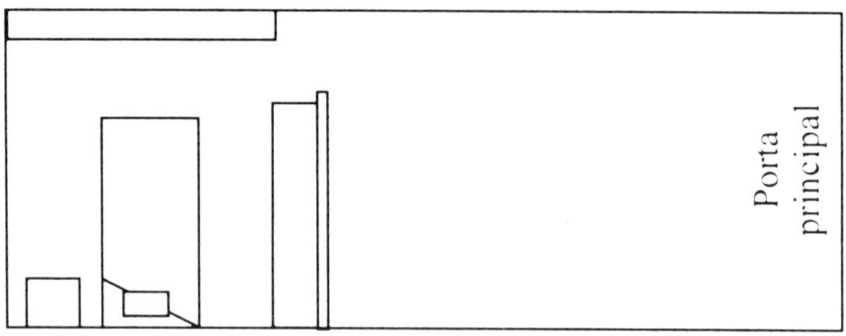

O quarto é composto de uma cama, uma mesa de cabeceira, um pequeno armário, uma estante de livros e é dividido por placas azuis, parecendo metal.

Conversamos ainda um pouco, pois Florence estava muito nervosa. Só depois Anastácio lhe aplicou um passe. Ela só nos deixou sair quando prometemos buscá-la no dia seguinte. Observando aquela enfermaria, pensamos: "como pode o encarnado imaginar que existe no plano espiritual tal conforto!" No momento em que Florence acomodou-se na cama, uma luz azul banhou todo o quarto e ela foi cerrando os olhos, adormecendo. Uma música suave envolvia todo o ambiente. Fomos saindo devagar.

II

SUICIDA E OBSESSORA

Ao passar por outro quarto, alguém chorava abraçado a um travesseiro. Aproximamo-nos:

— Como vai?

Ali estava uma jovem de seus dezoito anos, que nos envolveu com um olhar de desespero.

— Tire, por favor, esta corda do meu pescoço, quero respirar, não suporto mais este sofrimento. Por que custo tanto a morrer? Por quê? Responda-me! — falava, esmurrando o peito.

— Calma, calma, por favor, vamos orar:

"Senhor Jesus, por piedade, como acalmaste as ondas bravias do mar revolto, acalma este coração desesperado. Como, Jesus, Te deixaste ser pregado em uma cruz infamante e não Te desesperaste, assim também não deixes esta irmã se desesperar diante do sofrimento por que passa. Pedimos-Te, Senhor, o equilíbrio, para que ele seja o alicerce da sua cura. Assim seja."

Ela chorava, agarrada a nós.

— Não fique assim. Creia que somos filhos de Deus e que Ele jamais nos desampara.

— Como posso amá-Lo, se Ele me deixou contrair a maldita e depois não me fortaleceu diante da vontade de me suicidar? Como posso amar esse Deus que tem preferência por uns, enquanto outros são por Ele abandonados?

— Como se chama?

— Camila.

— Nome lindo.

— Não acho, nunca o suportei.

— Camila, por que suicidou-se?

— Ora, porque quis.

— Isso sabemos, agora, qual foi a causa?

Já mais tranqüila, começou a nos contar sua história:

— Aos quinze anos, iniciei um namoro com um jovem de dezoito anos, viciado em maconha. Eu era uma garota careta, primeira da classe, filha única e muito amada pela família, amiga e companheira da minha mãe. Com o namoro, comecei a odiar minha mãe, julgando-a uma inimiga que só desejava me dominar: ela era mandona e eu uma careta. Mudei o visual de todas as minhas roupas de filhinha de papai e comecei a me vestir à minha maneira. Estava apaixonada. Vivia imensamente o momento e iniciei a me drogar. Primeiro, a maconha, depois, a cocaína injetável e aí começaram os sofrimentos. Apanhava do Geovani, quando não lhe dava dinheiro. Sofria muito, era um joguete nas mãos dele e dos traficantes. Minha família também sofria. Meus pais tentaram de tudo, mas eu os odiava. Eles eram os meus inimigos, só os traficantes e Geovani eram os certos. Então aconteceu o pior: fiquei doente, muito doente, e meus pais, desesperados, tudo fizeram por mim. Naquela tarde, ouvi o médico dizer-lhes: "sinto muito, mas achamos que Camila contraiu AIDS." Minha mãe e meu pai, abraçados, choraram, sem acreditar. E eu, mal podendo andar, saí de casa em busca do Geovani. Quando o encontrei, ele estava ao lado de outra garota, de seus quinze anos, iniciando um namoro. Parti pra cima deles, gritando:

— Maldito, você é um monstro! Menina, fuja dele, eu era igual a você, e hoje veja no que ele me transformou: um trapo humano, viciada e doente. Volte, corra para o colo dos seus pais e peça-lhes ajuda. Pelo amor de Deus, não entre nessa, que é fria.

Geovani gargalhava:

— Fora daqui, antes que eu perca a paciência e lhe mate de pancadas, sua aidética!

A garota segurou minha mão e falou:

— Calma, quer que eu a leve para casa?

— Não, só quero que você se salve, livre-se desse monstro, ele me matou.

— Cale essa boca, ninguém se prostitui nem se vicia levado por outrem. Você é que não presta, se prestasse, jamais se drogaria nem se entregaria tão facilmente.

— Cale a boca, seu maldito!

— Dê o fora, do contrário eu mato você.

Depois disso, desmaiei, só acordando no meu quarto, sendo acariciada por meus pais. E assim a doença me castigou por quase um ano. Um dia, achei melhor morrer e me enforquei no banheiro. Só que não consigo esquecer aquele momento. Ainda vejo o meu pai abraçado ao meu corpo e gritando muito. A cena se repete. Por mais que meu pai tentasse tirar do meu pescoço o lençol, ele me apertava cada vez mais. Quando consegui sair de casa, caminhei pela cidade e fui até Geovani, queria matá-lo. Ele não me via e por mais que o esbofeteasse, ele apenas franzia o nariz. Era algo que o estava incomodando, nada mais que isso. Perambulei pela cidade repleta de pessoas estranhas. Algumas viravam-se para me olhar, outras, em algazarra, caminhavam ao lado dos encarnados, muito satisfeitas. Aproximei-me de um bando de rapazes, que me pareceram embriagados, e perguntei:

— O que fizeram? Por que estão alegres?

— Sua trouxa, por que suicidou-se?

Não respondi. Um deles me disse:

— Aproveitamos a vida junto aos encarnados. Se deseja também aproveitá-la, junte-se a nós, agora iremos aos barzinhos da cidade tomar umas e outras.

— Como fazem? indaguei.

— Muito fácil: é só colar-nos ao corpo do encarnado e dominar seu cérebro, que ele faz tudo o que desejamos.

— A qualquer hora vocês fazem isso?

— Não, sua trouxa, só nas altas horas.

— Altas horas?

— Sim, altas madrugadas. O silêncio da cidade é um convite ao intercâmbio entre o mundo espiritual e o mundo dos encarnados.

— De que fala? De almas? De fantasmas?

— Que alma, menina? Que fantasma? Nós somos Espíritos. Um dia já fomos encarnados. Agora, mesmo já "mortos", aprontamos das nossas: nos drogamos, tomamos umas e outras, enfim, fazemos tudo o que temos direito.

— Ajude-me, preciso encontrar Geovani, um garoto que foi a causa da minha morte.

Um da turma me indagou:

— Você deseja colar-se nele e o liquidar?

— Posso?

— Claro que pode, só que acho perda de tempo. Enquanto se gruda em um, perde a oportunidade de colar-se em muitos. Agora chega, vamonos divertir.

Pensei: "Como? O pescoço, a corda de lençol, o sufocamento..." Parei. Precisava respirar para segui-los. Eu queria encontrar o Geovani. Como eu o odiava! A turma já se encontrava longe. Quando me dei conta, estava correndo para alcançá-la. Eles se dirigiram a um lugar de encontro de jovens, que eu já conhecia muito bem. Meu pescoço doía, o ar me faltava. Revia muitas amigas minhas, garotas ainda, se insinuando para os rapazes. Pobres meninas, não sabiam o perigo que estavam correndo. Cada um da turma se juntou ao seu afim, consumindo droga e álcool. Eu ia de mesa em mesa. Com assombro, revi cenas de quando "viva": nos lugares escuros, os casais em cima dos carros. E eu continuava buscando o Geovani. Eis que o encontro novamente, agora com outra garota, de seus dezoito anos, linda, cabelos longos e louros, olhos azuis. Pensei: "ainda bem que salvei a outra, porque esta já há muito está na do Geovani." Vendo todo aquele "inferno", indaguei: "onde está a polícia, que não vê a orgia de uma juventude suicida?" Parti pra cima do Geovani. Ele parou, lembrou-se de mim e se arrepiou todo: "Cruzes, parece que aquela tantã de vez em quando está ao meu lado. Amanhã vou lhe acender umas velas." Eu chorava, chorava muito, mas ali fiquei ao lado do Geovani. E tudo o que ele tentou naquela noite não foi capaz de fazer. As mãos trêmulas, os lábios gelados, o levaram a propor a Vera que fossem embora. Eu os acompanhei e ele, inseguro ao volante, muitas vezes quase bateu o carro. A garota, doidona, estava furiosa, com a cara fechada, não queria ir para casa. Mas o Geovani era dono absoluto das mulheres da sua vida. Quando Vera falou que queria ter ficado na festa, ele lhe deu uma bofetada. Ela, olhando-o firmemente, falou:

— Quero avisá-lo de que esta é a última vez que me bate. Não se atreva nunca mais, porque assim darei parte de você. Acho bom você parar.

Eu, que me encontrava entre os dois, dava a maior força à menina. Geovani parou o carro e começou a chorar. Chorava, chorava e Vera nem aí:

— Eu não presto. Sou um porcaria, viciado, traficante, uma mula.

Eu a tudo confirmava e acrescentava que ele era pior ainda. E assim, Geovani deixou Vera em casa e foi para seu belo apartamento. Nesse momento, percebi que tinha poder para comandar Geovani. Ele entrou com facilidade na minha faixa vibratória. Começou a sentir fortes dores no pescoço, falta de ar e se via suspenso como se alguém o sustentasse no ar. Tomou alguns comprimidos, depois aspirou cocaína, mas nada lhe trazia paz. Eu senti fome, muita fome; ele abriu a geladeira e, para minha surpresa, à medida que ele comia eu me sentia farta. Só que ele, Geovani, se sentia fraco, muito fraco. Deitou-se na cama e eu ao seu lado, não como o fazia antes, mas com ódio, muito ódio. Ele demorou a dormir e quando o conseguiu, soltou um grito ao me ver ao seu lado. Tentou me bater. Eu ria, ria muito. Apavorado, voltou ao corpo físico.

— Sonhei com Camila, ou melhor, que pesadelo!... — disse para si mesmo.

Não demorou e o sono novamente chegou. Livre do corpo físico, ele me perguntou:

— O que deseja de mim?

— Nada, como não tenho para onde ir, vim para sua casa.

— Aqui você não pode ficar, os meus pais não irão gostar.

— Você não está lembrado que estou morta e que seus pais não irão me ver?

— Saia daqui, saia daqui! gritava, furioso.

Seus pais acorreram e defrontaram-se com Geovani em pânico, dizendo:

— Camila, ela está aqui, quer viver aqui em casa.

— Filho, procure não beber tanto, você está se excedendo. Camila morreu e você não foi o culpado — tentava acalmá-lo a mãe.

— Ela está aqui, se vou ao banheiro ela está lá; se deito na minha cama, lá ela está. Estou ficando louco.

Seu pai interferiu:

— Louco você está há muito tempo, desde que se envolveu com as drogas e o álcool. Quanto à Camila, você tem razão de ter remorso, você foi a causa da sua morte. Ela era uma boa menina até se envolver com você. Depois mudou tanto... Coitados dos pais da garota, estão sofrendo tanto...

— Cale a boca, nosso filho está precisando de nós — interveio a mãe.

— Ele não precisa de ninguém, eu vou é dormir. Nada melhor do que água para curar bebedeira. Dê um banho nele — e voltou ao seu quarto.

— Mamãe, Camila está aqui e diz que vai me levar com ela. Eu não quero ir, eu não quero ir...

— Filho, você deve estar com fome, vamos comer alguma coisa.

— Eu não posso, ela come tudo.

— Então, vamo-nos deitar.

— Eu não posso, ela me toma a coberta.

Confesso que me sentia feliz. Eu tinha poder sobre Geovani e ele tremia de medo de mim. Deixei-o dormir e nada fiz para assustá-lo. No outro dia, não agüentou ir trabalhar e eu fiquei com ele no quarto, levando-o à loucura.

— Você achava certo fazer isso com o Geovani? perguntamos.

— Claro que não. Só achava, como continuo achando, que ele merecia receber muito mais, pois me maltratou muito e matou os sonhos dos meus pais.

— Continue.

— Geovani percebia a minha presença, foi ficando doente e eu me sentindo cada vez mais debilitada, pois dia após dia a corda mais apertava o meu pescoço e o túmulo ia-se aproximando do meu corpo. Às vezes, a corda se rompia e eu me via dentro do caixão, fechada, asfixiada, com bichos me roendo e eu gritava, gritava tanto, que até a mãe do Geovani dizia:

— Às vezes ouço um lamento de dor. Geovani está ficando louco e nós junto com ele.

O forte, o belo, o jovem e rico Geovani Aguiar agora era um fantoche em minhas mãos. Geovani à mesa, a comida apetitosa, o garfo aproximou-se dos lábios. Ele parou, olhou para o garfo e a comida tinha desaparecido. Gritou:

— Ela comeu, ela não me deixa comer! Ajude-me mãe, estou louco, louco, louco!

Puxou a toalha e quebrou tudo o que estava sobre a mesa. A mãe orou o terço, pedindo para os santos. Senti-me um pouco fraca. A prece daquela mãe foi-me colocando para fora da casa. O pai, zangando-se com Geovani, gritou com a mulher e eu voltei a ter força. Geovani foi para o banheiro e eu me sentei primeiro no vaso. Ele, apavorado, fez as necessidades fisiológicas no chão. A mãe não acreditou e ele tentou justificar, chorando:

— Camila não me deixou sentar no vaso...

Quando ia sentir pena, logo me recordava de meus pais e da arrogância do Geovani no dia em que eu lhe disse que estava doente:

— Quem mandou ser otária? Ainda bem que há muito você deixou de ser minha mulher.

Aí o ódio ganhava uma dimensão tão grande, que me afogava também e então eu partia em busca do Geovani, que sempre estava ao meu dispor, pronto para ser dominado. Geovani, debaixo do cobertor, tampava a cabeça para não me ver. O pai trouxe um médico, que o aconselhou a internar o Geovani. Ele nem mais se drogava. Tinha muito medo de mim, porque quando a cocaína era por ele consumida eu levava sempre a melhor e ele, por mais que desejasse me atingir, não o conseguia. O médico, preocupado com o seu estado depressivo, prescreveu uma boa clínica de desintoxicação para dependentes químicos. Geovani, trêmulo, embaixo da coberta, nem queria ouvir o médico. Senti vontade de me deitar também sob as cobertas e foi uma festa. Ele jogou o cobertor sobre o médico e saiu quebrando tudo. Foram precisos muitos homens para segurá-lo. Eu ria, gostosamente, enfim vingava-me. Os pais do Geovani estavam sofrendo agora talvez mais do que os meus. Além do mais, eu gostava de estar ali, pregando peça no homem que me assassinou os sonhos e a pureza. Ele me matou antes do suicídio, por isso agora também sofria. Com pesar, fui saindo daquele apartamento, pois a minha presa ia tratar-se em uma clínica especializada. Quando saía da casa, uma luz forte me interpôs os passos. Parei, petrificada. A luz foi formando um corpo de mulher, linda, muito linda, que me falou:

— Por que tanto ódio? Feliz de quem aprende a perdoar. Geovani será castigado por ele próprio ao ser despertado para o Cristo. Você, Camila, não tem o direito de desesperá-lo. Geovani é digno de piedade e perdão. Nada justifica o que você está fazendo.

— Não quero ouvir ninguém, não quero!

Saí dali correndo em busca da clínica, mas o ar me faltava e me vi embaralhada em uns fios, que me sufocavam, e não o lençol do suicídio. Aqueles fios pareciam com os das caravelas[2], que queimam a pele. Os fios não me queimavam, mas me asfixiavam. Parei. Precisava respirar. Aquela mulher de luz me fez muito mal. Ela tocou na minha consciência, que não queria perdoar Geovani, ele era o demônio e os demônios têm de penar nos "quintos dos infernos". Na clínica, a tristeza dos corredores, e ele ali, o belo garoto, o temido Geovani, o espancador de ingênuas garotinhas, jazia amarrado e indefeso. Sentei-me à sua frente e dei boas gargalhadas. Ele começou a gritar, gritar e os enfermeiros lhe aplicaram um calmante. Adormeceu e era tudo o que eu queria. Pela primeira vez, eu o esbofeteei, dizendo:

— Maldito, como me fez mal! Eu o amava muito.

— Camila, deixe-me em paz, não suporto mais sua presença.

— Você me matou, Geovani, e matou meus pais. Você é um monstro!

— Cale a boca, mulher do demônio, deixe-me em paz!

Eu o provocava e ele, desesperado, voltou ao corpo enquanto os médicos lhe aplicavam mais calmantes. À medida que eu o atormentava também eu era atingida. Divertia-me, mas os meus sofrimentos eram atrozes. Geovani teve a primeira parada cardíaca, tantos os remédios que tomou. Só aí me assustei. Não queria que Geovani morresse, seria muito bom que ele continuasse na carne para sofrer tudo o que tinha direito. Os médicos esforçaram-se para salvá-lo. Tentei adentrar a sala da UTI, porém um Espírito com muita luz me disse:

— Sentimos muito, mas a irmã não tem o direito de entrar aqui.

— Quem pensa que é, o doutor do espaço?

---

2 NE — Espécie de água-viva, que vive nos mares quentes.

— Sinto muito, sou um guardião do hospital. Quem chega nesta sala se encontra muito necessitado, por isso não permitimos a entrada de pessoas estranhas durante o tratamento dos pacientes.

— Eu sou irmã dele.

— A irmã também está doente, aconselhamo-la a buscar um médico, vai sentir-se melhor.

— Deixe-me em paz, quero entrar, Geovani precisa de mim! — insisti, empurrando o guardião do lugar.

Que surpresa! Um raio de luz me barrou os passos, me vi suspensa novamente em meu antigo banheiro e as lágrimas me molharam a face. A gaiola de luz em que fui presa foi também me levando para fora do hospital.

— Por que não posso entrar na UTI?

— Porque está contaminada de ódio e as UTIs são relicários, onde os Espíritos devem encontrar sossego.

— Geovani não merece sossego.

— Se ele merece ou não compete a Deus decidir. Aqui ele está sendo tratado. A irmã deve ir buscar a sua cura nos hospitais do mundo onde vivemos. E, pelo que estou vendo, a irmã está precisando, e muito, de socorro. Todos os que carregam ódio no coração encontram dor e desespero na sua caminhada.

Saí, furiosa. Como Geovani tinha escapado do meu domínio, rondei a UTI uns cinco dias. Logo, quem encontrei? A minha presa: era ele, Geovani, que passeava tranqüilamente em um corredor. Emparelhei-me com ele, cantando esta canção:

Corra, corra, corra, corra
Eu não sei se vou lhe pegar
Talvez Jesus lhe socorra
Mas eu não vou lhe perdoar.

Ele correu para o quarto e lá começou a gritar. Houve um corre-corre na clínica, Geovani outra vez dava trabalho: era eu quem o estava maltratando. O grande amor da minha vida transformou-se em ódio mortal. O jovem bonito, tipo atlético, era um bagaço. Eu lhe roubava os fluidos. Chegava aos seus centros de força e neles me alojava, era dona absoluta daquele corpo físico debilitado. Com que facilidade eu perturbava o Geovani! Quando encarnada, não o conhecia como o conheço hoje, e ao seu corpo físico tenho acesso, porque o seu medo e o seu remorso me dão condição de perturbá-lo. O diretor da clínica mudou os medicamentos. Constataram que Geovani era portador do vírus da AIDS. Não o quiseram mais como paciente: era o fim. Geovani, quando soube, bateu a cabeça na parede, desejando-se matar. Bati palmas e pensei: "Ele vai morrer, eu assim o quero."

Dei pulos de alegria. Geovani, agora aidético, desprezado pelas garotas, pelo medo do contágio, a incerteza do amanhã. Enfim, era a dor chegando à sua alma. A doença moral, a dúvida: "Será que ele é só drogado ou se esconde, como muitos?" Delirei, era a vitória. Geovani iria saber o que sofri. Era soropositivo e ainda mais louco, coitado, "louquinho da Silva". Os pais brigaram com o diretor do hospital. Para onde levar o filho maluco, portador do vírus da AIDS? O diretor aconselhou o carinho da família, dizendo não existir lugar melhor do que o lar e que a AIDS hoje não é mais uma doença chamada morte. O paciente só precisa de assistência médica constante. Será que no apartamento de Geovani eu conseguiria levá-lo ao suicídio? Não sabia, só que o meu desejo chegou tão forte até ele que pegou um punhado de comprimidos e os ingeriu. A enfermeira avisou o médico e logo Geovani estava recebendo uma lavagem estomacal. Pensei: "não acerto uma. O que posso fazer para levá-lo ao suicídio?" Mesmo fraco, Geovani teve de deixar o hospital. A família, carinhosamente, o abrigou nas suas dependências, mas eu ali não o deixaria em paz. Um dia, uma amiga da família foi visitá-lo e logo disse à sua mãe:

— Esse menino não tem nada de louco. Está perturbado, porque a menina que está ao seu lado não o deixa em paz.

Para minha tranqüilidade, a mãe de Geovani não gostou da conversa. A médium se calou e eu ri da sua cara. Ela abriu *O Evangelho Segundo o Espiritismo* e das letras daquele livro formou-se uma rede que foi em minha direção. Porém a mãe quebrou a vibração quando disse:

— Eu não creio nessas coisas. Só Deus salva. A minha religião não permite a intervenção dos mortos.

— Você é quem sabe, disse a amiga. Eu fiz a minha parte. Uma jovem envolvida por uma nuvem negra de ódio mantém guarda ao lado do Geovani. Ela também precisa de ajuda. Se você desejar, podemos levá-lo ao Centro Espírita e ajudar essa moça, ela é mais sofredora do que ele, porque já viu a luz da liberdade e se nega a ser livre, continuando vítima de Geovani, levada pelo ódio do mal que ele lhe causou.

— Pare, por favor, odeio o Espiritismo. Prefiro a morte do Geovani a vê-lo num Centro Espírita.

— Então, busque na sua religião a cura para essa moça e para o seu filho, os dois foram vítimas da droga e do álcool; enfim, vítimas das facilidades que hoje desfrutam os jovens e as crianças. Leve seu filho à sua igreja e procure ajudá-lo.

Se as palavras daquela mulher não atingiram os pais de Geovani, comigo elas mexeram demais. Vi como estava perturbada. Eu era uma suicida e estava tentando me tornar uma fria assassina. Não bastava o crime que havia cometido, ainda queria cometer outro, induzindo Geovani a se matar. Olhei-o ali, indefeso. A luta era desigual. Ele não podia me atingir, mas eu, devido à sua baixa vibração, dominava-o. De cabeça baixa, parecia mais doido do que quando se drogava. Pela primeira vez, tive pena daquele trapo de homem. Cheguei bem perto dele e disse:

— Vou-me embora. Que Deus o perdoe, eu não consigo perdoá-lo, mas não posso mais lhe causar dor. Seus pais não merecem o que os meus passaram.

Ele pareceu me ouvir. Uma lágrima molhou seu rosto e tenho certeza que ela queimou sua face, porque as lágrimas de remorso marcam por demais. Fui saindo daquela casa. O pescoço me doía, a falta de ar, os pés fora do chão, o desespero. Que fazer? Correr para minha casa, rever meus pais, viver no meu quarto, junto com as minhas coisas? Enfim, que fazer? Para onde ir? Andei, andei. Às vezes sombras me envolviam e ouvia gritos, choros, era o mundo dos suicidas. Quando dei por mim, estava no cemitério, junto ao meu túmulo bem cuidado, diante da foto onde eu, linda, cabelos longos, sorria feliz. E na laje fria as palavras:

"Flor que nasceu em nosso lar
Volte para o jardim de Deus
Queremos que possa levar
A saudade de todos os seus.
Seus pais."

Como chorei, desejando dizer às meninas e aos meninos que se cuidem! É muito perigoso deixar de ser criança. Deitei-me sobre a laje fria e chorei muito. Quando me levantei, ouvi vozes e vi que uma multidão maltrapilha e sofrida era levada por um grupo de homens e mulheres. Caminhei em direção a eles e, num instante, estava sendo levada, empurrada, não importa. A caminhada parecia longa, tantos obstáculos o grupo enfrentava. Havia trechos em que os uivos nos pareciam de bichos, lobos vorazes. Mãos enormes eram árvores nos barrando a passagem. Era o mundo tenebroso dos suicidas, mundo que o homem encarnado desconhece. Assim, eu caminhava, caminhava. Já me sentia cansada, quando recordei minha mãe, ensinando-me o Pai-Nosso, e comecei a orar.

As lágrimas molhavam-me o rosto. Foi quando Arlindo, um jovem que ali estava, segurou minha mão e falou:

— Calma, o pior já passou. Devemos estar chegando.

— Por que não morremos?

— Deve ser porque Deus é bom.

— Eu queria estar morta e aqui me encontro, viva, com o mesmo corpo que tinha antes, só que agora doente. Para onde nos levam?

— Deve ser para algum hospital. Veja o estado precário de cada um dos nossos companheiros de viagem.

Olhei-os e pensei comigo mesma: "ninguém imagina como é grande o número dos que se suicidam." Arlindo me amparava, mas eu cambaleava. Sentia-me sem ar. O túmulo, os choros, o ódio eram algemas me puxando para trás. E assim parei, deixando os outros passarem, quando uma voz forte perguntou-me:

— Onde pensa que vai, menina?

— Vou voltar para perto do Geovani e dos meus pais. Não quero ir com vocês. Nem sei para onde estão indo...

O jovem hindu sorriu.

— Não sabe mesmo?

— Claro que não, ninguém me falou nada. Há horas estou caminhando e ainda não sei para onde vamos.

— Camila, a irmã foi socorrida. Estamos levando-a para o Hospital de Maria, onde a irmã vai-se curar.

— Não estou doente.

— Ainda bem que não, pois temos muitos doentes aqui na caravana e seria muito bom se a menina começasse a nos ajudar. Olhe ali aquela jovem de seus quinze anos, chorando e ensangüentada. Vá lá e a ajude.

— Por que você não vai?

— Porque temos muitos outros para cuidar. Você está em melhor estado do que eles e pode e deve prestar-nos auxílio.

Falou e já ia saindo, quando perguntei:

— Qual o seu nome?

Com um sorriso lindo, deixando à mostra dentes muito brancos, respondeu:

— Qual dos meus nomes a irmã gosta mais? Rad, Rayto, Anibal, Silas, Enoque ou Enamy?

— Rayto! — respondeu, sorrindo — pois lembra o sol. Estou precisando do sol para me aquecer da saudade dos meus pais.

Alisou minha cabeça e saiu, esfuziante. Demorei a iniciar o trabalho de ajuda, mas logo alguém tropeçou ao meu lado: era Antônia, que havia se suicidado com um tiro na cabeça e, ainda ensangüentada, caminhava em total desespero, pedindo água, pois estava com sede. Corri a buscá-la. Depois ela queria comer, tinha fome. Saí perguntando onde encontrar comida, quando a bela e jovem irmã Amparo me ofertou o alimento para dar à doente. E assim foi a minha caminhada até aqui. Tentava ajudar ora a um, ora a outro, mas não foi fácil. Havia momentos em que os Lanceiros de Maria nos protegiam de antigos desafetos que nos buscavam sem piedade. E quando isso acontecia, uma tenda descia do alto e nós éramos protegidos. Não sei quanto tempo levamos para chegar até aqui, só sei que me sinto muito fraca!...

Nisso que conversávamos, a enfermeira Rosa apareceu, trazendo o medicamento para Camila. Suplicante, ela perguntou:

— Posso ver meus pais?

— Amanhã, ao meio-dia, você terá uma aula. Só os instrutores poderão dizer-lhe o dia do encontro com seus pais.

Ao nos despedirmos de Camila, ela segurou nossa mão. O mundo do viciado é terrível. Se as autoridades não levantarem barreiras contra os traficantes, logo não existirão mais jovens sadios.

— Boa noite, Camila.

— Você pode aparecer amanhã?

— Está bem, viremos.

III

O BANCO DE DADOS

Íamos andando por aquele recanto chamado de Pronto-Socorro Judas Iscariotes, recordando-nos de tudo o que acontecera às novas amigas Florence e Camila, garotas lindas, filhas de pais ricos, que tinham tudo para ser felizes. Hoje, recebem tratamento no mundo espiritual por não terem aproveitado a oportunidade da bênção da reencarnação.

— Luiz, por favor, entre aqui.

Procuramos por quem nos chamava.

— Obrigado pela ajuda às meninas — falou.

— Nada fizemos, só as ouvimos.

— E foi ótimo! Amanhã iniciaremos o tratamento, espero que o irmão esteja presente. Chamo-me Aurélio, sou um dos médicos deste departamento.

— Aurélio, fala-se muito em suicidas, mas estamos longe de imaginar o que lhes acontece.

— Ao suicidar-se, o Espírito mergulha em um mundo de trevas. Todos os fatos das suas vidas sucessivas afloram-lhe na memória e ele cria uma nova realidade, não de lembranças boas, mas das horas amargas de todas as vidas já vividas.

— Não entendemos. Pode-nos explicar?

— Luiz, quando acontece o suicídio, a mente está perturbada com o impacto da separação Espírito e corpos. O Espírito mergulha nas lembranças, principalmente as mais dramáticas das suas vidas, e perturbado fica. Amanhã, peço-lhe que acompanhe as meninas no tratamento que será iniciado.

Ainda ali ficamos algumas horas, muito bem aproveitadas. Quando nos despedimos, ganhamos os corredores do Pronto-Socorro Judas Iscariotes, que integra um hospital enorme[3], com vários departamentos, rodeado de florestas lindas com suas cachoeiras de águas cristalinas. Olhávamos aquele Pronto-Socorro, considerado pequeno para o mundo espiritual, mas para nós imenso, lindo, majestoso. Os salões de espera pareciam galerias de arte, muito bem decorados com os mais belos quadros e colunas portando esculturas lindíssimas. A tudo examinávamos, quando Anna veio ao nosso encontro.

— Luiz, e as meninas, como estão?

— Florence e Camila nos pareceram muito perturbadas. Elas sofrem de um mal que corrói e maltrata: o remorso. Culpam-se muito por terem feito sofrer seus familiares.

— É, Luiz, os jovens se julgam os donos do mundo e vão passando pela vida ferindo e maltratando os que caminham ao seu lado. Pensam que só eles sabem das coisas e que os pais são uns ultrapassados; falta-lhes o bom senso. A falta de respeito é o motivo de hoje não existir diálogo entre alguns pais e filhos.

— Anna, assustou-nos o fato de existirem tantas garotas com AIDS.

— Luiz Sérgio, as meninas de hoje estão entrando na adolescência sem qualquer orientação dos pais. Só estão recebendo as informações da própria sociedade, pelos órgãos de comunicação.

— E isso torna-se perigoso?

— Claro! A verdade dita pelos pais é mais fácil de ser assimilada pe-

3 Nota do autor espiritual — O Hospital Maria de Nazaré trata-se de um fabuloso complexo hospitalar, onde vários hospitais-clínicas atendem os diversos doentes desencarnados.

las mentes jovens. Agora, a menina está sendo levada a um relacionamento mais intenso com os garotos porque tornou-se tabu o recato, o respeito pelo próprio corpo. A liberação deve ser a do sentimento e não a do corpo. Quando se ama e se respeita não há maldade no relacionamento. Mas, hoje, a mulher se julga dona exclusiva da sua vida, apta a errar e acertar, porém os erros suplantam os acertos, por serem erros graves. A menina quer se liberar, mas se torna uma dependente do namoradinho, que passa a comandar sua vida. Ela rejeita os pais, mas deles precisa financeiramente. E o pior é que essas meninas nada estão construindo para o amanhã. Sem estudo não encontram trabalho, e sem trabalho se vêem nas costas dos pais, tornando-se fardos pesados. Aí, tudo se complica. E quando adoecem quem cuida são os pais, considerados quadrados, ultrapassados, ignorantes. O garotão se vai, em busca de novas presas. A mulher atualmente é a maior vítima da AIDS. Ela não tem como evitar o contágio, pois quando ama confia e quando confia não exige. E a AIDS está aí, ceifando meninas na flor da idade.

— Irmã Anna, quando iniciamos o livro *Na Esperança de Uma Nova Vida*, assombramo-nos com o mundo dos drogados. Hoje a realidade está mais dura e a sociedade, mais indiferente. Também, os pais são culpados, muitos acham tudo natural: droga, sexo, álcool.

— Não acreditamos que um pai ache natural ter um filho dependente. É um mundo tão tenebroso que por mais liberado que se seja, não há como sentir-se bem convivendo com traficantes, e quando se defronta com a realidade da droga, sente-se infeliz. Quem entra nela dificilmente se livra, é terrível. Amanhã estarei aqui para recebê-lo. Até amanhã, amigo.

Dali fomos saindo e pensando no mundo lindo onde vivemos: a esfera espiritual, o hospital de Deus. Com o Seu Universo de amor, Ele perdoa e oferece novas oportunidades aos Seus filhos, no mundo para o qual estão de volta e que muitas vezes julgaram não existir. Qual a sua surpresa ao constatar que existe ao seu redor um mundo mais completo do que o plano físico, que eles relutavam em ter de deixar um dia! E nesse novo plano o homem está sem máscara, sem verniz, nu, transparente. Alguns ficam no plano físico com medo de enfrentar este mundo maravilhoso dos Espíritos, onde valemos por aquilo que fizemos de bom ao próximo.

Olhamos as calçadas, os jardins, os espelhos d'água, as alamedas, as avenidas, os transportes, o *aeróbus* e o *conducéu*[4]; o comboio aéreo, com sua velocidade máxima, atualmente o mais moderno meio de transporte da espiritualidade, tornou o aeróbus e o conducéu ultrapassados. O homem encarnado está desfrutando de muito conforto no mundo físico. Se a informática terrena está fantástica, imaginem o que se tem hoje no mundo espiritual! Como é pobre de sonhos quem julga que tudo se acaba no túmulo; que os "mortos" não têm onde morar a não ser na sepultura! Não sabemos se é cômodo pensar dessa maneira ou se é mais prudente buscar a verdade. Assim meditando, pegamos o comboio aéreo e logo nos encontramos na Cidade das Acácias. O povo ia e vinha e o movimento era enorme. Acompanhamos um grupo.

— Também está em busca de trabalho? Quando desencarnou? — indagou-nos um rapaz chamado Antero.

— Há vários anos.

— E ainda não trabalha?

— Trabalhamos, sim, graças ao Senhor. E o irmão, quando desencarnou?

— Há dez anos, mas só agora estou liberado para exercer a minha profissão.

— De que desencarnou?

— De hepatite, durei poucos dias doente.

— E como está de saudade?

— No começo foi terrível, deixei mulher e dois filhos. Mas, quando

4 NE — Veículos do plano espiritual.

percebi que aqui tudo é igual ao mundo dos encarnados, pedi serviço. Entretanto, tive de ficar uns dias no hospital, depois fiz pequenos serviços. Só hoje fui convidado a vir até aqui, para uma entrevista, após vários anos de estudo.

— Vocês são muitos? perguntamos.

— É que hoje é dia de todos buscarem trabalho, o que não é o meu caso. Ao sair do hospital, fui trazido em uma condução menor até este pátio das Acácias.

— Você sabia, Antero, que a coroa que colocaram no Cristo era de acácias? Ela é uma planta sensível, respeitada por ter espinhos nas suas folhas. Acho que é por isso que este lugar se chama Cidade das Acácias. Aqui é que o "morto" cai na real. Para sobreviver, ele tem de trabalhar. Se Deus trabalha até hoje, por que o homem foge do serviço? Aqui, ou você trabalha, ou coloca na fronte a coroa da ociosidade. As acácias são plantas lindas e sensíveis.

Ficamos algum tempo conversando com o nosso irmão. As pessoas iam e vinham, um pouco assustadas. Chegou a hora da entrevista. Antero, ansioso, porém gentil, cumprimentou a atendente:

— Bom-dia.

— Seja bem-vindo. Seu nome?

— Antero Porto dos Santos, trinta e três anos.

— Desencarnação?

— Doença, hepatite.

— Que trabalho deseja?

— Qualquer um. Só não quero é ficar parado, não posso pensar nos que ficaram.

— Profissão que exercia?

— Formado em Processamento de Dados.

— Muito bem, encaminhe-se para o Departamento Sete.

— Obrigado, muito obrigado.

E assim fomos até o Departamento Sete. Quando lá chegamos, a ficha do irmão já estava feita e registrava: "Trabalhador digno, jamais faltava a não ser em caso extremo. Nunca usou seu trabalho para enganar quem quer que seja, ótimo pai de família." Portanto, podia exercer a mesma profissão. Antero nos encontrou no balcão e chorou, falando-nos:

— Coitado daquele que quando no corpo de carne derruba os colegas para se dar bem... Aqui a justiça funciona. Para o bom funcionário, o respeito; para o mau, a advertência.

Antero recebeu várias fichas que teria de entregar no prédio X8. Para lá nos dirigimos e qual não foi a nossa surpresa! O prédio, moderníssimo, pareceu-nos do plano físico: as esquadrias metálicas com os seus vidros iluminados pelo sol irradiante refletiam uma cor belíssima. Antero entregou as fichas no balcão trinta e oito e logo Maria Rosa nos levou à sala de trabalho. Deslumbrados, paramos à porta de acesso a um salão imenso, repleto dos mais modernos computadores, ainda não fabricados no plano físico. Sua aparência era a seguinte:

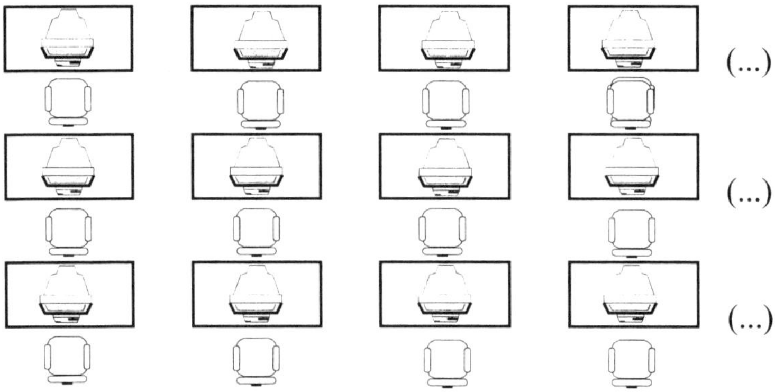

Antero falou alto:

— Meu Deus, que maravilha! Menino, o que é isso?

Sorrimos com o seu entusiasmo. Instalado em seu local de trabalho, recebeu as instruções que já se encontravam no seu computador. Como uma criança, recebia as normas de como operar aquela máquina. Assustado, achava que não tinha capacidade para aprender. Aquela sala era um banco de dados de alguns Espíritos que estavam de volta ao plano físico. Os instrutores acercaram-se de Antero, colocando-o a par do trabalho a executar. Nossa curiosidade nos levou a outro irmão que operava o mais moderno daqueles computadores. Bastava fazer a pergunta mentalmente e de pronto vinha a resposta. Ali preparava-se a volta dos Espíritos ao plano físico. E pensamos na razão do ato do suicídio ser tão comprometedor para o Espírito. Observando o trabalho daquele departamento, pudemos perceber que cada Espírito, ao retornar ao corpo físico, parte com um plano de evolução, o seu plano de vida. Se o Espírito aqui no mundo espiritual evolui interiormente, é no plano físico que ele presta exame. A vida no corpo físico é um eterno vestibular; basta um erro para sermos reprovados. Nisso, Antero fez a pergunta:

— Nós, os Espíritos, progredimos aqui no mundo espiritual ou só progredimos no corpo físico?

Logo veio a resposta do computador, onde os instrutores ajudavam Antero:

"No livro *O Céu e o Inferno*, por Allan Kardec, encontramos, na 1ª Parte, Capítulo III, item 10:

O Espírito progride igualmente na erraticidade, adquirindo conhecimentos especiais que não poderia obter na Terra, e modificando as suas idéias. O estado corporal e o espiritual constituem a fonte de dois gêneros de progresso, pelos quais o Espírito tem de passar alternadamente, nas existências peculiares a cada um dos dois mundos."

— Posso então progredir aqui no mundo espiritual?

Respondeu o computador:

"Se assim não fosse o Espírito estacionaria, pois com sua volta ao plano físico perderia com o tempo que aqui ficasse. O progresso se dá nos dois mundos. O Espírito que em vez de buscar o trabalho, o estudo no plano espiritual, desejar ficar no plano físico obsidiando, cuidando das coisas materiais, dos familiares, não estará evoluindo."

Antero ainda quis saber:

— O encarnado que deseja aprisionar um Espírito amigo, pedindo-lhe tudo, desde as ínfimas coisas, está atrapalhando a evolução do Espírito, pois o Espírito, ficando apenas no plano físico, sem o aprendizado do mundo espiritual, perde tempo?

"Sim. O Espírito tem de obedecer à lei do mundo em que vive. O encarnado, no plano físico, trabalha, constrói família, enfim, envolve-se no seu mundo. O Espírito tem de buscar o aprendizado do mundo espiritual e participar da vida dos encarnados apenas através de ordem superior, assim mesmo por algumas horas."

Apreciávamos o amigo Antero, entusiasmado e feliz, e admiramos aqueles modernos aparelhos da informática. Pensamos: "o homem encarnado tem de trabalhar muito, tantas as maravilhas que deslumbrarão seus olhos, e para comprá-las terá de ter muito dinheiro." Foi com esta moeda que tentaram o Cristo, perguntando-Lhe: *é justo pagar tributo a César?* e o Cristo respondeu: *Dai a César o que é de César e a Deus o que é de Deus.* Se o homem encarnado não buscar a fé em Deus irá transformar-se em um ser sem alma, sem fé, sem Deus, tal a corrida em busca de dinheiro, de conforto, de projeção. Enquanto isso, o disco magnético da sua vida estará rodando nos computadores espirituais. Quando chegar ao fim, ele será pescado para cá por mais inteligente, rico, importante que seja. Mas ele, o homem rico, poderoso, mas sem fé, sem Deus, julga que tem vida eterna no corpo físico e foge da realidade do Espírito, ficando cada vez mais endurecido e materialista.

Aproximamo-nos de outro computador, onde um nome famoso era projetado e, para surpresa nossa, anunciava o seu desencarne. Quando isso ocorreu, o computador passou a projetar cascatas, cachoeiras, rios, mares, flores, pássaros, e o nome completo da nossa irmã, com dia e hora do seu retorno ao plano espiritual. Afastei-me, respeitosamente.

O mundo espiritual é a pátria querida, que dá ao mundo físico um Espírito adormecido com um corpo novo, repleto de fluido vital e cheio de esperanças; o mundo físico, muitas vezes, o devolve ao mundo espiritual em andrajos, em desespero.

— Por que nós não sabemos, quando encarnados, um pouco que seja das nossas responsabilidades? perguntou Antero aos instrutores.

— Quem disse que não as sabemos? Desde criança nos é ensinado o bem e o mal; nós é que brincamos com a própria vida.

Fomos passando, um a um, por todos aqueles fantásticos computadores; uns, tão pequenos, que podiam ser carregados no bolso; outros, de tal proporção, que dariam para ocupar uma sala enorme. Cada um deles controlava a vida do mais humilde ser até a do mais poderoso. Naquele departamento imenso, aqueles Espíritos tinham acesso ao livro da vida de cada encarnado e dali partia o pedido de ajuda àquele que desencarnou.

Despedimo-nos de Antero e de seus novos instrutores. Ele nos fitou com aquele olhar de carinho. Passando por todas aquelas máquinas, olhamos para uma delas e lhe fizemos continência. Referindo-nos à irmã cujo desencarne estava programado, falamos ao computador:

— Cuide bem dessa irmã aí, tentaremos trazê-la para o trabalho do Cristo para mostrar-lhe que posição social e cobranças familiares não devem impedir o nosso crescimento espiritual.

Quando já estávamos à porta, encontramos Zellon. Ele nos informou que logo teríamos a terapia das meninas — Florence e Camila. Ficamos conversando um pouco mais, quando ele nos convidou para darmos uma chegada ao Campo da Paz. Para lá nos direcionamos.

IV

O CAMPO DA PAZ

O caminho era repleto de flores; o chão, atapetado por grama bem verde, um tapete de amor. Tudo isso nos fazia sentir o quanto Deus ama o belo. Ele não fez nada feio, tudo o quem vem d'Ele é harmonioso e lindo. O feio é obra inacabada do homem. À medida que chegávamos ao Campo da Paz, uma música suave ia-nos envolvendo o Espírito. Sentíamos como se a nossa volição nos elevasse para bem alto. Parecia, também, que estávamos sendo inflados, uma sensação gostosa, mas preocupante. Zellon nada falava, mas sentíamos que ele estava acostumado com aquela sensação. Percebendo nossa apreensão, ele parou e disse:

— Irmão Luiz Sérgio, não jogue pensamento fora. Concentre as suas idéias em um só ponto: a paz. Só ela irá nos envolver neste campo, onde nosso Espírito irá por algumas horas sentir a presença de Deus.

Confesso, amigos, que os nossos joelhos bateram de tal forma que até barulho fizeram. Ele fingiu não ouvir. O nosso coração acelerou tanto de emoção que os nossos pés não se afastaram do chão, enquanto Zellon já estava a uns dez metros acima de nós. Íamo-nos desesperar, quando sentimos uma força divina nos envolver o corpo e logo nos vimos ao lado do amigo. Ele nos disse:

— Luiz Sérgio, a mente do homem é tão forte que tem o poder de derrubá-lo e matar-lhe as esperanças. Feliz do homem cuja mente, aureolada pelo perfume da fé, alcança o ponto mais alto do Universo: Deus. Todos possuem essa força. Quando o Espírito recebe o livre-arbítrio, o diadema da razão, a consciência, é envolvido pelo hálito de Deus, pelo Seu poder.

Olhávamos para ele quase suplicante, como para lhe pedir ajuda. Agradecíamos por ele nos ter levado ali, mas a nossa preocupação era não fracassar.

— Todos os homens possuem essa força, Luiz, entretanto, por comodismo, eles a desconhecem; é como se Deus lhes desse um tesouro para cuidar e eles por preguiça deixassem-no escondido pelas teias de aranha, pelos limos, pelos azinhavres e pelas poeiras. O tesouro não se perde, está apenas coberto pelos detritos. Assim é a força de Deus que está em todas as criaturas pensantes, portadoras da consciência. Quando elas precisam de forças, basta tirar a teia ou a poeira da consciência.

Estávamos chegando. O lugar era cercado por arco-íris. As palmeiras verdes, banhadas pela luz do mais Alto, davam-nos a certeza de que ali era um jardim do Senhor. Os arco-íris brilhavam e cintilavam suas cores. O campo florido e composto de várias alamedas tinha uma cascata cujas águas cintilavam aos reflexos dos arco-íris. Animais compunham o Campo da Paz. Aquele belo bosque circulava a planície enfeitada das mais lindas flores do Universo. Tivemos a impressão de que ali era o Éden da Bíblia, tal a sua beleza. Examinávamos tudo com atenção e deslumbramento. Havia várias pessoas e todas pareciam flutuar naquele Campo, cuja neblina nos servia de chão: neblina dourada, pelo esplendor da luz. Homens e mulheres que ali meditavam nos pareciam estátuas gregas, tamanha sua beleza. Com as mãos espalmadas e os olhos fixos no mais alto, aqueles irmãos oravam em total silêncio. Tivemos muito receio de perturbá-los, não desejávamos nos tornar um intruso, mas não queríamos perder a oportunidade de aprender mais uma lição do livro do Senhor. Nosso amigo Zellon, como em transe, juntara-se aos outros e se elevara bem mais alto que nós. Íamo-nos desesperar. Será que havíamos caído? Mas não, ele tinha ido bem além, parecendo uma estrela compondo o manto azulado de Jesus. No mesmo instante, quando as lágrimas nos molharam a face, nosso coração buscou os braços de Deus e nos sentimos como se fôssemos uma semente que naquele instante estava prestes a receber os fluidos divinos e se fortalecer, como filhos de Deus que somos.

Não sabemos quanto tempo ficamos no Campo da Paz, pois não existem no nosso pobre vocabulário as palavras para descrevermos a sensação que experimentamos naqueles minutos de encontro com a paz. Se nos perguntassem agora quantos estavam junto a nós, não saberíamos responder, pois nos pareceu que éramos uma estrela solitária que vagava no céu de um ponto a outro do Universo de Amor, uma estrela sem passado nem futuro, apenas vivendo um encontro com a paz. Transcendendo um ponto mais alto, sentimos que, como filhos de Deus, somos por Ele amados e que Ele, como todo pai, tem por Seus filhos um cuidado especial. Basta que O busquemos em nossas preces; que ao falar com Ele nos libertemos de todos os entraves da matéria, para que possamos adentrar Seu Universo de Amor. Nesse momento, Zellon nos chamou baixinho. Era como se tivéssemos voltado de uma longa viagem, onde havíamos ido buscar algo que todos desejam: a paz. Zellon envolveu nossos ombros e fomos fazendo o caminho de volta, em silêncio. Era um momento de agradecimento, onde dois Espíritos estavam em paz. Tornamos a olhar os arco-íris, o arco de Deus. O arco-íris é o sinal da aliança perpétua entre Deus e todas as Suas criaturas, o emblema do progresso. E ali, no Campo da Paz, o homem pecador se despe da matéria para voar até Deus, sem veste alguma, só ele, o homem sem matéria, o Espírito, o pensamento varando todas as barreiras e se prostrando diante de Deus a Lhe pedir forças, forças que somente a fé e a humildade conseguem obter. Quando percebemos, já estávamos de novo nos jardins do hospital. Zellon, de olhos baixos e mãos ao peito, apenas nos sorriu.

— Irmão Zellon, Deus lhe pague por ter-nos ensinado o caminho de Jesus, que nos leva a Deus. Somente hoje, ao seu lado, pudemos compreender quão grande é o poder da prece, pois ela nos leva até Deus. O Espírito corre até o Pai, pedindo-Lhe colo. Hoje, com o irmão, nós conhecemos o Universo de Amor, onde todos os homens, encarnados e desencarnados, podem chegar pela força da meditação e da prece; não com o movimento dos lábios, mas pela ação dos sentimentos. Obrigado, mil vezes obrigado, e que Ele, o Criador desse Universo, o cubra de bênçãos para que o bom amigo possa levar sempre um pecador como nós ao Campo da Paz. Tanta foi a nossa emoção que sentimos a presença de Deus.

— Tem razão, Luiz Sérgio, quando buscamos a paz através da prece chegamos até Ele, não importando onde estejamos, se no corpo físico ou no plano espiritual. O que importa é como O buscamos. Ele está dentro de nós, em nossos corações, é só tirar a poeira do tesouro, polir a prata e o ouro, e dar brilho às jóias do sentimento. Deus espera que cada filho transponha o muro da imperfeição e vença todas as dificuldades que nos separam d'Ele. Até outra vez, irmão Luiz Sérgio.

— Posso abraçá-lo?

Ele nos sorriu e nos envolveu em um abraço fraterno, retirando-se. Nós o acompanhamos com o olhar, até a sua figura majestosa se perder entre as inúmeras árvores daquele belo jardim. Sentamos ali e deixamos as lágrimas correrem dos nossos olhos. Como Deus é bom e amigo de Seus filhos!

Não sabemos quanto tempo ali ficamos, só que quando percebemos, a tarde chegara e os pássaros cantavam de alegria.

V

TERAPIA DE CAMILA

Fomos saindo em busca da irmã Rosa, que ia levar-nos à sala de terapia. Na sala de espera do terapeuta, muito bem decorada, sorrimos: se o mundo espiritual é belo, harmonioso, bem cuidado, de onde alguns espíritas tiraram a idéia de que Centro Espírita tem de ser miserável, sujo, com cadeiras quebradas, teias de aranhas, vidraças precisando de água? Nisso, chegaram as meninas, acompanhadas dos seus orientadores. Fomos convidados a entrar, primeiro com Camila. O médico Olavo, nosso querido amigo, colocou-nos à vontade. A enfermeira levou Camila para outra sala, convidando-nos a também entrar. Olavo sentou-se à cabeceira da cama de Camila, perguntando-lhe:

— Qual é o seu nome?

— Camila.

— Por que suicidou-se?

— Porque quis.

— E *porque quis*, teve força para se suicidar. Tem força agora para se livrar do momento do suicídio?

— Não, não consigo, sinto o enforcamento, tenho falta de ar, sofro muito.

— E suicidou-se porque quis?

— Claro que não, fui levada por ele, o maldito do Geovani, mas me vinguei.

— Certo, e sente-se feliz por que fez Geovani sofrer?

— Não, quando penso nele com ódio sofro cada vez mais, asfixiada.

— Está mais tranqüila hoje do que ontem?

— Não, todas as horas são iguais.

— Se você teve força e coragem para se enforcar, por que não encontra essa mesma força para desmaterializar a corda do enforcamento?

— Porque ela está aqui, no meu pescoço. Sinto como se fosse agora e cada vez aperta mais forte.

— Cerre os olhos, vamos voltar ao passado... Você prepara a corda. Aproxima-se a hora do enforcamento. O que sente?

— Ódio do Geovani, pena do papai e da mamãe, raiva de mim por ter acreditado no Geovani. Sinto ódio da vida.

— Ódio da vida, por quê?

— Porque a vida me maltratou.

— Não, não foi a vida que a maltratou, você é que jogou fora a sua oportunidade de vida. Você não se fez respeitada. Você não construiu ideais. Você brincou com os seus sentimentos.

— Cale a boca, deixe-me em paz!

— Agora você vai continuar me ouvindo. Volte ao seu quarto, ao seu banheiro, e se prepare para suicidar-se novamente. Vamos, Camila, estamos perto da porta do banheiro. Adentre-o, coloque o pescoço no lençol e se suicide. É fácil!

— Não quero... não quero... quero é tirar as amarras do meu pescoço.

— Então vamos chegar perto delas, dizendo: não vou me enforcar, não quero me enforcar. Tiro agora da minha mente esta imagem. Não me suicidei, não me enforquei, nada tenho mais no pescoço. Estou livre do lençol, porque não me enforquei, não me enforquei. Estou colocando no lugar da corda um colar de luz, luz que vai amenizar a minha falta de ar. A corda se desfez, não me vejo pendurada e sim amparada por Jesus. Jesus!

Camila balançava a cabeça de um lado para outro. Quando tombou no chão, quisemos ampará-la. Olavo nos impediu. Ela se encolheu no chão e Olavo continuou:

— Neste momento, a corda se partiu e você não se enforcou, está livre da corda que antes a asfixiava.

— E por que o meu pescoço dói?

— Ele apenas dói. Essa dor ainda vai acompanhá-la por muito tempo, agora, a asfixia, uma vez ou outra vai incomodá-la, conforme o estado da sua casa mental.

— Doutor, estou curada?

— Não, não está ainda. Iremos fazer outros exercícios. Hoje, a irmã livrou-se da incômoda sensação do enforcamento. Hoje, a irmã rompeu a corda, não está mais suspensa nela.

Camila sorriu e num ímpeto de alegria abraçou e beijou Olavo. O frio e contido médico deixou uma lágrima rolar pelo seu rosto, diante daquela jovem suicida. Os dois ali ainda ficaram algum tempo, conversando. Saí, quando Olavo convidava Camila a jogar fora o ódio pelo Geovani, e a ensinava a se livrar das lembranças más da sua existência. Nada tínhamos mais a fazer ali. Fomos saindo devagar, quando Enoque se aproximou e indagou:

— Frade, como vai? Em que pensa?

— Como vai, Rayto, estava com saudades...

— Frade, por que essa tristeza?

Não, não estou triste, apenas preocupado com os jovens suicidando-se e nada sendo feito por eles.

— É verdade, causa-me tristeza constatar que a cada hora estão voltando para o mundo espiritual caravanas de jovens, cuja programação não deveria ter sido interrompida.

— Agora há pouco saímos do consultório de Olavo. Ele fez terapia em uma jovem suicida. Amanhã, iremos acompanhá-la na terapia ocupacional. Queira Deus ela deseje curar-se.

— Luiz, a cada minuto buscamos os jovens para ajudá-los, mas eles nada querem com Deus. Vivem uma vida sem amanhã, brincam com tudo sem se ferir pelo remorso.

— E a droga, Rayto, como está?

— Cada vez pior. Nunca se viu tanto drogado. Uma boa parte dos jovens está pegando drogas. Poucos, muito poucos, os que estão longe das turmas da pesada. Hoje a juventude está sem limites. Os pais não querem se preocupar com os filhos e os deixam soltos pelas madrugadas da vida. Eles não sabem o que inventar de novo para ter emoções fortes. Seus corações estão tão vazios de valores que se julgam os donos da vida. Quando chega a dor, correm para os braços dos pais, que são mais fracos do que eles, sendo esta a causa de sempre terem dito *sim*, de os terem criado sem limites. Os jovens hoje não respeitam os mais velhos, a falta de amor inicia-se em casa, sendo os avós desrespeitados por serem idosos.

— Rayto, que fazer?

— Voltar à educação antiga, da autoridade com amor; as mães se dedicarem mais ao lar e investirem na educação dos filhos.

— Será que ainda tem jeito?

— Claro que tem. O jovem também deseja ser feliz, ele só está precisando de bons exemplos e de amor. Eles estão muito sozinhos... Com a separação dos pais, quase todos os filhos estão sem lar, sem ninho; ora ficam com a mãe, ora ficam com o pai e nenhum dos dois tem tempo para eles; um ou outro está sempre envolvido por uma nova paixão. Quando já se é adulto sente-se menos, mas o adolescente pede colo, precisa de alguém que se preocupe com ele e infelizmente muitas mulheres-mães julgam que seus filhos delas não precisam. E nem percebem que o cigarro e o álcool são companheiros diários de seus filhos. Enquanto isso, a mãe é escrava de academias, salões de beleza, viagens internacionais; estão aproveitando a vida, enquanto o seu filho, semente de seu ventre, está precisando tanto de amor e orientação!

— Rayto, mas há muitos marmanjos que tudo possuem: família, dinheiro, e assim mesmo vivem em busca de turmas da pesada.

— Sempre falta alguma coisa nesses lares, quem sabe um amor exigente, limites, deveres, Deus, fé, religião?

— Que falta algo, falta, Rayto.

— O que mais nos preocupa hoje em dia é o papel da mulher na sociedade. Ontem, existiam as prostitutas. Elas se cuidavam, eram examinadas pelos médicos da Saúde Pública e hoje quem vem fazendo esse papel são algumas meninas e adolescentes, só que sem esses cuidados.

— Você tem razão. As menininhas deitam com os seus namorados desde os doze anos, iniciando-se na problemática do sexo na adolescência, incentivadas pelos meios de comunicação que fazem apologia do sexo livre. E essas meninas deixam de sonhar bem cedo, porque uma relação sexual requer vários cuidados: controle da natalidade, ida a ginecologista, enfim, se elas não se cuidarem, logo colherão as conseqüências. Uma adolescente, quase menina, está deixando passar os mais belos anos de sua vida, um direito que Deus lhe outorgou: ser criança, ser menina-flor, ser resguardada pelos pais. E trocando de parceiros, porque nessa idade os sentimentos são imaturos, cada um deles lhe deixa uma marca: a morte de seus sonhos. E quando amar de verdade, será que a sua saúde estará cem por cento ou já terá abortado, tido miomas ou outras doenças femininas? Sabemos que a pílula não só altera o metabolismo, como muitas vezes causa outros danos à mulher. Por mais que ela deseje igualar-se ao homem, o seu próprio corpo a torna incapaz.

— E a coisa está feia, não é, Rayto?

— Sim, Sérgio, a família tem de buscar uma religião, apresentar Deus a seus filhos e mostrar-lhes que o corpo é um veículo que nos pode levar à queda; que mesmo julgando-se seu dono, ele requer que os nossos espíritos o respeitem, pois existe uma lei chamada ação e reação. Nada mais lindo do que o olhar de uma jovem repleto de sonhos e esperanças! Luiz, estou indo visitar Verina. Quer ir até lá?

— Sim, com todo prazer. Adoramos ficar ao seu lado, Rayto, pois você sempre tem algo a nos ensinar.

VI

A PERDA DA ENCARNAÇÃO

Rayto, o nosso grande amigo, é um Espírito alto, moreno, com a aparência de dezoito anos, sorriso franco, olhar divino. Quando chegamos à Ala Quarenta e Sete do pavilhão, suave música inundava o ambiente. Sentada em uma cadeira estava Verina, que mantinha os olhos fechados.

— Bom-dia, como está passando a irmã? indagou Rayto.

Ela abriu os olhos e respondeu:

— Ótima.

— Graças a Deus. Trouxe o Luiz Sérgio para conhecê-la, é um jovem que também trabalha com jovens.

Verina nada falou. Rayto sentou-se em posição de lótus e foi instruindo-lhe:

— Sente-se ereta na cadeira e vamos exercitar a mente.

— Eu não quero, o que desejo é ir até minha casa. Estou com saudades da minha família.

— Que família? Você tem família, Verina? Você chamá de família as pessoas que a incomodavam? Você chama de família a mãe que nem podia pronunciar seu nome e já era agredida? Você chama de família o seu irmão mais velho, que só desejava boas companhias para você? Você não gostava da sua família. Seu pai, você o considerava um tirano doméstico só porque chamava sua atenção pela vida que você estava levando.

— Tenho apenas quatorze anos, e depois, fiz e faço o que quero. Odeio meu pai, minha mãe e meus irmãos. Eles são culpados pela minha infelicidade.

— Pelo que sabemos, você se apaixonou por Daniel, o namorado da sua irmã Berenice, e tudo fez para seduzi-lo, até que ele a levou a um motel. Depois, desesperado, tentou livrar-se de você. Mas enquanto você não contou tudo para sua irmã, não ficou satisfeita. Quando sua irmã acabou com o namoro, julgava você que ele viesse a namorá-la e qual não foi a sua decepção, quando ele nunca mais quis vê-la.

— Mentiroso, quem não o quis mais fui eu, pois ele só queria sexo.

— Verina, com quatorze anos você iniciou a tomar pílulas, que lhe faziam mal, e quando Daniel não a queria você buscava qualquer parceiro, só para mostrar a ele que você era desejada por outros garotos.

— Não quero ouvi-lo mais, deixe-me em paz!

— Agora queremos que procure voltar ao passado. Você está em sala de aula, sua amiga Margarete lhe passa uma revista pornográfica e você ri muito com as fotos. Depois você vai até o pátio e vê um grupo fumando maconha. Você dá uma puxada. Para você, é natural, no seu conceito maconha não faz mal. Ao chegar em casa, briga com a doméstica, acha a comida péssima; você está nervosa, a maconha mexeu com o seu psiquismo; olha sua irmã de mãos dadas com o namorado, um universitário de boa aparência; careta, para você. Mas sua mãe incentiva a sua vaidade. Você é linda e, sabendo disso, insinua-se ao namorado de sua irmã. Foi daí que tudo começou. Logo você e Daniel estavam tendo um relacionamento mais íntimo. Frustração, desespero: você nada sentia nessa relação. Por que Daniel, experiente, bonito, não lhe dava prazer? Tudo a irritava e você o agredia e agredia também sua família, que hoje você deseja rever, dizendo que está morrendo de saudades. Assim, Verina, você infernizou a vida da sua irmã, a de Daniel e a da sua família. Insatisfeita, procurou outro relacionamento, desejava mudar de parceiro, em busca de uma sensação mais forte. Pensava: "por que dizem que é prazeroso o ato em si, quando nada sinto?" Esta pergunta tinha de ter sido feita a um médico. Hoje lhe respondemos: a falta de prazer também pode ser causada pelo remorso; no seu íntimo, sentia vergonha de estar traindo a sua própria irmã; você, Verina, iniciou sua liberação sexual presa pelos remorsos.

Ela, com os olhos brilhantes e preocupados, ouvia o Rayto, e ele continuou:

— Quando sua irmã contou para seus pais sua sedução sobre Daniel, eles foram contra você e lhe impuseram limites. Revoltada, desejando chamar atenção, você ingeriu alguns comprimidos, foi socorrida e nada lhe aconteceu. Voltou a estudar, a fumar maconha, esquecendo-se de Daniel. Quando ele reatou o namoro com sua irmã, você, enlouquecida de ciúmes, agrediu os dois, dizendo-lhes que estava grávida. Sua irmã não acreditou e lhe disse que nada a faria separar-se do homem amado, pois sabia que você é que o perseguia. Enfurecida, você investiu sobre sua mãe, que o defendia. Todos a conheciam muito bem. A menina, a garota, hoje era uma mulher sem moral e isto muito mal lhe causou. Foi ao quarto do seu pai e da gaveta retirou o revólver. O resto você sabe, a bala ainda lhe esquenta o cérebro, você sente o sangue jorrando pelo chão do quintal. Você cai junto ao revólver. Mas, que surpresa! Outro corpo se levanta. O corpo de carne sangra, mas o outro corpo, a verdadeira veste do Espírito, sangra muito mais. É uma realidade dura e cruel. Você tentou se matar, mas não morreu. Corre, grita, cai, desmaia. Quando acorda, fumaça, gemidos de dor, um poço, uma cratera, enfim, o "inferno" dos católicos. Fumaça, odor forte, sente náuseas, o sangue corre. O tiro. Você se matou! Como, se continua viva? Grita: mamãe! Papai! Agora eles são importantes, você deles precisa. Olha ao seu redor: quantos iguais a você! O cemitério, sua família, seus amigos, onde estão? Uma voz chega aos seus ouvidos: "suicidou-se, Verina suicidou-se". Onde está Daniel? Você não o quer mais. Seus pais choram sobre o corpo de carne da sua menina. Quatorze anos... Verina, você tinha uma vida inteira pela frente. Sabia que o seu corpo biológico era saudável e que somente aos setenta e seis anos você desencarnaria? Mas você rasgou, com este ato covarde, uma página do livro da sua vida: o plano de Deus.

— Mostre como seria a minha outra vida, sem droga e sem sexo, sem a paixão por Daniel.

— Verina, quatorze anos, vai ao colégio, conversa com os colegas, freqüenta cinema, teatro, enfim, possui cultura. Em casa, beijos da mamãe, do papai, do irmão, da irmã. Arte, tevê, leitura, telefonema às amigas, chocolate, pipoca, enfim, sente-se feliz no lar. Sempre alegre, vive os seus quatorze anos repletos de sonhos e esperanças. Cresce bonita, bondosa, saudável. Ajuda a irmã a se enfeitar para Daniel. Ele se torna seu irmão, pois é o escolhido da sua irmã. Você, Verina, cresce feliz, dorme até tarde, vai à igreja, ama Jesus, acredita que a mulher tem de se fazer respeitada. Quando os garotos a convidam para um programa, sempre diz: "estou-me guardando para um grande amor". E você tem razão, ele chega aos seus dezoito anos. Namoram, estudam e logo estão noivos. Casam e são felizes com a chegada de um filho. Verina é amada, adora a sua família, é boa filha, enfim, é feliz.

— E esse rapaz com quem eu ia me casar, e agora, o que será dele?

— Você, Verina, fracassou diante do plano que Deus lhe tinha preparado. Mas, como na fila há sempre alguém por perto... logo ele fará outra caminhada com a sua substituta.

— Então ele vai ser feliz?

— Sim, talvez não tanto quanto seria ao seu lado.

— Eu me precipitei, não é mesmo? Amadureci antes do tempo.

— Não só você, mas muitas meninas estão correndo demais para comer o fruto da árvore da vida. Sem maturidade, escolhem o fruto da desobediência, do erro. E aí não têm força para recomeçar; algumas conseguem, outras não. No seu caso, você não só perdeu essa encarnação, como fez toda a sua família infeliz. Sua irmã e Daniel terão sempre a sua sombra entre eles. Em seu lar falta uma árvore, há um vazio no coração de todos.

Verina chorava. Olhamos aquela menina e constatamos como Deus é bom em perdoar todos os que erram. Verina hoje está-se cuidando; queira Deus ela possa voltar logo para a estrada da vida para caminhar em direção a Ele. Ela chorava, e nós a deixamos com Rayto. Não podíamos ficar sem trazer para vocês esta história, a história de uma menina que desejou crescer rápido demais. E o pior é que estão sendo muito comuns esses casos e as famílias se sentindo impotentes diante da liberdade sexual cantada e decantada pela mídia.

VII

FLORENCE: O DESPERTAR DA CONSCIÊNCIA

Estávamos meditando sobre o caso de Verina quando, de repente, esbarramos em Olavo:

— Luiz, aonde vai tão apressado?

— Estivemos com Enoque, ele também estava fazendo terapia com uma garota, a Verina.

— O Enoque, além de aplicar a terapia, tem conhecimento de vidas passadas, fazendo os doentes regredirem até a causa que os levou ao ato praticado.

— Olavo, considero você um excelente psicanalista.

— Fazemos o que somos capazes. Agora, o Enoque, grande conhecedor da mente, transporta-a para mais além. Luiz, você quer observar o tratamento da Florence? Ela deve estar esperando-me.

Agradecemos a Deus a oportunidade de conviver com uma das grandes inteligências deste século. Ele nos falou:

— Desejaríamos que o irmão se submetesse a uma terapia.

— Onde mais falho? indagamos.

— No excesso de sensibilidade.

— Mas isso é defeito?

— Claro que é!

— Às suas ordens, doutor.

Florence nos esperava. Com olhar perdido, lábios sempre apertados, um tique nervoso, perguntou-nos:

— Onde se meteu, Luiz Sérgio? Não o vi mais, prometeu ficar comigo.

— Aqui estamos, Olavo e nós.

Olavo a cumprimentou e a levou para o consultório, que se inundou de luz azul. Em poucos minutos, Florence estava semiconsciente. Penalizei-me, vendo aquela menina com as marcas da AIDS. Olavo foi chamando-a pelo nome e ela foi respondendo:

— Florence, por que tem na mão um revólver?

— Porque me suicidei.

— Pode me dar o revólver?

— Não, não quero.

— Pois eu lhe peço, passe-me o seu revólver.

— Ele não é meu, é do meu pai.

— Passe-me o revólver.

Ela, como se tivesse mesmo um revólver na mão, ofereceu-o a Olavo.

— Que bonito revólver! — disse ele.

— Não acho, eu o odeio.

— Pois então deixe-me guardá-lo.

Ela concordou, dizendo:

— Certo.

— Por que se suicidou, Florence?

— Porque quis.

— E a causa?

— Vida sem motivação, droga, sexo, noitadas.

— E seus pais?

— Eu tinha a minha vida, eles, a deles. Só a babá Iolanda é quem cuidava de mim. Cheguei a bater nela, mas ela sempre me amou. Minha mãe me amava à sua moda, mas não tinha tempo para mim. Cuidava da sua loja, viajava muito, amava meu pai. Eu tinha dinheiro, bons colegas, era bonita e vivia com turmas da pesada. Uma vida sem luta, tudo muito fácil.

— Agora, Florence, vamos sair daqui e dar um pulo até o seu lar.

— Não quero, eu morri. Odeio aquela casa, ela tem o cheiro da solidão.

Olavo ordenou:

— Um, dois, três, projeção da mente. Neste instante, Florence, você chega ao seu lar. O que vê?

— O cachorro da mamãe, Tony. Odeio ele. Quero machucá-lo, chutei-o. Ele é mais importante para ela do que eu.

— Entre no seu lar, Florence. Comece a cumprimentar cada objeto da casa. Como vão, obras de arte da mamãe? Cumprimente o vaso da Bohemia, faça reverência para a coleção de cristais de Murano.

E assim aquela moça hostilizava todos os objetos daquela casa; ela os considerava seus rivais.

— Olhe a sopeira de prata da vovó! Vou cuspir nela.

— E agora, o que você está fazendo?

— Estou entrando no *closet* da mãe e tentarei jogar todas as roupas no chão.

— Volte, Florence, volte, amanhã retornaremos à sua casa, não pela mente, mas com este seu corpo perispiritual. Volte, Florence.

— Não quero, vou quebrar todos os perfumes da mamy. Odeio-os, odeio-os.

— Adormeça sua mente e mergulhe no sono, no sono.

Florence tombou a cabeça e deu um suspiro. Olavo continuou:

— Descanse a mente, Florence, não pense em nada, não se aproxime do corpo, continue afastada do perispírito, mas não alce vôo. Durma, mergulhe no nada, descanse a mente. Uma nuvem verde-água a envolve. Que suavidade! Nada atrapalha o seu sono, descanse, descanse...

Enquanto Olavo falava, um facho de luz verde banhava o ambiente. Aquela garota, que desesperada se via com o revólver na mão, sentindo o estampido do tiro nos ouvidos, o sangue a lhe molhar o corpo, agora era serenidade. Pareceu-nos uma menina; tentamos segurar sua mão, Olavo nos impediu. Florence precisava dormir, era necessário para o seu tratamento. Mas logo começou a gritar:

— Não, não, não quero o revólver, não quero mais me matar, chega de sofrimento! Quero voltar ao céu, estava tão bom, finalmente havia encontrado a paz! Por que, Luiz, tudo voltou novamente?

— Tudo não. Nem o revólver nem o estampido do tiro a incomodam mais, respondeu-lhe Olavo.

— Mas, e o sangue, a dor, o atordoamento, o desespero? Tudo de volta novamente! Leve-me, pelo amor de Deus, de volta àquele lugar lindo e repleto de paz.

— Depois voltaremos, por hoje chega. A irmã vai sentir-se melhor, a sua mão está livre e até pode ajudar a outros suicidas que se encontram em pior situação.

— Meu Deus, o que fiz da minha vida? Por que não é obrigatório o ensino da morte? O jovem joga fora as oportunidades por ignorância. Os pais não passam para os filhos o respeito a Deus.

— Tem razão, Florence, o homem ainda reluta em amar a Deus, julgando-O um tirano que vai roubar-lhe as horas de prazer físico. E quem encontra Deus compreende melhor a vida e não brinca com ela.

Florence, cabelos molhados, olhos assustados, deixou-se abraçar por nós.

— Amamos você, Florence, pode contar conosco sempre, tenha certeza que, de hoje em diante, você faz parte da nossa vida.

Ela nos abraçou, chorando:

— Obrigada, Luiz Sérgio, não me abandone.

— Agora, Florence, cerre os olhos e vamos mais uma vez em busca do equilíbrio — instruiu-lhe Olavo. Quero que saiba, Florence, que o raciocínio consciente é apenas um décimo de nossa atividade mental, nove décimos de nossos pensamentos estão abaixo do nível da consciência. A parte submersa de nossa consciência, o subconsciente, é que controla, quando encarnados, os corpos físico e perispiritual. Neste momento, estamos trabalhando com o corpo mental, a projeção da mente. O comandante de todos os pontos de nossos corpos é o Espírito; é ele quem dá ordem, é ele o rei, o que manda. O consciente recebe da mente espiritual e passa as sugestões ao subconsciente. O subconsciente é o banco que guarda tudo o que nele depositamos. Por isso, Florence, de hoje em diante, vamos fortalecer o Espírito para que ele só pense em coisas boas, construtivas. Vamos ter pensamentos de fé e esperança, não vamos mais pensar negativamente. Vamos virar as costas ao mal..., à dor..., ao desespero..., à asfixia..., à tristeza..., ao ódio..., às queixas... e vamos, pacientemente, aprender um novo hábito-pensamento. Vamos reeducar o subconsciente, substituindo todo pensamento negativo que nos causa dor e desespero por um pensamento divino de fé; todo o pensamento da hora do suicídio, por um pensamento do momento em que a irmã encontrou a paz através do equilíbrio.

— Não sei se irei conseguir sozinha me livrar do remorso, do desespero, da hora do suicídio — disse Florence.

— Não vai ser de uma hora para outra. A irmãzinha precisa conscientizar-se de que é possuidora de uma força interior e que essa força está oculta, coberta de teias de aranha, poeiras, enfim, de lixos mentais. É preciso retirá-los, para que o brilho volte a irradiar-se. O subconsciente da irmã está repleto de pensamentos-sugestões de medo, lamentação e carência. O seu arquivo de memórias toma conta da mente consciente, um contínuo fluxo de dúvidas, temores, desespero e ódio.

— Como posso me livrar desses pensamentos que estão matando-me de dor?

— Vamos trabalhar juntos, tentar livrar-nos dos inimigos de vários anos. A irmã foi levada à queda, porque desejava chamar a atenção sobre a sua pessoa, tão inexistente para os seus pais. Agora, que conhece o mundo do desespero, virá à tona e tentará sair do fundo do abismo; antes, a irmã estava no "inferno", a sua casa mental atingida pelo estampido do tiro do revólver, do ato em si do suicídio. Vivia em círculo, não conseguindo sair, galgar a liberdade, esquecer. Agora a irmã vai abandonar o abismo e partir em busca do "céu", da superfície, vir à tona; e, na descoberta de novos horizontes, vai poder iniciar vida nova.

— Mas, se por momentos senti-me feliz, respirando ar puro, agora me vejo novamente junto ao meu corpo físico, sofrendo a tortura do túmulo: gritos, acusações, sofrimentos...

— O que está acontecendo é apenas a manifestação de velho hábito mental. Com o decorrer do tratamento, não mais pensará negativamente.

— Pelo amor de Deus, ajude-me. Prometo obedecer-lhe em tudo; quero deixar de pensar, mas por mais que eu faça, volto sempre ao passado e os pensamentos me desesperam.

— Não basta deixar de pensar e ordenar: "não quero mais pensar em coisas que me fazem mal". De agora em diante, a irmã precisa é ignorar o velho hábito-pensamento negativo, e buscar aprender um hábito-pensamento positivo. Vai reeducar o subconsciente, iniciando pelo exercício do perdão.

— Perdão?

— Sim. A irmã precisa deixar de culpar os outros pelo seu fracasso; ninguém nos leva ao erro, nós somos donos da nossa vida. Podemos ser influenciados, mas o erro está em nós, são as nossas tendências adormecidas; são elas que, ao aflorar, nos levam à queda. No paraíso do nosso Espírito existe a "árvore do bem e do mal", ninguém escolhe o fruto a ser comido por nós. A escolha é nossa, o livre-arbítrio nos pertence, é uma conquista do nosso Espírito. Essa árvore do bem e do mal de que nos fala a Bíblia é um fato verdadeiro, ela está bem perto de nós. Feliz do Espírito que só colhe os frutos do bem, que não desobedece às leis de Deus, que constrói um castelo de paz e realizações no decorrer das vidas no mundo físico e no mundo espiritual, que nesses dois mundos tem força para lutar pelo seu crescimento espiritual. De nada serve o seu ódio às pessoas que passaram pela sua vida. Cada pensamento de raiva, portanto, lança uma contra-corrente de vibrações negativas dentro de você mesma, por isso o estado de sofrimento por que ora passa.

Uma luz translúcida dava o sinal de que a consulta estava terminada. Fizemos uma prece e a menina Florence abraçou-se com Olavo e chorou muito. Notamos que ele secou furtivamente algumas lágrimas; mais uma vez não quis mostrar quão grande é o seu coração. O cientista, o grande médico, é um querido e grande amigo dos seus pacientes. Logo Florence seria levada de volta ao seu quarto. Ela nos olhou em súplica, não queria nos deixar. Afagamos o seu cabelo e falamos:

— Querida, logo mais voltaremos a ficar juntos. Vá com Deus.

Olavo continuou arrumando o seu consultório, pensativo, ignorando-nos. Esperamos um pouco; não agüentando mais, inquirimos:

— Vamos começar hoje o nosso tratamento?

Ele, sorrindo, aproximou-se de nós e disse:

— O seu caso é muito sério; e depois, somos amigos, logo, não me compete analisá-lo, passarei o querido amigo para outro colega.

— Estamos tão mal assim?

— Claro que não, Luiz Sérgio, estou brincando. Agora, vamos embora que novas tarefas nos esperam.

— O que você achou da Florence, Olavo?

— Pensávamos que seria mais difícil analisá-la. Ela é uma garota doce e gentil. Só foi levada aos excessos devido à má educação que recebeu. Muito sensível, viu-se sozinha no decorrer da sua infância, e na adolescência quis se vingar dos pais. Estes só pensavam neles, em viagens, negócios, festas e diversão.

— Mas você não disse que ninguém leva outrem à queda?

— À queda não levamos, mas também não cooperamos pela vitória do Espírito a nós confiado. Fracassamos quando Deus nos confia um dos Seus filhos para que o guiemos na escola redentora da Terra. Mas nós, não querendo ter trabalho, não os contrariamos, deixando-os soltos pela vida afora. Sem limites, desde bebês eles não conhecem a palavra “não”. E quando chegam a ser entregues à sociedade, esta, cruel, vai maltratá-los e nós, inoperantes durante a infância e a adolescência, agora gostaríamos de lhes barrar os passos, mas eles não nos ouvem, não aprenderam a respeitar a nossa voz, falamos em vão, as nossas advertências se perdem no ar. Não educamos nossos filhos, criamo-los, apenas. Mas Deus tem um projeto para eles, pois vão ao plano físico para prestar exame. O plano físico é uma escola onde temos de obter boas notas e os pais devem ser os mestres que ensinam o dever de casa. Se eles não sabem educar, os filhos ficam deseducados. Mas Deus irá lhes pedir contas do que fizeram de Seus filhos.

— Olavo, as responsabilidades dos pais não são poucas.

— Tem razão, pais omissos, filhos problemáticos. Nada mais lindo do que o convívio familiar: o dia-a-dia de uma bela família, o bom-dia dos pais aos filhos e dos filhos aos pais, o agradecimento por um favor recebido, o pedido de licença. São pequenos gestos e gentilezas passados de pais para filhos. Não são as escolas que educam, elas ensinam a ortografia, os conhecimentos. A educação se aprende no lar, as boas maneiras, o respeito à propriedade alheia, aos idosos, à família. O lar não é somente um local onde se come e se dorme, ele é muito mais do que isso. O lar precisa transformar-se em uma escola de educação moral, porque é dele que devem partir os grandes homens.

— Olavo, você foi feliz em seu lar?

— Graças a Deus, encontrei nos meus lares grandes companheiros de evolução. Meus pais muito me ensinaram, e na minha mulher e nos meus filhos encontrei grandes amigos de sonhos e de realidades.

Com atenção, saboreamos cada palavra vinda do nosso querido Olavo. Quando chegamos à praça, despedimo-nos. Ele se foi e nós ali ficamos, olhando os bancos do jardim, as flores, as folhagens das árvores e os pássaros com seus trinados. Como desejávamos correr, abraçar cada árvore, beijar o chão com suas heras e suas pedras minúsculas! "Meu Deus, como O amamos, como Lhe agradecemos por nos ter criado, por sermos eternos e pelas oportunidades de sanar os nossos erros. Obrigado, Pai amado!"

VIII

BANHO TERAPÊUTICO DE VAPOR

— O que fazes a esta hora nesta praça frondosa? E o trabalho? — era Samita que vinha até nós, sorridente.

— Estamos de férias, só acompanhando alguns amigos recém-desencarnados.

— Estive há pouco com Florence e a encontrei muito bem.

— Verdade? Saímos de lá há pouco. Você também a está tratando?

— Fui lá preparar-lhe algumas ervas.

— Ervas?

— Sim, Sérgio, como sabe, gosto de retirar das plantas os meus medicamentos e Florence foi envolvida, depois do tratamento do Olavo, pelas minhas essências tranqüilizadoras.

— Como chá?

— Ministramos chá também. Mas hoje ela tomou um banho de vapor de macela.

— Uma sauna?

— Sim. Um banho tranqüilizante, medicinal. Banho de vapor.

— Conhecemos o seu trabalho e você, Samita, representa muito na nossa vida de aprendizado.

— Só que hoje pouco vejo o meu aluno.

— Tem razão. Gostaríamos de voltar a ser apenas um Raiozinho de Sol, mas como somos filhos de Deus, Ele nos tem dado muitas tarefas.

Ficamos conversando um pouco mais, depois, ela nos convidou a irmos até a enfermaria, onde Dante iria ser tratado. Quando lá chegamos, Dante a esperava.

— Doutora, como a senhora demorou!

— Não, irmão, estou no horário, a sua impaciência é que está adiantando as horas.

Ele sorriu. Ela o levou a uma sala de banho, onde o vapor exalava um perfume de jasmim. Samita colocou Dante em uma cama circulada por tocheiros. A sauna, com o seu mecanismo, era a peça principal. O calor e o vapor eram tão intensos que saímos rapidinho. Mais tarde, Samita encontrou-nos sentado no jardim, aguardando-a.

— Luiz, por que não quis tomar um banho de vapor?

— Precisamos?

— Não, mas é muito relaxante; o Dante ainda está lá e se sente tão bem que nem deseja sair.

— Somos alérgicos a jasmim, eucalipto, macela etc. etc.

— Você continua o mesmo, sempre brincando...

— O que Dante tem?

— Quando encarnado, sofria de depressão e, numa de suas crises, suicidou-se.

— De que maneira?

— Enforcou-se em uma árvore da sua bela casa. Dante, Luiz, era um artista plástico respeitado e admirado. De repente, começou a ter medo da vida. Numa de suas crises, procurou a morte. Mas como Deus conhece muito bem os Seus filhos, mesmo ofertando-lhes o livre-arbítrio não lhes outorgou a fórmula do Espírito, como ele é feito. Por isso ninguém é capaz de matar o Espírito. Podemos destruir a morada da alma — o corpo físico —, mas atingir o Espírito e fazê-lo desaparecer, jamais. Dante, homem culto, inteligente, dominando vários idiomas, de uma hora para outra viu-se nas trevas, no abismo dos suicidas: o sofrimento, a asfixia, o fim dos sonhos, a ausência da família, enfim, o martírio por que passam os suicidas.

— Há quanto tempo isso se deu?

— Há seis meses; só na semana passada foi socorrido, graças a uma serviçal que muito foi ajudada por ele. Ainda no plano físico, irmã Armênia, logo que soube da doença de Dante, procurou ajudá-lo, mas ele, materialista, ateu convicto, não a ouvia e por mais que tentasse ajudá-lo ele lhe era indiferente. E chegou o momento crucial de uma alma: a busca da "morte". Enforcou-se. E qual não foi a sua surpresa? Continuou a se sentir pendurado, mesmo o seu corpo sendo levado ao cemitério. Gritava muito. Só na hora em que o corpo desceu ao túmulo, ele se viu desprendido da árvore, e que surpresa! o caixão, o túmulo. Ali ficou alguns meses, até o momento em que uma caravana de socorristas de Maria lhe prestou auxílio, ajudada por sua antiga serviçal. No início, Dante não compreendia por que não conseguia sair do túmulo. Mas os socorristas o tiraram de lá, e ele continuou asfixiado. Por mais que os médicos tentassem ajudá-lo, não conseguia melhorar. Fui chamada e estou tentando auxiliá-lo; no começo, ele não me aceitava, queria o seu médico encarnado, um médico de renome. Hoje ele me quer tão bem que chora quando o deixo.

— Ele já respira melhor?

— Um pouco, muito pouco. Quando o levo aos banhos a vapor ele melhora, mas logo volta o desespero.

— E a terapia com Olavo, já foi tentada?

— Não, ainda não. Primeiro tenho de tentar o tratamento mais parecido com o do plano físico, mas muito em breve começará a terapia com médicos especializados.

Assim falando, Samita convidou-nos a acompanhá-la pelos jardins daquele local.

IX

CONVERSA SOBRE A JUVENTUDE

Caminhando com a querida médica Samita, aproveitamos para conversar sobre a juventude:

— Samita, como está havendo suicídio de crianças!

— É verdade. Estou cuidando de Elisabeth, ela só tem quatorze anos e suicidou-se com remédios, comprimidos.

— O que leva uma criança ao suicídio?

— A falta de conhecimento das coisas espirituais, do mundo verdadeiro, da morada dos Espíritos. No dia em que o homem tomar ciência do mundo dos Espíritos, diminuirão os suicídios, porque quem conhecer um pouco do mundo espiritual jamais pensará em se suicidar. Uma criança educada no Espiritismo desde cedo tem noção do mundo dos Espíritos e, tomando conhecimento dele, inicia uma busca, desejando conhecer o mundo no qual um dia irá viver. Terá, enfim, mais respeito pela vida. O que se vê hoje são algumas famílias dando à criança a impressão de que deve aproveitar bem a vida física, porque ela logo acaba, ou que a vida física seja eterna. Vivendo assim, as crianças fogem da religião, fogem dos templos, levam a vida sem Deus. E viver sem Deus é como viver sem ar. Aí vêm a queda, a dor, as doenças, o desespero.

— Tem razão, Samita, temos recebido pedidos de socorro de pais desesperados, pois os seus filhos nada querem com estudo e trabalho. Adolescente hoje é sinônimo de rebeldia, e não pode ser assim. O adolescente, se bem orientado, pode operar maravilhas; sendo possuidor de um corpo repleto de vitalidade, tem muito para oferecer. É triste perceber que essa vitalidade está-se perdendo pelas drogas, pelo álcool, pela sexualidade exagerada. Alguns jovens olham para os mais velhos com pena, como se idade fosse defeito.

— O que falta é os pais darem ao filho lições de respeito e de amor. Veja como a aparência dos jovens é de contestação; eles parecem desejar agredir a sociedade. E eles não podem agredir o meio onde um dia terão de viver. A sociedade não dá oportunidade aos jovens com aparência de vadios, de doentes, de sujos; e aí chegam as desilusões, falta de emprego, falta de estudo, enfim, falta do dinheiro dos pais, pois estes não são eternos no corpo físico. A vida é uma renovação, hoje são os pais os responsáveis, amanhã, os filhos, que serão pais. Estamos sempre mudando de lugar.

— E queira Deus que, ao ocupar o lugar de nossos pais, estejamos prontos para não os decepcionar. O que está ocorrendo é que os jovens não podem ser contrariados, basta um *não* da vida, para chegar a vontade de abandoná-la. Samita, você também trabalha com suicidas?

— Sempre trabalhei com os suicidas, seja dos vícios, conscientes ou inconscientes. Quando trabalhamos juntos no livro *Na Esperança de Uma Nova Vida*, também estava lidando com os suicidas conscientes, mas você, Luiz, trabalhou apenas com os viciados.

— Samita, você acha que aumentou ou diminuiu o número de viciados?

— Luiz, hoje os que puxam fumo julgam que não são viciados. Puro engano. Por detrás de um crime, de um furto, ou de algo que agrida a sociedade, na maioria dos casos, está alguém maconhado. Para mim, que trabalho com ervas, a maconha é tão perigosa quanto qualquer outra droga.

— Se o cigarro comum é prejudicial, imagine os estimulantes...

— Quem prega a liberação das drogas, Luiz, e até do simples cigarro é um inimigo da sociedade, pois deseja que ela seja composta de seres doentes. O álcool, o cigarro, a cocaína, a maconha, a heroína, o haxixe, o *crack* e outras substâncias nocivas, todos são inimigos da alma, ladrões de sonhos e esperanças, inimigos da paz.

— Não compreendemos, Samita, por que as autoridades competentes não fazem um cerco aos traficantes. É tão fácil! É só reparar que na porta de qualquer colégio sempre há alguém interessado em vender droga: aluno, servidor ou outra pessoa qualquer.

— A organização das drogas é poderosa, somente uma campanha liderada pelos pais dos viciados poderá ter êxito. Luiz, a melhor campanha é aquela que começa nos lares. Precisam os pais se conscientizar de suas responsabilidades. É no lar que as qualidades morais são despertadas. Cabe aos pais ensinar aos filhos em tenra idade o que são direitos e deveres. Por comodismo, muitos pais deixam as crianças destruírem tudo, simplesmente porque são crianças. A educação deveria começar no ventre materno. Compete aos pais colocar os filhos no caminho do bem. Agora, ao deixar que a vida eduque seus filhos, acontecerá o que está ocorrendo hoje: crianças em tenra idade, tornando-se verdadeiros marginais, quebrando tudo na sua própria casa, na casa dos avós, destruindo tudo por onde passam e, o que é pior, avós irresponsáveis achando graça das diabruras das crianças. Alguns pais até brigam nos colégios; quando lá são chamados e advertidos pela falta de educação de seus filhos, discutem com os professores, com os seus colegas, enfim, sempre defendem os filhos, por mais errados que sejam. Quando os atos inconseqüentes do hoje afloram mais tarde, escutamos a pergunta: "onde foi que erramos?"

— Samita, mesmo os espíritas estão falhando na educação das crianças. Se todos os que dizem professar a Doutrina Espírita seguissem realmente as orientações evangélicas e espirituais, a nossa Doutrina teria verdadeiros representantes do Cristo junto às famílias.

— Infelizmente, não é assim. Quantos espíritas lutam para levar, para as Casas que freqüentam, a sua família! Alguns nem tentam. Outros, que se dizem espíritas, nada fazem por seus filhos, esperando que eles descubram sozinhos a Doutrina. Quem sabe um dia eles irão buscar a fonte da vida eterna?

— Os pais, às vezes, são culpados, pois ensinam os filhos a só esperar do Espiritismo milagres, levando-os ao Centro para tomar passes se estão doentes, se querem viajar para o exterior, se desejam emprego, se querem comprar apartamento, se as filhas estão grávidas... Quando o conseguem, deixam de ir ao Centro. Para que "perder tempo" com um Senhor que não vemos? Existem pais que, ao levarem os filhos à Casa Espírita para serem evangelizados, julgam que já fazem muito. Deixam as crianças à porta do Centro e nem entram para conhecer a Casa. Para quê? Os filhos é que vão ser evangelizados... Acham esses pais que o Centro Espírita faz milagre. O que eles precisam saber é que os seus filhos, para serem evangelizados, necessitam da convivência sadia e do comportamento digno dos pais na sociedade; sem exemplos, nada ou pouco podem fazer os evangelizadores. Os educandos só irão gostar do Espiritismo se os pais cooperarem para isso. A Casa pode apresentar o Cristo para as crianças, mas quem vai ajudá-las a seguir o caminho de Jesus são os pais.

— Você tem razão, Luiz. Quantos pais espíritas dizem que seus filhos não gostam de ir à Casa Espírita! Será que esses jovens sabem o que é ser espírita? Será que seus pais têm por instantes um pouco de lucidez e param para refletir sobre o que vem a ser o Espiritismo codificado por Allan Kardec e qual é a finalidade da Doutrina Espírita?

— Achamos que os Centros Espíritas têm de começar uma campanha de unificação dos espíritas, porque exército dividido é exército derrotado. Em vez de atacar os próprios espíritas, cada Centro deve cuidar do seu rebanho e não deixar qualquer ovelha se perder por falta de esclarecimento. A religião que não muda o homem não é a do Cristo, pois o exemplo que temos dos grandes cristãos é o de que eles se converteram e tudo largaram pelo Cristo. Madalena tudo deixou: beleza, poder, riqueza, para se tornar uma fiel servidora do ideal cristão; Paulo de Tarso largou o poder, a riqueza, e se tornou um pé descalço do caminho do Cristo. Agora, por que os ditos espíritas nada querem deixar? Hoje não é como antigamente, só precisam deixar por algumas horas o conforto de seus lares, sair de perto da televisão, deixar o joguinho de futebol, a novela, e ir em busca dos trabalhos que se avolumam nas Casas Espíritas por falta de obreiros.

— Luiz, existem Casas Espíritas que são verdadeiras oficinas de trabalho, nem por isso são respeitadas ou admiradas pelos espíritas inoperantes.

— E aquela velha desculpa de que a caridade começa em casa?

— Tem razão, deitados sob essa coberta, vão deixando de servir ao Cristo e, sem servir, a mudança interior de cada um não ocorre. Se ontem era avaro, hoje ainda o é; se ontem era orgulhoso, hoje ainda o é; se ontem era egoísta, hoje ainda o é; se ontem só pensava no bem-estar da família, ignorando a miséria alheia, hoje ainda continua o mesmo. Portanto, para se tornar um bom espírita, é necessária a conscientização de que somos eternos. Os encarnados precisam ver o mundo, seus semelhantes e a própria vida de modo diferente, tudo fazendo para melhorar-se e tornar a Terra um lugar de paz. Agora, dizer-se espírita, permanecendo inerte, ocioso, fugindo dos sofridos e famintos, não desejando envolver-se com os problemas da Casa que freqüenta, é muito fácil. Esse chegou à Doutrina, mas ainda não se tornou Espírita. Culpar governo, autoridades, pela violência do plano físico é fácil; o difícil é educarmos a nossa família nos preceitos do Cristo.

— Ah! Samita, como seria bom se todos os que buscassem a Doutrina se conscientizassem da responsabilidade que cada um tem com a própria alma! Como é preciso tornar-se bom, fazer a caridade, educar os filhos sem tapas no rosto, sem gritos, sem nervosismo, mas com exemplos de dedicação, desprendimento, amor e lealdade! Causa-nos tristeza presenciar o descaso às orientações dos Espíritos.

— Tem razão, Luiz, é muito triste presenciar os nossos entes queridos se precipitando para o abismo e nada podermos fazer por eles, porque cada um é dono do seu destino.

— Você, acha, Samita, que cada lar deve tornar-se uma fortaleza contra as drogas?

— Claro. Só os pais podem salvar seus filhos. Pais equilibrados, filhos educados; pais indiferentes, filhos indigentes. Lutemos para conscientizar cada encarnado sobre a importância da evangelização infantil, não importa em que núcleo religioso, importa é que os filhos sejam apresentados ao Cristo e com Ele aprendam a respeitar os seus semelhantes.

— Obrigado, Samita, que Deus a abençoe.

— Querido, que os seus livros, como gotas de orvalho operando no silêncio das noites, possam chegar até os botões de flores, que são as crianças e os jovens. E que essas gotas pequenas, desconhecidas dos "sábios", dos poderosos, possam aliviar a sede de uma juventude sem sonhos. Até logo mais, Luiz, e que Deus nos abençoe, hoje e sempre.

X

UMA AULA SOBRE DEUS

Dirigimo-nos ao Educandário de Luz. Ao entrar, encontramos João e Corina, que carinhosamente nos cumprimentaram:

— Como vai o menino Luiz Sérgio?

— Ótimo, irmão João. Como vai, Corina?

— Muito bem. O Educandário está repleto de irmãos em busca de esclarecimento sobre o mundo onde hoje vivem.

— Irmã, como podemos denominar este complexo destinado ao tratamento dos suicidas: universidade, hospital, pronto-socorro ou colônia redentora?

— Pode chamar de hospital-escola.

— Os suicidas são socorridos aqui, irmã Corina? Queremos dizer, todos os suicidas vêm para cá?

— Somente aqueles que pedem socorro. Várias causas levam ao suicídio, causas estas que fazem o homem deixar a indumentária física antes do tempo.

Irmão João nos convidou a acompanhá-lo. Aceitamos felizes, pois sempre nos sentimos gratificados com as aulas desses dois amigos. Ao adentrarmos o salão, onde seria ministrada a palestra, vários doentes lá se encontravam. Havia mais mulheres do que homens. "Por que as mulheres buscam mais o Cristo?" — pensamos. O auditório comportava umas cinqüenta pessoas e foi o irmão João quem iniciou a aula. Imaginamos, ao olhar aqueles rostos sofridos, agoniados, o quanto deve ser difícil dar uma palestra para uma platéia desesperada como a que tínhamos junto a nós, mas o irmão João, sempre alegre e amigo, iniciou falando da Criação, da grandeza de Deus, do Seu valor como Criador incriado de todos os seres. Um dos doentes interrompeu a preleção, gritando:

— Não gosto d'Ele, Ele é vaidoso e cruel.

Irmão João, carinhosamente, respondeu:

— Respeitamos o seu ponto de vista e achamos que o irmão tem toda a razão por pensar assim, pois ainda não lhe apresentaram Deus. Acreditamos que os seus pais jamais lhe falaram sobre Ele.

— Sempre O temi, minha mãe ensinava-me o catecismo. Desde pequeno eu temia a fúria de Deus.

— Pedimos ao irmão... como é mesmo o seu nome?

— Rogério — respondeu o moço.

— Rogério, peço que me conceda alguns momentos para lhe falarmos de Deus. Quem é Ele? O Criador do Universo. Como explicar a quem não pode fazer idéia da imensidade sem limites, o que sejam Deus, Seus atributos e Sua grandeza? O irmão não gosta de Deus, porque algumas igrejas tentaram fazer o Criador tão poderoso, que O tornaram inatingível. Outras igrejas O fizeram tão pequeno e vingativo que, apesar de pregarem o amor e o perdão, mandam o culpado para o *inferno* ou o *purgatório*. Aqui, o irmão irá conhecer que Deus é, na imensidade, o infinito; que somente os puros Espíritos podem vê-Lo. Não porque Ele não queira ser visto, mas sim porque a Sua luz é tão intensa que cegaria os Espíritos ainda imperfeitos. Ele irradia por todos os lugares, sem jamais Se dividir, conservando a Sua individualidade. Deus é princípio exclusivo e único de tudo o que é, luz de tudo o que vê, fertilidade de tudo o que produz. Deus, o nosso Deus, é o ser que é e será, desde e por toda a eternidade; é o soberano indulgente e benigno que reina sobre todas as coisas, inteligência suprema que dirige tudo o que existe, no universo, na imensidade, no infinito. Somos muito pequenos para compreendê-Lo, mas, se nos esforçarmos, sentiremos a Sua luz radiante a nos aquecer o Espírito. A bondade de Deus é infinita, por isso Ele nos perdoa sempre. O perdão de Deus chama-se reencarnação. Os irmãos aqui se encontram, porque não tiveram fé no Pai. Desesperados, buscaram a morte. E ela não existe, porque a bondade de Deus jamais criaria algo que destrói. A dor pode ser o remédio, mas não foi criada por Ele. Quem criou a dor fomos nós mesmos. Na hora do desespero, se buscarmos a Deus como Pai-amigo, o consolo nos chegará, mas as nossas imperfeições cegam-nos e, tateando, vamos tirando conclusões e nos sentindo órfãos. Se por alguns minutos nós pensássemos que somos criação divina e que jamais morreremos, não teríamos tantas atitudes indignas. O suicídio é um ato extremo de desespero, quando julgamos que todas as portas se fecham para nós. Feliz do sofredor que envia um apelo ao Senhor nesse momento crucial de sua vida.

O rapaz voltou a gritar:

— Ainda acho Deus prepotente, pois diz: "Eu, o Eterno, o Único eterno, Único Deus. Eu sou aquele que é."

— Quando Deus falou no Monte Sinai, servindo-Lhe de intermediário um Espírito superior que, pela boca de Moisés, fez com que os homens ouvissem essas palavras que o irmão pronunciou, quis Deus nos alertar para o perigo de criarmos deuses de carne e de pedra. Quando Ele diz que é uno, indivisível e eterno, mostra-nos o Seu poder e a Sua bondade. O irmão, quando se suicidou, o fez porque não teve forças para enfrentar as conseqüências dos seus próprios atos. Sabemos que o irmão Rogério sempre gastou mais do que ganhava, e quando se viu diante das dívidas, desesperou-se. E a saída que achou mais fácil foi suicidar-se. Irmão, cada um dos filhos de Deus tem um caminho para chegar até Ele. Agora, se não tivermos coragem de caminhar, a culpa não será de Deus, será nossa. Nós é que, acovardados, recuamos ou paramos. Culpar a Deus pelos nossos fracassos é como culpar a chuva quando saímos à rua sem guarda-chuva e nos molhamos. Hoje, antes de encerrar a nossa conversa amigável, vamos todos imaginar a luz de Deus nos envolvendo o Espírito e nos sentir fortalecidos, renovados e alegres, porque por esta nossa prece a força de Deus está entrando em nós. Sendo Deus a vida, devemos ter vontade de viver eternamente. Deus é amor e, com Ele, amamos a todos. Se Deus é alegria, não fiquemos tristes por pequenos fatos que ocorrem em nossas vidas. Vamos cultivar bons pensamentos para adquirir um novo hábito mental. Agora nos despedimos, aconselhando aos queridos amigos que busquem a Deus. E tenham a certeza de que Ele sempre estará ao nosso lado, pois jamais nos deixará órfãos.

Todos oravam em silêncio e os semblantes, antes marcados pelo desespero, agora estavam mais tranqüilos. Fomos saindo, devagar. Feliz do homem que ama a Deus sobre todas as coisas e ao próximo como a si mesmo.

Sentados na praça, olhávamos o mundo onde vivemos. Perguntamos a nós mesmos: Por que o encarnado foge das verdades espirituais? Será que é tão forte o apego às coisas terrenas que faz de alguns homens verdadeiras pedras sem sentimento ou respeito aos seus irmãos? Com tristeza, presenciamos espíritas imensamente vaidosos, orgulhosos, egoístas. Quando convidados a fazer palestra, facilmente podemos perceber o orgulho nas suas palavras, pois procuram o linguajar mais difícil para demonstrar conhecimento, esquecendo-se deste trecho da *1ª Carta aos Coríntios*, Capítulo XIV:

11 *Se eu, pois, não entender o que significam as palavras serei bárbaro para aquele a quem falo: e o que fala será um bárbaro para mim.*

14 *Se oro numa língua que não entendo, meu coração ora, mas a minha inteligência não colhe fruto.*

16 *Mas se deres graças (somente) com o Espírito, o que ocupa o lugar do simples povo como responderá Amém à tua ação de graças, não entendendo o que dizes?*

17 *Verdade é que tu dás bem a ação de graças, mas o outro não é edificado.*

Vemos muitos se envaidecerem, considerando-se ótimos espíritas, mas quão distantes do Cristo se encontram! O Espiritismo prega a reforma interior, que se dá à medida que vamos compreendendo Jesus. Não se concebe um espírita orgulhoso, repleto de vaidade e dono da verdade, que usa os meios de que dispõe para atacar companheiros, Espíritos, médiuns, enfim, que vive de controvérsias e ainda se diz defensor da Doutrina. Os inquisidores também diziam estar defendendo o Cristo, porém deixaram uma trilha de sangue e de dor para trás, cobrindo-se de mantos bem talhados e fugindo da simplicidade de Jesus. Como deve ser triste o espírita que não edifica, que fala o que não faz e faz o que não prega! Ele bate no peito, julgando-se salvo porque é espírita, mas distante está dos grandes exemplos da Doutrina: homens e mulheres anônimos que ninguém aplaudiu, desconhecidos das federações, da imprensa espírita, mas que escreveram os seus nomes no livro do Codificador, tendo *O Livro dos Espíritos* como roteiro de vida. O Estudo Sistematizado da Doutrina Espírita não foi feito somente para os aprendizes que buscam uma Casa Espírita; ele foi elaborado para todos os que desejam servir ao Senhor, porque é através de uma dedicação disciplinada que se alcança o patamar da consciência tranqüila. Dar curso de Espiritismo é necessário, mas o mais importante é que o monitor seja aquele que mais aprenda e tenha por dever colocar as lições em prática. A responsabilidade do encarregado de transmitir os primeiros conhecimentos a quem chega a uma Casa Espírita é maior do que ele imagina. Se foi escolhido é porque ainda deve lutar, e muito, contra o orgulho, a vaidade, o egoísmo, a avareza. Estudando, pesquisando, vivendo o dia-a-dia com os filhos, o educador irá, pouco a pouco, se educando. Não julgue o orientador do Estudo Sistematizado da Doutrina Espírita que foi escolhido, porque é melhor que os outros. Nunca. Se somos os escolhidos é porque somos os mais imperfeitos. Recordamos que há dias visitamos um grupo do Estudo Sistematizado da Doutrina Espírita e, para surpresa nossa, o educador falava, falava e não dava oportunidade para ninguém opinar. Quando alguém tentava, ele logo cortava. Tudo fazia para demonstrar cultura, esquecendo-se de Jesus, que deixou bem evidenciado que os pequenos, os humildes, têm primazia no conhecimento de muitas coisas, que se tornam veladas aos potentados e orgulhosos. O Mestre, o Governador, veio desempenhar uma fulgurante missão na Terra, e essa missão foi desenvolvida no seio das camadas mais humildes do povo. O orgulho é terrível câncer no seio da Humanidade, por isso nas fileiras espíritas não se concebe um doente desse mal passando ensinamentos para os que chegam estropiados à Casa Espírita, munidos de uma grande vontade de conhecer o Espiritismo. Deus deseja que os Seus filhos se irmanem, se confraternizem, despertando dentro de si os mais sublimes sentimentos de amor e de respeito aos que caminham ao seu lado.

XI

A LUTA PELA PERFEIÇÃO MORAL

Estávamos tão pensativos, que nem percebemos que alguém nos olhava, carinhosamente:

— Em que pensa, Luiz?

Erguemos os olhos e encontramos o mais belo olhar de candura e humildade que conhecemos. Levantamo-nos ligeiro.

— Oh! desculpe. Como vai, irmã Rosália?

— Muito bem. E o menino, sempre buscando servir ao Senhor?

— Estamos tentando, irmã. O que a traz aqui?

— Sérgio, trabalhamos com os viciados, com os suicidas. Trouxemos três irmãos, um de dez, outros dois de doze anos.

— Suicidaram-se? Por quê?

— Hoje, Luiz, as organizações da droga estão contratando crianças; primeiro, viciando-as, e depois servindo-se delas para o tráfico.

— Por que, irmã, crianças de nove, dez, onze anos estão sendo exploradas?

— Não se esqueça de que as crianças são protegidas pela lei. Não cumprem penas.

— Irmã, onde iremos parar?

— Os núcleos religiosos devem unir-se no combate ao tráfico e em defesa da família, porque ela está cada vez mais se desestruturando, não só pelo tóxico, mas também pela falta de moralidade. Muitos pais se distanciam dos filhos e estes, órfãos de pais vivos, buscam um protetor, e muitas vezes é ela, a droga, que os adota.

— Há pouco pensávamos nos espíritas, irmã, não nos dedicados, mas naqueles que pregam a discórdia, que se atacam mutuamente, que vivem em busca de erros e de errados. Desejam com esse gesto defender o Espiritismo?

— Sérgio, a perfeição moral é, realmente, o objetivo da vida humana, e a razão de sua existência. E o Espiritismo nos diz que temos por obrigação lutar pela perfeição moral. Os seus livros doutrinários dizem que é imprescindível, portanto, para a evolução do homem que ele se conheça bem, que identifique sua realidade quanto aos vícios e virtudes que eventualmente possua. O erro do nosso semelhante não é nosso; agora, quanto aos nossos erros, temos de lutar contra eles porque são inimigos da nossa evolução. O homem deve fazer o bem pelo bem, sentindo-se feliz por acreditar-se capaz de amar a Deus sobre todas as coisas e ao próximo como a si mesmo.

— Irmã Rosália, encontramos cada espírita tão mau humorado, dono da verdade, violento, maledicente, avaro, egoísta; será que ele não lê os livros da Doutrina? *Qual o meio de destruir-se o egoísmo?* pergunta Kardec em *O Livro dos Espíritos*, questão 917. O Espírito Fénelon responde: "(...) O egoísmo se enfraquecerá à proporção que a vida moral for predominando sobre a vida material e, sobretudo, com a compreensão, que o Espiritismo vos faculta, do vosso estado futuro(...)"

— O Espiritismo muito ensina ao homem quando este deseja aprender. Mas, se ao chegarmos à Casa Espírita, nada fizermos pela própria melhoria, ninguém poderá obrigar-nos a nos tornarmos bons. A bondade é uma semente latente no coração do homem, foi Deus quem a plantou. Cabe ao homem cultivá-la, e feliz de quem transforma a sua semente em árvore frondosa e repleta dos frutos do amor ao próximo.

— Irmã, e os avaros que, mesmo conhecendo a nossa responsabilidade para com os pobres, os ignoram?

— O desapego dos bens terrenos consiste em apreciar a fortuna em seu justo valor, em saber servir-se dela, não apenas para benefício próprio, mas também em favor dos seus semelhantes, não sacrificando assim os interesses da vida futura. Deus, amigo e justo, empresta a riqueza, e só pede em troca amor e gratidão, exigindo que o rico assista ao pobre, que também é Seu filho. Quanto à sua pergunta, podemos dizer: o apego que o homem dispensa aos bens terrenos representa um dos maiores obstáculos ao seu adiantamento moral, pois, com esse apego aos bens materiais, ele aniquila suas faculdades afetivas. Todos os avaros encontram dificuldade em demonstrar amor ao próximo. Luiz Sérgio, Deus não criou o homem para ser mau, Ele deseja que sejamos perfeitos. E sabemos que o homem de bem é aquele que pratica a lei de justiça, amor e caridade, na sua mais completa pureza; que interroga sua consciência sobre atos praticados; que lhe pergunta se não violou essa lei, se não cometeu algum mal, se fez todo o bem que podia, se ninguém teve do que queixar-se dele, enfim, se fez para os outros tudo o que queria que os outros lhe fizessem. Tudo isso encontramos em *O Livro dos Espíritos*, questão 918:

Por que indícios se pode reconhecer em um homem o progresso real que lhe elevará o Espírito na hierarquia espírita?

"O Espírito prova a sua elevação, quando todos os atos de sua vida corporal representam a prática da lei de Deus e quando antecipadamente compreende a vida espiritual."

— Cabe, pois, exclusivamente a nós descobrir o caminho do supremo bem.

— Irmã, conhecemos algumas de suas histórias, pode nos contar uma?

— Sim, Sérgio, com todo prazer. Hoje lhe contarei sobre um irmão espírita, grande conhecedor da Doutrina, considerado "doutor em Espiritismo". Um dia, chegando ao seu lar, a esposa, muito preocupada, disse-lhe que seu filho andava em péssimas companhias e que não acreditava em Deus. Ele, apreensivo, esperava o filho, impacientemente, para lhe falar sobre a moral espírita. Antes, como todos os espíritas fazem, abriu ao acaso *O Evangelho Segundo o Espiritismo* e caiu o Capítulo IX — *Bem-aventurados os que são brandos e pacíficos*, item 6: *A afabilidade e a doçura:*

(...)*A essa classe também pertencem esses homens, de exterior benigno, que, tiranos domésticos, fazem que suas famílias e seus subordinados lhes sofram o peso do orgulho e do despotismo, como a quererem desforrar-se do constrangimento que, fora de casa, se impõem a si mesmos.*(...)

Pensou: "por que abri neste item? Nada tem a ver comigo..." Continuou à espera do filho e quando ele chegou foi logo recebido com palavras bonitas, bem elaboradas, na tentativa de doutrinar o filho, de seus quinze anos.

— Epa! Pare com isso, velho, veja se me esquece! Nada quero com os seus Espíritos, não creio neles.

— Por que não crê nos Espíritos? O que o levou a pensar assim?

— A sua conduta prepotente, egoísta, orgulhosa. Depois, como posso acreditar em uma doutrina que não muda o homem? Você possui mais de dois mil livros e os lê sempre, por que eles não o fizeram mudar? E ainda mais: não aceito o seu modo de criticar todos, até seus irmãos espíritas. Não quero uma religião onde os próprios adeptos não se respeitam, dizendo uns dos outros: embusteiro, anti-doutrinário, falso profeta, mentiroso, inimigo do Espiritismo! Deixe-me, pai, bem longe desse disse-que-disse.

O pai nada mais falou. Foi até o seu escritório, olhou a sua vasta biblioteca e chorou muito, de vergonha. "Senhor, como pude ser tão orgulhoso? Deixei a oportunidade passar por mim. Não soube apresentar o Cristo à minha família. Tão preocupado com a pureza doutrinária, tudo fazendo para ninguém macular a Doutrina, ataquei companheiros, tentei destruir médiuns, escrevi muitas palavras duras contra livros que considerei fracos, ruins. E o que fiz com a minha família? Esqueci-me dela, só lhe mostrei a face de um homem sem Deus, sem Doutrina, sem amor, um homem duro, egoísta, orgulhoso, dono da verdade."

Irmã Rosália continuou:

— Dizem os escritos espirituais que o mau espírita, não suportando as suas iniqüidades, sucumbiu diante da dor. No seu túmulo foi escrito:

“Aqui jaz um grande espírita, trabalhador da Doutrina”. Mas no plano espiritual, em uma ficha, na porta do seu quarto, o escrito era outro: “Antônio João, doente, muito perturbado, se incrimina pelos erros dos filhos, pelo egoísmo da esposa, que, na hora em que se viu livre do tirano doméstico, procurou aproveitar a vida. Antônio João necessita muito de preces.”

— Irmã, que história!

— Luiz, uma história verdadeira, que cada vez mais é escrita pelos espíritas egoístas e orgulhosos.

— Tem razão, irmã Rosália, em todas as religiões existem homens e homens, mulheres e mulheres, jovens e jovens. A cada um basta a sua consciência. Jogar pedra na cruz é fácil, o difícil é transformar as pedras dos nossos corações em árvore de amor e humildade. Os Espíritos não vêm à terra para fazer somente barulho nem brincar com os médiuns, mas fazer deles os seus porta-vozes. O Espiritismo veio à Terra para educar os médiuns, para derrotar a morte, para que os homens compreendam que cada ser precisa tornar-se bom, caridoso, amigo, paciente. Dessa forma, é necessário tirar o orgulho e o egoísmo da alma; não almejar os primeiros lugares, onde muitas vezes quem neles está sentado está sofrendo demais. Cada pessoa que chega à Casa Espírita recebe um envelope vazio, cabendo-lhes escrever uma nova história da sua vida, deixando para trás o homem velho, caduco, repleto de egoísmo e vaidade, transformando-se em um humilde trabalhador do Senhor, sem direito ao salário, mas consciente de que Jesus, o homem de Nazaré, busca sempre os simples, os pequeninos, que melhor aceitam a Sua Doutrina de renovação. Jesus Cristo não vai até os opulentos, Ele deseja a companhia dos humildes, dos pobres de Espírito.

— Luiz, todas as religiões que pregam o amor entre as criaturas são boas. Agora, a Doutrina Espírita não só prega a igualdade dos seres, como abre a porta do mundo espiritual; tira o Espírito do túmulo e revela aos homens encarnados a vida além vida, com suas belezas e inúmeras oportunidades para quem deseja tornar-se um filho de Deus em ação. Gosto, Luiz, deste trecho de *Gálatas*, Capítulo VI — *Carregar o peso uns dos outros*:

1 *Irmãos, mesmo se alguém for surpreendido em alguma falta, vós, que sois espirituais, ajudai-o a se corrigir, mas isso com Espírito de doçu-*

ra. Tomai cuidado com vossa pessoa: vós também não podeis ser tentado?

2 *Carregai os fardos uns dos outros e cumprireis assim a Lei do Cristo.*

— Não existe cristão violento, maledicente, Luiz. No versículo 1.°, o termo *espirituais* quer dizer cristãos, que devem ser brandos, doces e amigos. Hoje, o que se vê? Homens imponentes de orgulho, que nos lembram os inquisidores que, se pudessem, queimariam livros e médiuns. Onde está o Cristo dessa gente? No coração, sabemos que não. Em *Atos*, Capítulo XXVIII, está escrito:

25 *Já se despediam sem estarem de acordo em si, quando Paulo acrescentou: Com razão disse o Espírito Santo a nossos pais por meio do profeta Isaías,*

26 *dizendo: Vai ter com esse povo e dize-lhe: Vós ouvireis e não entendereis; ficareis olhando, e não enxergareis.*

27 *É que ficou insensível o Espírito desse povo! Para que seus ouvidos não escutem, seus olhos não enxerguem, seu Espírito não compreenda, e por isso não se voltem para mim para que eu os cure!*

O texto citado também está em *Isaías*, Capítulo VI, versículos 9 e 10:

9 *E o Senhor disse-me: Vai, e dirás a esse povo: Ouvi o que eu vos digo, e não o entendais, e vede a visão, e não a conheçais.*

10 *Obceca o coração deste povo, e ensurdece-lhe os ouvidos, e fecha-lhe os olhos, para que não suceda que veja com seus olhos, e ouça com seus ouvidos, e entenda com seu coração, e se converta, e eu o sare.*

Contam que depois de dito isto, os judeus se retiraram discutindo vivamente entre si.

— Luiz, vamos até o auditório nove?

— Oh! irmã, é uma felicidade estar ao seu lado.

— Obrigada. Também gostamos muito do menino.

XII

ABRAÇA-ME, SENHOR

Transitando pelas alamedas floridas do Educandário, logo adentramos o salão nove, todo circular, cuja luz, irradiada do sol, aquecia a todos. Música suave envolvia o ambiente. Olhamos a platéia: quase toda ela era composta de espíritas encarnados, fisionomias bem tristonhas, demonstrando consciência de culpa. A música "Abraça-me, Senhor", de Francisca Theresa[5], foi tocada pela orquestra espiritual e cantada por Rosália:

Abraça-me, Senhor, abraça-me
Quando me sentir cansada de lidar
Se minha cruz levar-me a reclamar
Abraça-me, Senhor, abraça-me.

Se além meus passos resvalarem
E eu me dispuser a voltar atrás
Abraça-me, Senhor, abraça-me
Se pedras e espinhos me fizerem lamentar

Quando me encontrar ferida (sozinha)
Pelo batalhar e labutar do dia
Abraça-me, Senhor, abraça-me
E desejar somente implorar
E começar a me queixar do meu sofrer
Abraça-me, Senhor, abraça-me
E faça-me calar.
] BIS

5 N.E. — Mentora espiritual da médium. Partitura da música no final desta edição.

Todos choravam, pois o rouxinol de Deus colocara todo o seu sentimento nessa bela música de Francisca Theresa. Terminada a melodia, uma irmã começou a pregação:

"O homem, quando chega ao corpo físico, olvida o que aprendeu na pátria espiritual e, cercado do carinho da família, embobece, pois se esquece de Deus. No seu dia-a-dia, julga que as conquistas do mundo físico são mais importantes do que as conquistas do Alto. E, muitas vezes, a família também coopera para levá-lo ao egoísmo. Ele deixa de apresentar o Cristo aos filhos e estes, desde tenra idade, são apresentados a Mamon, o deus da riqueza, do poder; Jesus é apenas o crucificado; lembramo-nos d'Ele somente na semana da paixão. Também, como não lembrar alguém sendo maltratado pelos homens? Assim caminha o grupo familiar, incentivado pelo seu chefe a não se acomodar, pois cada um deve lutar para enriquecer. Crescem só pensando em gastar, aproveitar a vida, enfim, ficar distante de Deus, e quando a chuva de dores cai sobre o lar, que fazer? Não sabemos nadar, não aprendemos a encontrar Jesus, aprendemos apenas a consumir e a nos divertir. Olhando essas pessoas que vivem em um lar — se podemos chamar assim — como hóspedes, pois só entram em casa para dormir, notamos que não sabem amar, e que também não lhes ensinaram a fazer a caridade. Assim, distantes do Plano Maior, vão ficando cada vez mais materialistas. Quando uma avó, ou tia, quer levar os meninos a uma Casa Espírita, ouve sempre isto: "pode levar a qualquer lugar, menos à Casa Espírita". Precisamos nos unir para preservar a família. Nada adianta nos dizermos espíritas se ignoramos a orfandade dos nossos familiares. Oremos a Jesus, pedindo a Ele que nos ajude a nos tornarmos representantes da Sua bondade, para despertar a fé em nossos familiares. Eduquemo-nos, para tê-los ao nosso lado, educando-os. Os relâmpagos brilham no céu e, por mercê de Deus, todos os homens terão visões, mas para serem dignos dessas luzes, precisam deixar para trás tudo o que os afasta do Senhor. O Espiritismo esclarece o homem sobre todos os pontos ontem obscuros. Hoje, qualquer pessoa ao chegar a um Centro Espírita tem noção da vida além vida e qual o melhor meio de fazer esse intercâmbio. Se chegarmos à Casa Espírita e não morrermos para o mundo; se continuarmos doentes, repletos de erros, não levando para nossos lares os ensinamentos recebidos no Centro Espírita, ao nos retirarmos do Centro lá deixaremos tudo o que ouvimos, esquecendo as orientações. A família nos cobra um comportamento espírita, pois não percebe nada de novo em nós. Egoístas e orgulhosos permanecemos e, mesmo assim, nos dizemos espíritas. Se a família não conhece o Espiritismo, nós, indiferentes aos estudos da Casa, passamos a ela uma noção errada da Doutrina dos Espíritos. Quando algo vai mal com um dos nossos filhos, nós o mandamos tomar passe, o mesmo acontecendo quando algo estão pleiteando. E sendo a Doutrina Espírita o Consolador prometido por Jesus, ela realmente consola, ajuda, mas não como a nossa ignorância julga. Ela auxilia o homem a possuir uma grande fé, e se a dor chegar, ele estará amparado. Jamais um verdadeiro espírita fraqueja diante das adversidades. Essa coragem ele consegue pela fé. Através da reforma íntima, apregoada pelo Estudo Sistematizado da Doutrina Espírita, o homem vai-se desfazendo da sua pesada bagagem, adquirida em vidas sucessivas sem Deus e sem Jesus. Mas, ao encontrar o Consolador, ele, como fez Madalena diante de Jesus, se despe das suas imperfeições e promete fidelidade ao Mestre. Aquele que adentra a Casa Espírita tem por dever sofrer o *batismo do fogo*, porque o Espírito do Senhor soprará em seus ouvidos os seus erros e as suas qualidades. O contato com a Doutrina Espírita nos aguça a sensibilidade e nós nos sentimos muito próximos dos amigos espirituais. De que vale batermos no peito nos dizendo espíritas, se não temos piedade uns dos outros, se permanecemos avaros, egoístas, orgulhosos, maledicentes? Pronunciamos o nome do Cristo, mas não colocamos os nossos pés nas Suas pegadas; fazemos o Culto Cristão no Lar, mas o Cristo não Se assenta à nossa mesa, pois nossa família não O conhece nem O deseja ao seu lado. Freqüentamos as Casas Espíritas, gritamos o nome de Allan Kardec, dizendo que o amamos, mas continuamos almejando os primeiros lugares e deixando a vaidade nos corroer a alma. Dizemo-nos espíritas mas, como os inquisidores de ontem, tememos os inimigos da nossa fé e julgamos os outros traidores do Espiritismo. Allan Kardec é o nosso ídolo e, para defendê-lo, armamo-nos da cruel foice da crítica e partimos em busca de vítimas, como se fôssemos os donos da verdade. E ele, o grande Codificador, aquele que diante dos ensinos dos Espíritos se curvou em humildade, estupefato com tantos ensinamentos, como fiel discípulo, procurou matar o velho homem que vivia nele. Ressurgiu até com um novo nome. Hippolyte Léon Denizard Rivail morreu, para "ressuscitar" Allan Kardec. Quantos ensinamentos! O Cristo Se deixou imolar em uma cruz infamante, que não era Sua, mas de todos os pecadores. Deixou-Se "matar", dando o Seu testemunho de fé e amor a Deus, legando a cada encarnado o grito da vitória e da fé. O Seu ideal ninguém conseguiu destruir, as trinta moedas da traição não foram capazes de calar um grande homem, o Filho de Deus. E, tranqüilamente, Ele saiu do túmulo, deixando a cada encarnado a esperança no dia de amanhã. Ao contemplarmos o Cristo na cruz, cabisbaixo, parecendo-nos vencido, logo O vemos altivo, dono da Terra, radiante de luz, novamente ao lado dos Apóstolos, querendo dizer-nos: "Irmãos, a morte não existe, há vida além da vida, só morrem os fracos, os déspotas, os sanguinários; os que têm fé, o túmulo não os prende, ao contrário, os liberta, porque é uma prisão redentora, e quando o homem pecador dele se livra, grita hosanas ao Senhor e parte em busca de uma nova vida." Allan Kardec foi digno do Mestre Jesus. Quanto exemplo Ele deixou para os Seus seguidores! Dizer amar Allan Kardec, mas distante encontrar-se dos seus ensinamentos, é repetir o que fizeram os ditos defensores do Cristo. Aqueles que chamam os espíritas de feiticeiros dizem que os espíritas não são cristãos e os classificam de adeptos do demônio. Mas, coitados, eles nunca interpretaram a Bíblia, por isso não sabem que os anjos do Senhor, que tanto se manifestaram a cada passagem bíblica, são os Espíritos mensageiros de Deus. Concebe-se até que os adeptos de outras crenças apedrejem os espíritas, mas como é triste vermos o exército dividido: espíritas apedrejando uns aos outros, chamando-se de mistificadores, de falsos, de perjuros. Enquanto isso, cresce o Espiritismo; em cada lugar do Brasil surge um Centro Espírita com seus adeptos e seus médiuns. Não seria melhor, em vez de levantarem campanhas de ataque de espíritas contra espíritas, os confrades pararem um pouco e se auto-analisarem, indagando-se: "O que estou fazendo de bom para a Doutrina? Tenho a humildade de preparar apostilas de linguagem fácil, para serem estudadas por pessoas sem cultura, uns até semi-analfabetos? A Casa que freqüento, o faço diariamente, dando assistência a quem a busca? Ou já fiz a minha escolha: só vou à Casa Espírita a passeio? Será que junto aos jovens e crianças estou auxiliando na busca de uma solução para uma sociedade mais justa e esperançosa, com lares sadios e felizes? Ou julgo que as drogas, os vícios, as gravidezes precoces não são preocupações para os espíritas, que só devo defender a Doutrina?"

— Defendê-la de quê?— continuou a palestrante. Do médium que não tem acesso aos livros doutrinários? Ou dos falsos espíritas, vestidos de ovelhas, mas lobos ferozes? Devemos aguçar a nossa consciência: o que estamos fazendo de bom para a Doutrina? Estamos tentando passar para quem nos ouve os ensinamentos das obras básicas, com linguagem popular? Ou consultamos os dicionários, buscando palavras complicadas para enriquecer as nossas palestras, esquecidos que quem está em desespero vem em busca de consolo e amor e não para analisar o grau de cultura do palestrante? Por que atacamos este ou aquele confrade, esta ou aquela Casa Espírita? Será que são poucos os ataques dos crentes pela televisão e pelos jornais, ou dos católicos, dizendo que os espíritas não são cristãos? Ainda precisam alguns espíritas gritar contra os próprios espíritas, cunhando-os de mistificadores? Quem é novato na Doutrina deve ficar assustado: "Que Doutrina é essa, que não une nem mesmo os seus adeptos?" Jesus lutava por um ideal, e quando Lhe perguntaram qual era o maior mandamento, respondeu: "amar a Deus sobre todas as coisas e ao próximo como a si mesmo". O Cristo ajudou os judeus, sem tentar afastá-los de Moisés. A mulher síria-fenícia, também Ele a socorreu, sem desejar arrancá-la de seus ídolos. E, como exemplo de caridade, citou o samaritano, de religião combatida pelos judeus; elogiou o centurião romano; pediu água à samaritana. Quantos ensinamentos! Ele é tão grande e justo que nada teme. Não seria a fé diferente de alguns irmãos Seus que iria apagar a luz eterna das leis de Deus. Jesus é o grande exemplo de amor. Um grande e nobre Governador da Terra. O erro é sinal de fraqueza, e grandes seres como Jesus pairam acima dos erros humanos. Até a Mãe do Mestre não está isenta dos ataques dos crentes e mesmo de alguns espíritas. Julgam que respeitar a Mãe de Jesus é trair a Doutrina Espírita. Se alguns espíritas julgam isso, é melhor também rasgarem o Novo e o Antigo Testamentos. No Novo Testamento, encontramos referências a Maria em todas estas páginas:

Evangelho de Mateus

Capítulo I

16 *E Jacó gerou José, esposo de Maria, da qual nasceu Jesus, que se chama o Cristo.*
18 *Ora, o nascimento de Jesus Cristo foi deste modo: Estando Maria, sua mãe, desposada com José, achou-se ter concebido (por obra) do Espírito Santo, antes de coabitarem.*
20 *Ora, andando ele com isto no pensamento, eis que um anjo do Senhor lhe apareceu em sonhos, dizendo: José, filho de Davi, não temas receber Maria como tua esposa, porque o que nela foi concebido é (obra) do Espírito Santo.*
23 *Eis que a Virgem conceberá e dará à luz um filho, e o chamarão pelo nome de Emanuel, que quer dizer: Deus conosco.*

Capítulo II

1 *Tendo, pois, nascido Jesus em Belém de Judá, reinando o rei Herodes, eis que uns Magos chegaram do Oriente a Jerusalém,*
11 *E, entrando na casa, encontraram o menino com Maria, sua mãe, e, prostrando-se, o adoraram; e, abrindo os seus tesouros, lhe ofereceram presentes (de) ouro, incenso e mirra.*
12 *E, tendo recebido aviso em sonhos para não tornarem a Herodes, voltaram por outro caminho para o seu país.*
13 *Tendo eles partido, eis que um anjo do Senhor apareceu em sonhos a José e lhe disse: Levanta-te, toma o menino e sua mãe, e foge para o Egito, e fica lá até que eu te avise; porque Herodes vai procurar o menino para o matar.*
23 *E, indo (para lá), habitou na cidade que se chama Nazaré, cumprindo-se deste modo o que tinha sido predito pelos profetas: Será chamado Nazareno.*

Capítulo XII

46 *Estando ele ainda a falar ao povo, eis que sua mãe e seus irmãos se achavam fora, desejando falar-lhe.*
50 *Porque todo aquele que fizer a vontade de meu Pai, que está nos*

céus, esse é meu irmão e irmã e mãe.

Capítulo XIII

55 *Porventura não é este o filho do carpinteiro? Não se chama sua*
mãe Maria, e seus irmãos Tiago e José e Simão e Judas?

Evangelho de Marcos

Capítulo III

31 *E chegaram sua mãe e seus irmãos; e, estando fora, mandaram-no*
chamar.
35 *Porque o que fizer a vontade de Deus, esse é meu irmão, e minha*
irmã, e minha mãe.

Capítulo VI

3 *Não é este o carpinteiro, filho de Maria, irmão de Tiago e de José e*
de Judas e de Simão? Não estão aqui entre nós também suas irmãs? E es-
candalizavam-se dele.

Evangelho de Lucas

Capítulo I

26 *E, (estando Isabel) no sexto mês, foi enviado por Deus o anjo Ga-*
briel a uma cidade da Galiléia, chamada Nazaré,
27 *a uma virgem desposada com um varão, que se chamava José, da*
casa de Davi, e o nome da Virgem era Maria.
28 *E, entrando o anjo onde ela estava, disse-lhe: Deus te salve, cheia*
de graça, o Senhor é contigo; bendita és tu entre as mulheres.
29 *E ela, tendo ouvido estas coisas, turbou-se com as suas palavras, e*
discorria pensativa que saudação seria esta.
38 *Então disse Maria: Eis aqui a escrava do Senhor, faça-se em mim*
segundo a tua palavra. E o anjo afastou-se dela.
39 *E naqueles dias, levantando-se Maria, foi com pressa às mon-*
tanhas, a uma cidade de Judá.
40 *E entrou em casa de Zacarias, e saudou Isabel.*
42 *e exclamou em alta voz, e disse: Bendita és tu entre as mulheres, e*
bendito é o fruto do teu ventre.
43 *E donde a mim esta dita, que a mãe do meu Senhor venha ter comi-*
go?

*45 E bem-aventurada tu, que creste, porque se hão de cumprir as coi-
sas que da parte do Senhor te foram ditas.*
46 Então Maria disse: A minha alma glorifica o Senhor;
*48 Porque lançou os olhos para a baixeza da sua escrava; portanto,
eis que, de hoje em diante, todas as gerações me chamarão bem-aventura-
da.*
*56 E ficou Maria com Isabel cerca de três meses; e (depois) voltou
para sua casa.*

Capítulo II

*1 E, naqueles dias, saiu um edito de César Augusto, para que se fizes-
se o recenseamento de todo o mundo.*
*2 Este primeiro recenseamento foi feito por Cirino, governador da
Síria.*
*4 E José foi também da Galiléia, da cidade de Nazaré, à Judéia, à ci-
dade de Davi, que se chamava Belém, porque era da casa da família de
Davi,*
*5 para se recensear juntamente com Maria, sua esposa, que estava
grávida.*
*7 E deu à luz o seu filho primogênito, e o enfaixou, e reclinou numa
manjedoura; porque não havia lugar para eles na estalagem.*
*19 Ora Maria conservava todas estas coisas, meditando-as no seu co-
ração.*
*21 E, depois que se completaram os oito dias para ser circuncidado o
menino, foi-lhe posto o nome de Jesus, como lhe tinha chamado o anjo, an-
tes que fosse concebido no ventre (materno).*
*22 E, depois que foram concluídos os dias da purificação de Maria,
segundo a lei de Moisés, levaram-no a Jerusalém para o apresentarem ao
Senhor,*
*27 E foi ao templo (conduzido) pelo Espírito (de Deus). E, levando os
pais o Menino Jesus, para cumprirem segundo o costume da lei a seu res-
peito,*
33 E seu pai e mãe estavam admirados das coisas que dele se diziam.
*34 E Simeão os abençoou, e disse à Maria, sua mãe: Eis que este (Me-
nino) está posto para ruína e para ressurreição de muitos em Israel, e para
ser alvo da contradição.*

35 *E uma espada transpassará a tua alma, a fim de se descobrirem os*
pensamentos escondidos nos corações de muitos.
38 *Ela também, sobrevindo nesta mesma ocasião, louvava o Senhor,*
e falava do menino a todos os que esperavam a redenção de Israel.
41 *E seus pais iam todos os anos a Jerusalém, no dia solene da Páscoa.*
48 *E, quando o viram, admiraram-se. E sua Mãe disse-lhe: Filho, por que procedeste assim conosco? Eis que teu pai e eu te procurávamos cheios de aflição.*
51 *E desceu com eles, e foi a Nazaré, e era-lhes submisso. E sua mãe conservava todas estas coisas no seu coração.*
52 *E Jesus crescia em sabedoria, em idade e em graça diante de Deus e diante dos homens.*

Evangelho de João

Capítulo II

1 *Três dias depois, celebraram-se umas bodas em Caná da Galiléia, e encontrava-se lá a Mãe de Jesus.*
4 *E Jesus disse-lhe: Mulher, que nos importa a mim e a ti isso? Ainda não chegou a minha hora.*
5 *Disse sua Mãe aos que serviam: Fazei tudo o que ele vos disser.*
10 *e disse-lhe: Todo o homem põe primeiro o bom vinho e, quando já (os convidados) têm bebido bem, então lhes apresenta o inferior; tu, ao contrário, tiveste o bom vinho guardado até agora.*
12 *Depois disto foi para Cafarnaum, ele e sua Mãe, e seus irmãos, e seus discípulos; mas não se demoraram lá muitos dias.*
19 *Jesus respondeu-lhes, e disse: Desfazei este templo, e eu o reedificarei em três dias.*
25 *e porque não necessitava de que lhe dessem testemunho de homem algum, pois sabia por si mesmo o que havia no (interior do) homem.*

Capítulo XI

27 *Ela disse-lhe: Sim, Senhor, eu creio que tu és o Cristo, Filho de Deus vivo, que vieste a este mundo.*

Capítulo XIX

25 *Entretanto estavam de pé junto à cruz de Jesus sua Mãe, e a irmã de sua Mãe, Maria, mulher de Cleófas, e Maria Madalena.*

Atos dos Apóstolos

Capítulo I

14 *Todos estes perseveraram unanimemente em oração com as (piedosas) mulheres, e com Maria, Mãe de Jesus, e com os irmãos dele.*

Apocalipse de João

Capítulo XII

1 *Depois apareceu no céu um grande sinal: Uma mulher vestida de sol, e a lua debaixo de seus pés, e uma coroa de doze estrelas sobre a sua cabeça;*
2 *e, estando grávida, clamava com dores de parto, e sofria tormentos para dar à luz.*
4 (...) *e o dragão parou diante da mulher, que estava para dar à luz, a fim de devorar o seu filho, logo que ela o tivesse dado à luz.*
5 *E deu à luz um filho varão, que havia de reger todas as gentes com vara de ferro; e o seu filho foi arrebatado para Deus e para o seu trono,*
6 *e a mulher fugiu para o deserto, onde tinha um retiro que Deus lhe havia preparado, para aí a sustentarem durante mil, duzentos e sessenta dias.*

O que desejam defender esses ditos espíritas? Que mal Ela poderia fazer à doutrina de Seu Filho? Como podemos amar a Jesus menosprezando Sua mãe? Por que atiramos pedras em Maria? Seu crime terá sido amar Seu filho e ter sofrido tanto por Ele, ou será porque a igreja católica Lhe rende culto? Os espíritas vão agora juntar-se aos crentes para desprezar Maria, a Mãe de Jesus e de toda a Humanidade? Quanta pobreza de sentimentos! Justamente Ela, que comanda uma falange de mensageiros, cuja Universidade espiritual tem o Seu nome, de onde parte tanto socorro à Terra?! O que pode Maria fazer de mal à Doutrina Espírita? Ela apenas socorre a quem precisa, como mulher-mãe; e como deve pedir perdão a Deus por todos os Seus filhos ingratos, rogando-lhe: "Perdoa-lhes, Senhor, eles não sabem o que fazem". Há tempos, quebraram uma imagem de Maria em um programa de televisão. Muitas pessoas condenaram aquele ato, julgando-o um desrespeito àqueles que veneram imagens e a Mãe de Jesus. Para os espíritas não há necessidade de imagem para se amar e respeitar a Mãe do Governador do Planeta mas nem por isso sairemos por aí desrespeitando os símbolos de outras crenças. Nenhuma religião pode ser considerada de Deus se os seus adeptos vivem em guerra uns com os outros. "Reconhece-se o verdadeiro espírita pela sua transformação moral e pelos esforços que emprega para domar suas inclinações más", disse Allan Kardec no Capítulo XVII, item 4 de *O Evangelho Segundo o Espiritismo*. É certo ficarmos em guarda contra os abusos que estão ocorrendo em alguns ditos Centros Espíritas, mas em vez de nos agredirmos deveríamos orientá-los para o perigo de se distanciarem da pureza doutrinária. Hoje, está ocorrendo um fato que muito prejudica a nós, espíritas. É que qualquer pessoa descontente na Casa que freqüenta, quando resolve sair, logo cria o seu Centro Espírita, porque é muito fácil criar um... Qualquer pessoa, às vezes sem o mínimo conhecimento da Doutrina, levanta uma Casa Espírita. Será que essa pessoa está preparada para tal missão ou tarefa? Será que basta alugar um local e levar umas mesas velhas e alguns cadernos e está fundado o Centro Espírita? Claro que não! O mundo espiritual prepara tarefeiros durante anos e anos e agrupa Espíritos devedores para concretizar uma tarefa. Isso não é feito de qualquer maneira, é necessário muito estudo e desprendimento, caso contrário, seremos cegos guiando cegos. Um Centro Espírita não é só um salão de palestras. Ele tem de ter alma, porque é um hospital onde se busca a cura. O que é preciso para abrirmos uma Casa Espírita? Antes de tudo, precisamos ter conhecimentos doutrinários. Ninguém levanta uma igreja católica ou de qualquer culto sem ter um padre ou um pastor. Não devemos cair na tentação de levar para a nova Casa apenas os próprios sonhos de reformulação da Doutrina. Ela já está pronta, foi entregue ao Codificador pura e cristalina e só precisamos ser dignos dela. Os homens falham, mas ela permanece intocável, e se sobrepõe ao tempo e aos homens. Se desejarmos fundar uma Casa Espírita, teremos de ter uma boa assistência espiritual, possuir bons companheiros com capacidade de trabalho. Não se concebe uma Casa Espírita onde o medo predomine, onde tudo seja obsessão, ou culpa de Espírito. As crendices já estão distantes, os livros doutrinários já derrubaram os altares, tiraram as toalhas brancas, as velas, os rituais, os sacramentos, que foram substituídos pela caridade, pelo trabalho. Com a união de pessoas desprendidas, não iremos construir mais um Centro Espírita e sim um hospital de almas, um instituto de cultura espírita, onde o desesperado será atendido por pessoas capazes e de grande conhecimento doutrinário, onde jamais se dirá que a culpada pelos seus sofrimentos é a mediunidade, como se esta fosse um martírio e não um sacerdócio. Quem procurar tal Casa encontrará consolo e pessoas capazes para fazê-la entender a Doutrina. O recém-chegado poderá estudar a Codificação ensinada, minuciosamente, por pessoas capacitadas. Ninguém será encaminhado para um grupo mediúnico sem estar preparado, sem ter consciência do que vem a ser a Doutrina dos Espíritos. Como vemos, para o bom funcionamento de um Centro Espírita com Jesus e Kardec, faz-se mister preparar irmãos na Doutrina, pois muitos daqueles que irão à Casa possuem raízes de antigas crenças, ainda gostando de acender velas, batizar filhos, fazer promessas, casar na igreja... Querem se tornar espíritas, mas ainda nada conhecem de Espiritismo; e se não tivermos conhecimento, como guiá-los, como fazê-los entender que o remédio está contido nos livros benditos do Pentateuco Kardequiano?

O Livro dos Espíritos, com os seus ensinos filosóficos, nos mostra a responsabilidade do homem através do trabalho solidário e amigo. Lendo-o, aprendemos a filosofia espírita da fraternidade e do perdão, o que nos facilita o entendimento dos ditados dos Espíritos, e a procurar o trabalho na Casa Espírita, atividade que vai-nos tirar as manchas perispirituais agregadas em nós, em muitas e muitas existências.

Em *O Livro dos Médiuns* encontramos a problemática da morte, explicada em "prosa e verso". Aprendemos que "nascer, morrer, renascer novamente e progredir sem cessar, tal é a lei"; que todos nós voltamos à Crosta para prestar exame; que temos de nos tornar bons. *O Livro dos Mé-*

diuns dá segurança aos principiantes, fazendo-os desbravar o caminho escuro e desconhecido da mediunidade, dando ao médium o cajado da responsabilidade. *O Livro dos Médiuns* é a bússola que guia o médium na longa estrada da mediunidade com Jesus. Sem esse livro, somos folhas levadas ao vento. Mas, para compreender a riqueza desse livro, a Casa Espírita precisa de pessoas com conhecimentos doutrinários para elucidar o iniciante espírita.

O Evangelho Segundo o Espiritismo é a mão de Jesus estendida a nós. O amigo querido que seca as nossas lágrimas, que aplaca as nossas dores, o companheiro fiel daquele que se propôs a seguir Jesus. *O Evangelho Segundo o Espiritismo* nos ensina a mansuetude, o caminho da caridade, que é a ponte que nos liga a Deus e aos homens. Ele é o esmeril que lixa nossas imperfeições. Encontramos na sua *Introdução*, item II, *in fine*: "*Não será à opinião de um homem que se aliarão os outros*, mas à voz unânime dos Espíritos; não será um homem, *nem nós, nem qualquer outro* que fundará a ortodoxia espírita; tampouco será um Espírito que se venha impor a quem quer que seja: será a universalidade dos Espíritos que se comunicam em toda a Terra, por ordem de Deus. Esse o caráter essencial da Doutrina Espírita; essa a sua força, a sua autoridade. Quis Deus que a sua lei assentasse em base inamovível e por isso não lhe deu por fundamento a cabeça frágil de um só."

Outro assunto interessante a abordar é a manutenção da Casa Espírita. Hoje, a vida moderna exige muito da família, sendo que a maioria vive com dificuldade. O Centro Espírita tem de lutar para ter renda própria, criando meios de sobrevivência, pois a Doutrina não aprova rifas ou outros meios que ferem a moral espírita. Sendo assim, os seus adeptos precisam conscientizar-se de que o trabalho é a melhor terapia e sempre são os doentes que buscam por ela. A Casa Espírita é um hospital de almas, e não de loucos, onde as pessoas fazem do intercâmbio amigo — Espíritos-encarnados — algo assustador, transferindo a responsabilidade de tudo o que lhes acontece para os Espíritos. Enquanto isto, o trabalho de reforma íntima é esquecido. Estão iguais ou piores do que quando chegaram: avaros, vaidosos, egoístas, maledicentes. Por que isto? Simplesmente porque não encontraram pessoas capacitadas para lhes servir de exemplo. A Casa Espírita, para alguns, é somente uma casa a mais em sua vida e não um hospital, onde poderá ser curado e fortalecido para enfrentar o dia-a-dia da vida física, com esperança e fé. O Espiritismo dá uma nova visão a quem o busca e encontra os mais experientes para orientá-los nas letras da sua vasta e rica biblioteca. Por isso, meus irmãos, não tenhamos tanta vontade de levantar templos espíritas. Vamos embelezar, com os nossos nobres atos, aquele que freqüentamos, que muitas vezes enfrenta dificuldades e anseia por braços fortes, e estes podem ser os nossos. Que Deus nos abençoe."

XIII

A IMPORTÂNCIA DO ESTUDO

Estávamos ainda sob o impacto daquela brilhante preleção, quando a irmã abriu espaço para perguntas. E logo fizemos a nossa:

— Qualquer pessoa que se diz médium pode ser encaminhada para grupos mediúnicos?

— O recém-chegado a uma Casa Espírita deve ser encaminhado ao Estudo Sistematizado da Doutrina Espírita.

Uma irmã encarnada questionou:

— Muitos não gostam do Estudo Sistematizado, acham-no cansativo e de difícil compreensão.

— Isso depende do instrutor. Este tem por dever tornar interessante o estudo. O certo é fazer com que todos participem, e não só o instrutor usar da palavra. Cada parágrafo não deve somente ser lido, mas explicado aos alunos. Até as palavras difíceis deve o instrutor procurar no dicionário um sinônimo mais conhecido dos alunos.

— Irmã, esses cursos iniciam muito bem, depois, ficam reduzidos a dois ou três alunos.

— Engana-se. Existem Centros Espíritas em que muitos iniciantes estão à espera de novas vagas, tal a procura e o aproveitamento dos alunos.

— O instrutor não pode deixar transparecer uma ponta de vaidade nem de orgulho, do contrário cai o respeito e a confiança nele, não é mesmo?

— O instrutor é, para seus alunos, aquele que estuda e conhece a Doutrina, mas conhecimento sem ação é morto, é corpo sem alma. De que vale falar de Jesus, se não exemplificamos os Seus ensinos? De que vale falar de Allan Kardec, se não honramos os ensinamentos da Doutrina que ele codificou? O instrutor tem por dever não transmitir insegurança, vaidade, orgulho ou indisciplina. O instrutor que vive a faltar, que não se prepara para as suas aulas, nenhum bem está fazendo à Doutrina nem a si mesmo.

— Por quanto tempo deve ficar o médium estudando a Doutrina? perguntou uma jovem senhora.

— O tempo que permanecer encarnado. Médium estudioso é terra fértil para Espíritos que com ele trabalham, médium preguiçoso é espinheiro no caminho. A falta de disciplina mostra falta de conhecimento.

— Então todos os espíritas precisam estudar?

— Sim! O estudo da Doutrina faz morrer o homem velho, cheio de crendices, medo, orgulho, avareza, vaidade. Esforçando-se para se tornar bom, o homem vai transformando-se em um novo ser, paciente, disciplinado e amigo. O errado é nos dizermos espíritas e não nos esforçarmos para nos tornar melhores, continuando maus colegas de trabalho, companhias desagradáveis para os amigos, tiranos domésticos, enfim, seres sem Deus. A Doutrina ensina que humildade não é imbecilidade, mas também nos convoca à mudança interior, queimando o lixo da imperfeição que se alojou em nós, às vezes há milênios. Quantas pessoas freqüentam uma Casa Espírita e nada fazem para modificar-se! Gostam de criticar, são grosseiras, vaidosas, orgulhosas e avaras. Às vezes, ocupam na diretoria da Casa posições privilegiadas de confiança e respeito e nada fazem para o merecer. Faltam a todos os acontecimentos que requerem sua presença, não prestam auxílio à Casa, quando esta enfrenta dificuldades, apenas desejam usufruir dos bens espirituais. Espírita é aquele que luta contra as tentações, pois está na Casa Espírita, hospital de Deus, para se curar; reconhece que é um ser doente, repleto de imperfeições, fazendo tudo para se tornar útil; de nada reclama, não se melindra, não brinca com os Espíritos, tem por todos respeito e amor. Quem chega a uma Casa Espírita desejando mudá-la, achando-se dono da verdade, querendo doutrinar companheiros, criticando a um ou a outro, considerando todos ou quase todos ignorantes, bem distante se encontra dos postulados da Doutrina Espírita, que é o Cristianismo redivivo.

— Que fazer quando somos novatos na Casa e não nos deixam adentrar um grupo mediúnico imediatamente? perguntou um jovem.

— Possuir a humildade de não insistir. A semente da planta frutífera tem de esperar o tempo de se tornar árvore, florescer e dar frutos. Por que o médium tem de ter pressa? Para os Espíritos, o tempo é a eternidade, e um mentor não deseja que seu tutelado seja um indisciplinado, um doente. A mediunidade pode aflorar em nós, mas o importante é que a tornemos um campo florido de verdades e amor, sem pressa, sem impaciência, sem vaidade. Todos os dons mediúnicos, quando bem educados, são úteis à Doutrina, mas nem todos são gloriosos e autênticos. Devemos respeitar o nosso dom mediúnico, sem desejar fazer dele um espetáculo para ser admirado, e sim torná-lo útil, nem que seja apenas para servir à Casa em qualquer setor. Muitos desejam "desenvolver a mediunidade", sonhando com uma mediunidade ostensiva: quando isso não ocorre, retiram-se e partem em busca de novos Centros Espíritas. Isso não é Doutrina. Na Doutrina Espírita, os médiuns são respeitados, mas o mediunismo exagerado é considerado uma doença que requer tratamento. E nada melhor para isso do que o Estudo Sistematizado da Doutrina Espírita.

— Mas, irmã, muitos acham cansativo e de difícil compreensão o Estudo Sistematizado — questionou uma jovem encarnada.

— Isso depende do instrutor, repito. Para poder dar aula, uma aula proveitosa, ele tem de recorrer à didática, aplicando a metodologia espírita com objetividade, pois só a boa- vontade não resolve; deve tornar dinâmico o estudo, fazendo com que todos dele participem. O Estudo Sistematizado da Doutrina oferece conhecimentos que tornam o aprendiz consciente da responsabilidade de se dizer espírita. O estudo não deixa que o médium se perca no emaranhado do fanatismo e da vaidade. O Estudo Sistematizado da Doutrina deveria ser adotado por todas as Casas Espíritas, porque nenhum Centro Espírita deve levar para um grupo mediúnico um médium iniciante. Primeiro, a Casa deve prepará-lo, para que depois ele possa servi-la. Quando alguém está iniciando, precisa ser ajudado, mesmo possuindo mediunidade. Não se levanta parede sem base, sem alicerce. Devem os presidentes das instituições espíritas prezar pela pureza doutrinária. Os postulados espíritas às vezes são descumpridos nos próprios Centros Espíritas, onde hoje ainda se misturam várias crenças. Os presidentes dos Centros Espíritas deveriam, de três em três meses, reunir-se para tratar tanto dos assuntos preocupantes quanto do progresso ocorrido em suas Casas, em um intercâmbio fraterno, onde um Centro ajudaria outro quando este se achasse em dificuldades e todos seriam alertados para o perigo da infiltração de outras crenças. Mesmo o Espiritismo respeitando-as, não devemos levar para a Casa Espírita rituais e crendices de outras religiões. A reunião dos Presidentes seria um modo de lutarmos pela unificação da Doutrina. Os tempos são chegados, a renovação se aproxima e por que os espíritas, que têm conhecimento desses fatos, não se unem como um só exército a marchar em direção aos que sofrem? Hoje, nos estacionamentos do plano físico, nas vias públicas, nos meios de comunicação, encontramos irmãos nossos se dizendo espíritas, convidando pessoas sofridas a buscá-los, dizendo-se capazes de trazer de volta antigos amores, empregos e fortunas. E algumas pessoas, alheias ao trabalho de renúncia e amor dos espíritas, julgam que eles fazem trabalho de magia negra, sacrificam animais, têm rituais, crendices, altares, enfim, distantes se encontram da realidade de uma verdadeira Casa Espírita. Alguns chegam a pensar que todos os médiuns psicógrafos ficam com o dinheiro da venda dos livros, quando o médium verdadeiro, o médium espírita, consciente da sua insignificância como medianeiro, jamais recebe um centavo pelos livros que passam por suas mãos, mesmo se encontrando em dificuldades financeiras. *Dai de graça o que de graça recebeis*. Encontramos, no Antigo Testamento, em *Profecias de Baruc*, Capítulo VI:

> 27 *Os seus sacerdotes vendem estas oferendas, e fazem delas um mau uso; as suas mulheres tomam também delas, e não dão coisa alguma nem aos enfermos nem aos mendigos.*

A seguinte passagem de *Miquéias*, Capítulo III, deveria ser afixada no quadro de avisos das Casas Espíritas, tão especial ela é para todos os que desejam tornar-se espíritas:

> 3 *Comeram a carne do meu povo, arrancaram-lhe a pele, quebraram-lhe os ossos, partiram-no como para fazer cozer num caldeirão, como carne que se quer ferver dentro duma panela.*
> 4 *Um dia clamarão ao Senhor, o qual não os ouvirá e lhes esconderá a sua face naquele tempo, como o merece a iniqüidade das suas ações.*

5 *Isto diz o Senhor acerca dos (falsos) profetas que seduzem o meu povo, que mordem com os seus dentes e que pregam a paz; e, àquele que não lhes põe na boca coisa alguma, declaram a guerra santa.*
6 *Por isso, em lugar de visão tereis a noite, e as trevas em vez de revelação; e por-se-á o sol para estes profetas e para eles se obscurecerá o dia.*
7 *Serão confundidos os que têm visões, cobrir-se-ão de vergonha estes adivinhos, e todos esconderão os seus rostos, porque não haverá resposta de Deus (para eles).*

Miquéias nos apresenta aqui os médiuns enganadores, os mentirosos, os que brincam com o "Espírito Santo", os falsos, os que cobram, os que mentem. Ele ainda nos fala:

8 *Mas, pelo que toca a mim, estou cheio da força do Espírito do Senhor, da justiça e do vigor, para anunciar a Jacó as suas maldades e a Israel o seu pecado.*
11 *Os seus príncipes dão as sentenças por presentes, e os seus sacerdotes ensinam por interesse, e os seus profetas adivinham por dinheiro; e não obstante apoiam-se no Senhor, dizendo: Não está o Senhor no meio de nós? Não virão, pois, sobre nós males alguns.*

Em *Zacarias*, Capítulo XIII:

4 *Naquele dia serão confundidos os (falsos) profetas, cada um pela sua visão, quando profetizarem; nem eles se cobrirão com o manto da penitência para mentirem;*
5 *mas (cada um deles) dirá: Eu não sou profeta, eu sou um agricultor, emprego em que me ocupo desde a minha mocidade, a exemplo de Adão.*

Esta passagem de *Zacarias* é um alerta para os médiuns desequilibrados. Tudo o que vem do Senhor não tem preço, por isso não se pode comercializar. Quem abusa do seu dom não é digno de se dizer espírita. O psicógrafo que vende os livros, para benefício próprio, está indo contra a lei do amor. Deve abster-se de ser médium; por que não dizer-se escritor? Se tem o dom da escrita, que use o seu próprio nome; agora, se se disser médium e cobrar pelo seu dom, distante se encontrará do Senhor. Como disse Miquéias, *esconderão os seus rostos, porque não haverá resposta do Senhor (para eles).*

Por que deseja tornar-se espírita? O que espera da nossa Doutrina? Estas perguntas deveriam ser feitas pela diretoria da Casa aos que chegam, mostrando-lhes as suas responsabilidades com o mundo maravilhoso dos Espíritos. Freqüentamos uma Casa Espírita para melhorar o nosso convívio com os nossos semelhantes. Será que a conhecemos? Ou só chegamos a ela? O que ela representa para nós, mais uma Casa religiosa? O primeiro passo para quem deseja se tornar espírita é buscar o estudo sério, e se entregar aos trabalhos de ajuda ao próximo. *Fora da Caridade não há Salvação.* Estar na Casa Espírita e desconhecer as necessidades dos pobres, fugir dos trabalhos sociais, desculpe, é chegar perto da fonte, mas não desejar abaixar-se para saborear a água cristalina da Doutrina, os seus fundamentos.

— O que devemos fazer para nos tornarmos cristãos-espíritas? — perguntou um irmão.

— Pedir a Jesus que nos ensine a dar os primeiros passos no Seu caminho e ter a certeza de que Ele irá ajudar aqueles que O buscam, ensinando-lhes, através da reforma interior, como se livrar da bagagem de milênios que carregam dentro de si: vaidade, orgulho, maledicência, ódio, crítica, egoísmo, e se proponham a se curar. Se nos tornarmos apenas mais um, nada irá acrescentar ao nosso progresso. *Amai-vos e instruí-vos,* é a lei. Por isso, amigos, vamos carregar a bandeira da renúncia para nos livrarmos dos erros que nos trouxeram de volta ao plano físico. Os hospitais de Deus — as Casas Espíritas — esperam que cada paciente torne-se dócil ao tratamento. Para que isso ocorra, busquemos os estudos propostos pela Doutrina Espírita, e logo veremos em todos os Centros os médiuns educados, sem os vícios inerentes à falta de conhecimento. Que Deus nos abençoe. Que a paz nos envolva o Espírito.

Terminada a palestra, fomos o último a sair, com a voz melodiosa da irmã embalando nosso Espírito.

XIV

O VALOR DO TEMPO

Andando pelas alamedas daquele belo jardim, admirando as flores, sentimos saudades de todos aqueles que passaram pela nossa vida. Não sabemos quanto tempo ali ficamos, porém o tempo suficiente para nos acalmar o Espírito. Seguimos depois para o Departamento de Socorro, onde estávamos inscritos para descer à Crosta da Terra, em trabalho. Rajy nos recebeu, sorrindo:

— Julgávamos que tivesse desistido de nos acompanhar...

Rajy, além de médico, é um dos Lanceiros de Maria. Meio sem jeito, tentei me justificar:

— Desculpe-nos, amigo, ficamos contemplando a natureza, por isso chegamos em cima da hora.

— Irmão Luiz Sérgio, é muito errado marcamos algum encontro e nos atrasarmos, ou, como disse o irmão, chegarmos em cima da hora. A hora tem de correr livremente, porque o tempo obedece às leis da natureza e jamais poderá ser alterado por indisciplina do homem. Já imaginou se o relógio atrasasse para cada retardatário? A confusão seria imensa. O tempo não espera por ninguém, nós é que devemos bem aproveitar o tempo que temos. Não é elegante fazermos alguém nos esperar, porque com isso não só desperdiçamos o nosso tempo como levamos outrem a jogar fora as suas horas.

— Mas, irmão, chegamos em cima da hora!...

— Sabemos disso, e estamos aproveitando a ocasião para adverti-lo de que um Espírito equilibrado não abusa do tempo de que dispõe. Procure o comboio oito, ele já se encontra preparado.

E assim o fizemos. Nele, só oito irmãos, contando com este seu amigo. Procuramos acomodar-nos, mas, antes, nos apresentamos:

— Bom-dia! Chamamo-nos Luiz Sérgio de Carvalho, um amigo às suas ordens.

Os companheiros apenas sacudiram as cabeças. Ficamos um pouco atrapalhados, para não dizer sem jeito. Pensamos: "o que estamos fazendo aqui, com esses sete irmãos completamente estranhos a nós?" Em seguida o comboio partiu. "Vai ser duro agüentar esse silêncio e ainda o sofrimento dos que serão assistidos". Foi quando Janfé nos disse:

— Luiz Sérgio, acalme-se, tudo tem seu tempo. No momento estamos em oração.

Devemos ter ficado verdes de vergonha, mas cerramos nossos olhos e logo estávamos em um local muito estranho. O vento uivava; não só o vento como as aves estranhas que ali voavam. Elas vinham para cima de nós, como se desejassem nos agarrar. Sentimos um certo pavor, medo de falhar, mas nos pareceu ouvir a voz de Francisca Theresa, dizendo-nos: "A fé é o escudo dos filhos de Deus. Quem tem fé não cai em tentação. Passa pelo perigo, transformando-o em experiência de vida." Fomos serenando. A voz de Francisca Theresa ia tocando o nosso coração como se fosse um hálito de proteção. O lugar era tão escuro que usávamos o dilatamento da retina espiritual para nos locomovermos. Pensamos: "será que estamos sós neste estranho lugar?"

— Não, Luiz, vários grupos aqui chegaram trazendo o socorro a esses irmãos.

O lugar era frio e lodoso e o vento assustava. Íamos caminhando com dificuldade, mas o nosso instrutor Rayady, sempre convidando-nos à oração, ia vencendo todos os obstáculos. Em um certo local, mais seco, ele parou e, olhando para o alto, orou:

"Deus, Criador incriado de todo o Universo, cuja presença está em toda parte, desde o pináculo do monte até o lodaçal do solo, protege-nos a todos, faze brilhar o sol onde há trevas; faze, Senhor, brotar as flores onde só há espinhos. Deus, faze secar as lágrimas nesses olhos faiscantes de ódio. Deus, faze com que a brisa chegue até esses Espíritos tão revoltados, tão desesperados. E a nós, que nos propusemos a ajudá-los, que tenhamos mais amor e mais equilíbrio para ampará-los em nossos braços. Assim seja."

Armando, um dos nossos, segurou um jovem que tentava morder sua perna. Quando Armando segurou aquele ser tão maltrapilho, ele nos pareceu um animal, de tão deformado perispiritualmente. No estado em que se encontrava sua forma perispiritual, não temos como descrevê-la, por estar muito além do vocabulário nosso. Armando logo o envolveu com sua capa, pois que tremia muito. Continuamos andando e só paramos em um lugar mais alto. Armando e o instrutor ficaram para trás. "O que estará acontecendo? O que irão fazer com aquele irmão tão sofredor?" Não nos atrevíamos a perguntar. Ficamos ali e só então notamos que de outro lugar partia uma luz que nos banhava. Deixamos as luzes caírem pelo nosso rosto, pois naquela hora de oração imaginamos Jesus de braços abertos, iluminado, diáfano, protegendo-nos nas regiões das trevas; Ele, Jesus, o Governador do Planeta, com Sua luz, como que clareava aquele lugar de desespero. Nisso, chegaram os nossos amigos, sem o irmão sofredor. Nada perguntamos, continuando a caminhada. Olhamos para o alto e não vimos o céu, era uma escuridão só. Tínhamos a impressão de que longe estávamos do planeta Terra; era tão pavoroso, que até pensamos que ali fosse o "inferno" sem fogo. Nesse instante, alguém foi-se aproximando de nós.

— Sejam bem-vindos à Caverna trevosa.

Ao ouvir aquele nome, sentimos um bolo no estômago e um calafrio que nos percorreu todo o corpo.

— Chamo-me Azael. Peço que nos acompanhem até o nosso pequeno hospital.

Cabisbaixos, nós o seguíamos, quando de longe avistamos uma cerca, que ia ficando brilhante à medida que dela nos aproximávamos. Ao chegarmos, que espanto! Naquele lugar lodacento havia um ponto de luz, um hospital de Jesus?! Encontramos vários Lanceiros de Maria, que ali davam guarda. Olhei-os com o coração repleto de amor. Quanto desprendimento, quanto devotamento! E paramos, pensando: "como podem alguns espíritas desprezar Maria? Como podem imaginá-La distante do trabalho de Jesus?" Aquele Pronto-Socorro de Maria era uma ilha no mar de dor que nos cercava. Fomos levados para dentro, mas antes passamos por uma cabine de limpeza perispiritual. Só depois adentramos a Casa, que não parecia estar localizada ali, naquele "inferno". Tudo era muito limpo e uma música suave dava tranqüilidade ao local. Nisso, uma irmã muito simpática, sorridente, nos deu as boas-vindas:

— Chamo-me Dorothéa. Agradecemos ao Senhor por tê-los mandado.

— Sou Nikolas, este é o Armando e estes são Luiz Sérgio, Otto, Paul, Julienne, Hugues e Ilisabetita.

— Estão com fome? Já preparamos os seus aposentos e uma alimentação.

Passamos algumas horas nos refazendo da viagem, após o que a nossa irmã nos levou à enfermeira dos doentes que em seguida seriam levados por outros grupos que haviam chegado antes de nós. Passamos pela primeira porta e seu material nos chamou muito a atenção, pois era feita de placas metálicas. Andamos por um túnel frio, muito frio, e logo alcançamos a segunda porta, menor que a primeira. Andamos, andamos, até que não resistimos e perguntamos a Paul:

— Isto ainda pertence à Casa?

Ele nos sorriu, como querendo dizer: "se você não sabe, eu também nada sei." Fomos dando um jeito de nos aproximar do instrutor para perguntar:

— Onde estamos?

— Espere mais um pouco e logo saberá.

Ultrapassamos outra porta, bem menor que as outras; assim, fomos atravessando o túnel e só então percebemos que todo ele era do tal material metálico. Depois de passarmos por seis portas, estávamos diante da sétima, menor ainda que as outras. A irmã Dorothéa descerrou-a com sua força mental. Não havia fechadura, portanto, não havia chave. Quando a porta se abriu, a temperatura tornou-se agradável e a música suave, que nos envolveu, era interrompida pelos uivos, sim, uivos. Diante de nós, em umas dezesseis camas — se podemos assim denominá-las — estavam deitadas as mais estranhas formas perispirituais. Não eram ovóides. Uns nos pareciam serpentes; outros, macacos, e alguns, sapos. Foram socorridos, mas nem por isso deixaram de ter essas formas. Como sentimos vontade de perguntar por que eles estavam assim! Mas o momento era de oração. As camas tinham proteção fluídica tão forte que nós não nos aproximávamos deles nem eles podiam se aproximar de nós. Uma forma estranha — nem de homem nem de qualquer animal que conhecíamos — gritava e nos xingava, querendo sair dali. Quando a irmã deles se aproximava, eles baixavam a cabeça, mas depois que ela passava, nos agrediam com gritos medonhos. Não agüentamos e indagamos:

— Para onde eles irão agora?

— Ficarão aqui mais um tempo, depois serão transferidos para hospitais especializados.

— Perderam a forma humana? Como pode, se o Espírito não retroage?

— Eles deformaram os seus perispíritos, mas não o Espírito; por baixo dessas vestes deformadas estão Espíritos sem deformações, apenas muito perturbados.

Notamos que todo o grupo estava curioso.

— Com estas formas perispirituais não ocorrerá a metempsicose? — quis saber Paul.

— Não, jamais eles irão reencarnar como animais. Eles terão corpos humanos deformados, e muitos os acharão parecidos com os animais aos quais hoje gostam de se assemelhar.

— Então eles mesmos é que formam esses corpos tão feios? perguntou Ilisabetita.

— Sim. O ódio que se instalou neles é tão terrível que foram adquirindo forma de animais. Mas voltamos a dizer: jamais eles voltarão ao reino animal, pois são Espíritos formados. Como sabemos, no reino mineral o Espírito em formação é apenas essência espiritual; no reino vegetal, também; agora, no reino animal, inicia-se a encarnação, mas o Espírito ainda é simples princípio inteligente. Estas formas que vemos são de Espíritos formados, somente com seus perispíritos deformados; devido ao ódio que carregam dentro de si, foram para cá trazidos. Quando encarnados, foram verdadeiros animais ferozes: mataram, estupraram e, depois de desencarnados, tornaram-se integrantes das legiões trevosas, que os usavam para desequilibrar os encarnados. E alguns desses Espíritos eram colocados — ou eles próprios os buscavam — junto aos seus antigos desafetos, e a eles se uniam.

— Como vieram para cá?

— Colados em suas vítimas encarnadas.

— Quando elas, as vítimas, desencarnaram, foi possível trazê-los até este local?

— As colônias não têm condição de abrigar esses Espíritos enquanto revoltados. Só depois de muito sofrimento é que eles são levados a outros locais, onde são tratados. Respostas mais completas para as suas perguntas vocês as obterão, quando forem até a Crosta, buscar alguns deles.

— Quê? Iremos caçá-los?

— Sim. Irão tentar retirá-los de junto de suas vítimas, para trazê-los para cá.

— E por que eles têm de vir primeiro para este lugar de sofrimento?

— Isto vocês saberão quando fizerem o trabalho de socorro.

Vimos, de repente, um dos Espíritos, com a forma de serpente, rolar pelo círculo onde se encontrava, gritando, gritando. O instrutor foi até ele enquanto todos nós orávamos.

Leitor amigo, o homem brinca com a vida, não sabendo que cada minuto no corpo físico deve ser aproveitado para evoluir e não para dar trabalho a Deus, que com todos os Seus filhos Se preocupa. Hoje estamos vivendo uma época tão sem moral, que são incontáveis os desregramentos, onde a honra é relegada e os desvios sexuais são cantados em prosa e verso, por aqueles que se julgam donos dos seus corpos.

Aqueles Espíritos sofredores eram animais, animais doentes; uns sem orelhas, sem pernas, sem braços e até sem sonhos.

O Espírito não retroage, mas a forma perispiritual pode tomar aspectos inacreditáveis. E ali, diante de nós, os deformados perispirituais eram uma realidade dura, muito dura, eram homens que nos pareciam animais, tal a rigidez dos seus corações. Naquele posto de socorro localizado no baixo umbral, tínhamos encontrado um pequeno hospital para abrigar Espíritos altamente comprometidos com seus erros.

— Eles devem ter aprontado por demais!...

— Sim, Luiz, causaram muitas dores, ultrapassando o limite de uma encarnação — respondeu-nos Nikolas.

Visitando aquela enfermaria do mundo espiritual, certificamo-nos, mais uma vez, da grandeza de Deus. Como é possível algumas religiões imaginarem os desencarnados estáticos, sem nada fazerem, os maus no "inferno", os menos maus no "purgatório" e os bons no "céu"? Quanto absurdo!

Observando os trabalhadores daquele hospital, agradecemos a Deus a lei do progresso, pela qual ninguém fica estacionado, possibilitando que tanto encarnados quanto desencarnados caminhem na estrada da evolução. Alguns nem percebem, mas é importante cada minuto vivido, onde quer que estejamos.

— Que fizeram eles? perguntou Julienne.

— Só eles e Deus sabem. Não é prudente ficarmos a par dos seus erros, bastam, para eles, seus próprios remorsos.

— Mas que devem ter cometido muitas barbaridades, isso devem — falou Armando.

Visitamos toda a enfermaria. Estávamos bem perto dos irmãos já amparados, porém longe daquele estranho lugar onde antes se encontravam, cujo barulho do vento parecia ser forte para abafar os gritos de ódio e sofrimento.

XV

FRANK E VÍTOR

Fortemente impressionados por tudo o que havíamos visto, saímos da enfermaria e voltamos a um posto de socorro onde recebemos orientação sobre nossa viagem. Naquele posto, ficamos sabendo o porquê do sofrimento desses Espíritos, muitos deles presas de legiões trevosas. Hugues indagou:

— Eles causam males aos encarnados?

— Sim. Muitos se juntam às suas vítimas, que algumas vezes vão até parar nos sanatórios.

— Os trabalhos de desobsessão são úteis para esses Espíritos?

— Certamente, mas as Casas Espíritas, para prestar assistência aos Espíritos sofredores e trevosos, precisam de médiuns preparados. *Esta casta de Espíritos requer oração e jejum*, disse Jesus. Não é qualquer médium que é capaz de ajudá-los. Um grupo de desobsessão requer médiuns equilibrados, que não possuam vícios, nem o do simples cafezinho. A carne vermelha não deve ser ingerida, porque deixa no corpo físico um odor muito forte, o que dificulta a doação de fluidos magnéticos equilibrantes. O médium tem de praticar não só o jejum espiritual, como também o físico; eliminar do dia a dia o álcool, a carne vermelha, os entorpecentes, até o simples xarope; o fumo, nem pensar; o sexo tem de ser evitado no dia do trabalho de desobsessão, porque o doente que irá se aproximar do médium necessita de fluido o mais depurado possível. E quem tem o corpo físico desequilibrado, como pode bem servir a um Espírito doente?

— Jovem pode servir-se de médium? questionou Otto.

— Se o jovem preencher esses requisitos, tiver equilíbrio e disciplina suficientes para renunciar em prol dos doentes que serão levados até ele e se já passou pelo Estudo Sistematizado da Doutrina Espírita, pode. Se colocarmos um jovem sem preparo, sem conhecimento doutrinário, diante desses irmãos, com o decorrer dos trabalhos ele começará a sentir-se mal e pedirá para sair. O certo é preparar médiuns especialmente para esse trabalho, elucidando-os sobre o estado dos Espíritos obsessores, ensinando-os a diferenciar Espíritos sofredores de Espíritos obsessores, alertando-os para o perigo das doutrinações, quando o doutrinador desperdiça palavras. O prudente é usar apenas a oração, jamais agredir ou exasperar o Espírito doente; enfurecê-lo lhe é mais prejudicial, pois ninguém irá ajudá-lo falando alto ou levando-o ao desespero. Também não é aconselhável usarmos as pessoas que o obsessor ama, para intimidá-lo; se assim agirmos, será o mesmo que um policial prender a mãe de um criminoso para fazê-lo confessar. Não devemos chantagear o doente. Ninguém gosta de ouvir palavras duras e ofensivas, o que mais o toca são as palavras de amor e respeito ao seu estado de sofredor ou de obsessor. Como já foi dito, um grupo de desobsessão não deve ser composto de médiuns iniciantes e sim de pessoas capazes, com muito conhecimento da Doutrina Espírita.

— Esses grupos de médiuns devem tomar algum cuidado?

— Sim. Em dia de reunião, procurar alimentar-se sem excessos, usar roupas discretas, sem jóias, sem adereços, ter comportamento exemplar e evitar perfume. Pessoas maledicentes não devem integrá-los. A maledicência é nociva aos trabalhos de desobsessão. Terminada a reunião, é conveniente evitar comentários sobre os atendimentos, por isso os instrutores devem pedir discrição para os médiuns. Comentar os sofrimentos de um Espírito doente é falta de caridade.

— O que podem então fazer os médiuns iniciantes? perguntamos.

— Exercitar a psicofonia, a vidência, a psicografia, para educar sua mediunidade.

— Espíritos sofredores podem comunicar-se por eles?

— Claro, os Espíritos sofredores não são Espíritos maus, astutos, que gostam de praticar maldades. Espíritos sofredores são os que ainda não foram socorridos: os doentes, os suicidas, enfim, como o próprio nome diz, sofredores. Agora, para haver comunicação com os trevosos astutos é preciso que existam grupos especiais, muito bem preparados, agindo de modo a que os doentes encarnados não conheçam os seus obsessores nem ouçam suas palavras ofensivas. Não é certo fazermos a dita "passagem" diante do encarnado, e o dirigente desses grupos especiais nunca deve dizer a alguém em tratamento que ele está sendo acompanhado por um obsessor. Devemos ter piedade para com os doentes; é perigoso afirmar que alguém está sendo influenciado por algum Espírito; o certo é dizer que ele precisa submeter-se a um tratamento de fortalecimento espiritual, porque os Espíritos sofredores ou trevosos somente se aproximam quando o encarnado não está bem, quando está com a mente perturbada. O melhor é fortalecer o homem, os freqüentadores do Centro, para que não tenham suas casas mentais ocupadas pela má influenciação de Espíritos. Vocês irão conhecer alguns encarnados, vítimas de Espíritos trevosos muito vingativos.

O instrutor não parou de elucidar o nosso grupo, o que fez Ilisabetita perguntar:

— Por que os Centros Espíritas não criam cursos especiais para médiuns de cabines de desobsessão?

— Tudo o que é feito às pressas não tem o selo da perfeição. Basta levantar um Centro Espírita para logo serem criados esses grupos, sem a mínima condição de equilíbrio, apenas com muito boa vontade. Recomendamos, aos presidentes de Centros Espírita, que iniciem um trabalho sério com os médiuns que possuam condição de renunciar em prol desses Espíritos tão doentes, sejam obsessores ou obsidiados.

— Não é difícil reunir bons médiuns, sem vícios, humildes e caridosos? indagou Hugues.

— Não, se a Casa obedece aos postulados espíritas, que são a transformação do homem. Casa Espírita que não educa os seus freqüentadores, os seus grupos de médiuns, terá dificuldade em formar grupos sérios e disciplinados. A Casa que adota por orientação as obras básicas da Doutrina dificilmente permite a formação de um grupo sem base doutrinária. Bem, agora lhes desejo um bom trabalho e que, ao chegar ao plano dos encarnados, vocês possam ajudá-los. Que Deus nos abençoe.

Assim, logo estávamos no nosso posto de atendimento, agora no plano físico, e chegamos até uma família que estava passando por momentos difíceis. Conviviam naquela casa de classe média mãe, pai e três filhos. Um deles, Vítor, com vinte e três anos, de uma hora para outra, entrou em processo obsessivo grave. Fazia as necessidades fisiológicas no chão e depois as comia. A família, desesperada, tudo fazia para ajudá-lo. Vivia deitado no chão, retorcendo-se como se fosse um réptil. Sua mãe tudo fazia para tirar o filho daquele estado. Junto a ele, um Espírito completamente deformado, com aparência de animal, levava-o àquela situação. Era tanto o ódio naquele Espírito, que escorria da boca do encarnado uma gosma esverdeada, que os médicos do plano físico não sabiam explicar. Achegamo-nos a ele e quando o obsessor nos percebeu, investiu contra Julienne, como se quisesse estrangulá-la, mas o seu campo vibratório não lhe permitiu aproximar-se. Vítor ficava preso em um cercado feito pela família, onde se arrastava como se fosse um jacaré se locomovendo. Hugues foi intuindo a mãe para orientar a família a levá-lo a uma Casa Espírita. Sempre que dona Arlene falava em Espiritismo, era ofendida pelos filhos, como se quisesse levar o Vítor a um covil de loucos. Uma das filhas, médica, enfureceu-se, porque considerava todos os espíritas ignorantes, não sabendo ela que a Doutrina Espírita contém em si um universo de conhecimentos. Quem a estuda deveria fazê-lo pela vida afora, pois, se parar, ficará perdido quando em uma roda se falar sobre a Doutrina, e verá que a Doutrina caminha lado a lado com a ciência. Hoje, quem deseja conhecê-la bem tem de estudar, e muito. Mas a mãe de Vítor, desesperada e ajudada por nós, conseguiu levar o filho — pálido, olhar profundo — ao Centro Espírita. Lá, adentrou a sala de desobsessão, onde uma música clássica inundava todo o ambiente. Três médiuns lhe aplicaram passes. Ele caiu, encolheu-se e começou a lamber o chão. Em outra sala, dez médiuns, sentados em torno de uma mesa, oravam e alguém dava passividade.

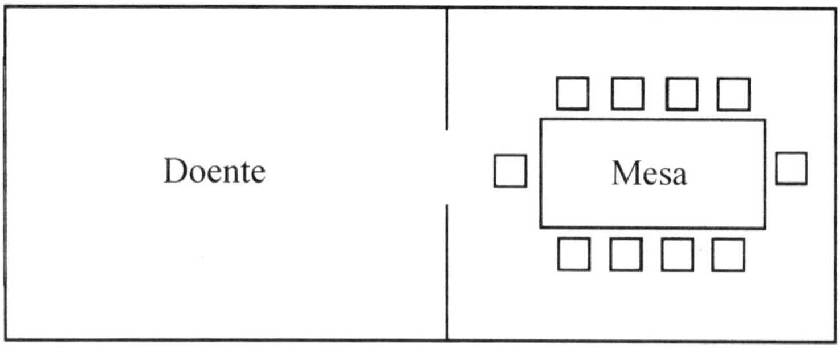

Vítor nos pareceu amarrado pelos Lanceiros de Maria. Quando os fluidos magnéticos atingiram o seu perispírito, ele estremeceu e o seu obsessor se juntou tanto a ele que nos pareceram uma só pessoa. Enquanto na sala ao lado o grupo de médiuns orava e tentava levar para lá o Espírito obsessor, este mais se colava no perispírito da sua vítima. Os médiuns passistas que estavam mais perto de Vítor conseguiam fazer com que o obsessor chegasse até a mesa de trabalho somente por fração de segundos, porque, como se fosse um ímã, o perispírito de Vítor o atraía. Mas quando ele se afastou um milímetro de Vítor, o grupo de médiuns da mesa envolveu os seus centros de força com fluidos magnéticos tranqüilizantes, e só aí Vítor abriu os olhos. Pudemos então perceber que o seu rosto, antes transfigurado, adquirira uma fisionomia mais humana. Esse tratamento durou uns quinze minutos. Em seguida, entrou outro doente menos comprometido com o seu obsessor.

Deixamos o recinto. Indagamos ao Nikolas se cada tratamento demorava também quinze minutos. Se assim fosse, quantas horas duraria o trabalho desse grupo?

— As obsessões simples são tratadas com passe coletivo. Só os casos especiais, como o do Vítor, requerem tratamento mais direto e demorado.

— Algum dia ele se libertará desse obsessor?

— Não sabemos, nem todos são curados no Espiritismo. Não se pode separar quem deseja ficar junto. Pelo que percebemos, Vítor não tem interesse em se ver livre do seu algoz.

— Podemos saber o que fez Vítor para o seu obsessor?

— Eles sempre foram amigos, mas Vítor abusava dessa amizade, levando o outro a cometer atos indignos, mas era ele quem aproveitava a vida. Vítor, querendo livrar-se do amigo, matou-o; e daí começou a perseguição de Frank que, de tão endurecido, comanda uma falange de trevosos. Vítor sempre conseguiu esconder-se no corpo físico, fugindo da caçada de Frank, mas nesta encarnação ele o achou.

— E por que Frank tem o perispírito deformado, parecendo um jacaré?

— Ele já cometeu os mais hediondos crimes, é um dos piores obsessores que já se conheceu.

— Então ele já era ruim? Não foi o Vítor quem o levou à maldade?

— Não, Vítor somente abusou da amizade de Frank.

— Mas só por isso?

— Não, Luiz Sérgio, os dois causaram muitos males à sociedade...

— E por que Vítor não teve deformado o seu perispírito?

— Como não? Para tomar as atitudes que vem tomando é porque o seu perispírito está quase semelhante ao de Frank. Só que o de Vítor está vestido de um corpo físico perfeito.

— Perdão, mas a nossa cabeça agora deu um nó. Se o perispírito é a fôrma do corpo físico, por que o corpo físico de Vítor não está deformado, como o seu perispírito?

— Porque este corpo físico de Vítor foi moldado para escondê-lo dos inimigos. Mas isso não ocorreu, Frank o encontrou.

— Então não vale o tratamento de desobsessão, pois o corpo perispiritual de Vítor já se encontra deformado, falou Paul.

— Quando dizemos que o corpo de Vítor contém deformações, não estamos afirmando que ele esteja no mesmo estágio do de Frank. O perispírito de Vítor contém elementos nocivos, mas se encontra em melhor estado que o de Frank. Assim, Frank, colando-se em Vítor, leva-o a rastejar e a ingerir sua própria matéria fecal. Isso faz Frank delirar, pois percebe que a sua vítima está sendo reduzida a nada. Para Frank, estar junto a um corpo de carne é a glória e ele daria tudo para retornar ao corpo físico; não sabe ele que, se isso ocorrer, será portador de deficiências cruéis, talvez a falta das pernas e dos braços, rastejando pelo chão como faz hoje Vítor, quando influenciado.

— Que castigo cruel!... disse Armando.

— Castigo, não, Deus não castiga Seus filhos. Frank e Vítor vivem como gostam.

— Nossa cabeça deu um nó, novamente.

— Tem razão, Luiz Sérgio. Alguns homens ainda conhecem pouco as conseqüências de seus atos. Deus não tem culpa da sua ignorância.

Voltamos à casa de Vítor. Ele, muito mal, rolava pelo chão. Seus irmãos atormentavam a mãe, dizendo:

— Por que o Espiritismo não o curou?

Ela apenas chorava, sem responder. E Vítor, às vezes, se retorcia tanto que nos parecia que iria dar um nó no corpo. Oramos, e quando o fizemos Frank gritou muito. Vítor fez o mesmo, o que deixou a família enlouquecida.

— Este caso é chamado de subjugação, o que torna muito difícil a cura, mas não a impossibilita.

Sob forte impressão, nosso grupo foi-se retirando.

XVI

DEFORMAÇÕES PERISPIRITUAIS

Levados pelo instrutor, fomos conhecer outros casos da terrível obsessão. Dessa vez, visitamos uma casa de assistência social, onde pessoas deformadas e marginalizadas se encontravam no pátio. Eles eram tão estranhos, que quem os olhasse, sem o conhecimento dos postulados espíritas, não compreenderia por que Deus cria pessoas tão lindas e outras tão deformadas. Só mesmo a Doutrina Espírita para nos elucidar sobre tais diferenças. Fitamos Ritinha, uma menina de seus treze anos, sem as duas pernas e os dois braços. Chegamos bem perto para observar o seu perispírito. Nele também faltavam os braços e as pernas. Bastante perturbada, tinha ao seu lado os seus companheiros, Espíritos duros e doentes.

Em outro compartimento, preso em um quarto, vimos um Espírito todo torto, que andava de quatro, gemia e urrava. Às vezes levantava o rosto e uivava como cachorro. Chegamos perto de Lucinda. Era tão deformada que nem parecia humana. Abria um só olho, o outro permanecia completamente fechado. Sua boca não possuía formato labial. Enfim, uma figura totalmente disforme. O médico espiritual daquela casa de assistência aos excepcionais foi-nos narrando as doenças. Junto àqueles irmãos encarnados, eram notadas as mais terríveis falanges das trevas, companheiros de várias encarnações no mal. Ele nos disse que muitos daqueles Espíritos ali se encontravam escondidos dos seus perseguidores. Mesmo sem estarem obsidiados, o campo mental de alguns deles era de terror. Íamos saindo, quando Paula tentou agarrar-nos; ela nos tinha visto, era vidente. Aproveitamos e iniciamos um diálogo:

— Como vai, irmã?

Ela sorriu, falando com dificuldade:

— Bem...

— Por que você rasga suas vestes?

— Porque gosto de ficar nua.

— Mas é muito feio ficar nu.

— Não, eu sou bonita e gosto de me exibir.

— Você gosta de Jesus?

— Não, não gosto de igreja e Ele só vive lá.

— Não é assim, Ele está ao lado de quem sofre. Você não gostaria de andar, correr?

— Não, não quero. Eu gosto de deitar e sentar.

— Busque Jesus e ore pela sua saúde.

— Não estou doente.

Alisamos seus cabelos e fomos saindo devagar, indagando ao médico o porquê de Paula ficar só deitada, se era portadora de alguma doença reumática.

— Não, ela tem os braços e as pernas normais, mas adora rolar pelo chão.

— Qual a causa?

— Mental. Ela é uma alma por demais comprometida.

— Esta Casa tem um acompanhamento psiquiátrico e espiritual?

— Não. É apenas um depósito de almas doentes, sem qualquer acompanhamento religioso ou terapêutico. As pessoas só comem e dormem.

— Mas eles precisam de um tratamento terapêutico.

— Sim, mas quem vai ministrá-lo? O presidente desta Casa só pode ampará-los dando-lhes de comer e de vestir, o que já é muito. Sabemos que é preciso uma orientação religiosa; estes irmãos necessitam de passes, de tratamento psiquiátrico, psicológico e também desobsessivo.

— O presidente é espírita?

— Não possui religião, diz que não tem tempo.

— O governo deveria amparar essas Casas e transformá-las em hospitais. Eles são doentes e não idosos, para ficar em asilos, ou crianças, para ficar em orfanatos. Eles necessitam de muitos cuidados.

Quando já íamos saindo, vimos Keila, que fazia as suas necessidades fisiológicas no meio do pátio. Não se limpou; saiu dali, simplesmente. Se essas Casas tivessem uma assistência governamental, teriam em seus quadros pessoas com conhecimento sobre higiene, cujas aulas seriam dadas aos doentes. Aquele local era um depósito de corpos deformados e de muitos doentes; na parte espiritual o quadro não era diferente. Assim, todos aqueles irmãos tinham ao seu lado pelo menos uns três Espíritos deformados e perversos. Oramos naquele local e, enquanto o fazíamos, um arco-íris de luz banhava aqueles corpos doentes e percebemos que varreu o espaço, indo até aquele lugar onde os corpos perispirituais se deformaram tanto, que hoje mais pareciam animais. Segurei o ombro de Ilisabetita. Com os olhos rasos de lágrimas, ela nos indagou:

— E as famílias desses doentes?

— Geralmente eles são abandonados. Nem todos gostam de cuidar de crianças portadoras de deficiências físicas.

— Se crianças perfeitas, lindas, ainda são abandonadas por mães que não querem ter trabalho, imagine essas crianças... — disse Otto.

— O que falta no Brasil é um bom trabalho social, alguém que lute por esses irmãos, pedindo auxílio ao governo. Eles precisam de roupa e comida, é verdade, mas precisam muito mais de amor e tratamentos especializados. Admiramos muito essas abnegadas pessoas, que fundam esses asilos, sem recursos, sem ajuda governamental, e lutam sem médicos, sem enfermeiros, sem auxiliares. Mesmo não tendo pessoal especializado, pelo menos têm comida, teto e roupa — acrescentamos.

Hugues nos levou até o posto de socorro que pairava sobre aquela Casa. Os Lanceiros de Maria davam ali a proteção divina, evitando que os algozes daqueles irmãos lhes fizessem mais mal do que já estavam fazendo.

— Pode nos explicar melhor esse quadro, Hugues?

— Todos são comprometidos com falanges trevosas, entretanto esta guarda não deixa que eles sejam maltratados.

— Mas se alguns deles comem as próprias fezes, bebem urina, rolam nos próprios dejetos, misturam terra na comida, como você me diz que estão protegidos?

— Claro. A proteção é relativa. Os Lanceiros de Maria não podem separá-los bruscamente, pois muitos não querem livrar-se dos seus antigos companheiros.

— E a sociedade desconhece o sofrimento desses irmãos... — lamentou Julienne.

— É bom que se diga que nem todas as almas com deformações físicas são obsidiadas. Muitas deficiências físicas são conseqüências de erros passados. Agora, estes irmãos estão sendo influenciados pelas suas vítimas do pretérito — esclareceu Hugues.

No instante em que conversávamos, passou por nós um jovem de seus dezessete anos, sendo empurrado em um carrinho de pau, sem os braços, cego, e com as pernas atrofiadas. Os empregados daquele local jogavam cartas de baralho, tendo por companhia horrendos Espíritos maus. Como as coisas seriam melhores se ali houvesse uma escola de evangelização, com instrutores capazes, para ensinar a estas almas sofridas! Os que não tivessem embaraços na fala poderiam cantar, enfim, possuir uma vida melhor. Lançamos um olhar de agradecimento aos Lanceiros de Maria, que tanto ajudavam a todos. Fomos o primeiro a sair. Esperamos a turma sentado no meio-fio. As lágrimas rolavam pela nossa face. Do lado de fora, a sujeira era terrível: um amontoado de papéis, latas, garrafas e entulhos. Que Casa pode ser protegida abrigando aranhas, baratas e ratos?

— Luiz, vamos ganhar a estrada.

Levantamo-nos e Nikolas iniciou a prece:

"Senhor Deus, Criador do Céu e da Terra, enfim, do Universo, perdoa aqueles que Te desconhecem e tem piedade dos que pronunciam o Teu nome em vão, pois mesmo chamando "Senhor, Senhor", esquecem de partir em socorro dos que sofrem. Quando criaste os Espíritos, não os fizeste para o sofrimento, mas os Teus filhos ignorantes vão em busca de caminhos tortuosos, onde encontram a dor por companhia. Hoje, Senhor, paramos neste posto de auxílio aos Teus filhos que se comprometeram ao longo da caminhada. Pouco pudemos fazer por eles, mas sabemos que a nossa oração pode operar maravilhas e é isso o que desejamos, que as nossas preces possam servir de alento para estas mentes perturbadas, e que o calor das nossas vozes possa dar a estas almas sofridas a certeza de que Tu existes para segurar os que estão caindo e levantar os que já se encontram no chão. Deus, tem piedade das autoridades que não saem dos seus locais de trabalho e passam os seus mandatos distantes da dor do seu povo, dos seus irmãos. Deus, neste momento, quando nos defrontamos com a dura realidade do sofrimento humano, pedimos que fortaleças os diretores das Casas de auxílio, fazendo com que encontrem um meio mais humano de tratar quem já sofre tanto com os remorsos. Deus, as Tuas leis são eternas, faze com que seja eterna em nós a vontade de ouvi-las e colocá-las em prática; que de toda a Terra possam surgir, como sementes em germinação, núcleos de auxílio ao próximo; que todos aqueles indiferentes, avaros, orgulhosos, pseudo-sábios, se convertam em irmãos em Cristo, indo em busca dos que sofrem, para ajudá-los a ser felizes. Porque, Pai amado, sabemos que nos esperas, pacientemente, vestidos com a túnica nupcial para participarmos do banquete celeste, sentados uns à Tua direita, outros à Tua esquerda, mas todos nós, os Teus filhos, unidos por um só sentimento: o do amor. Saborearemos do manjar divino e beberemos do cálice da vida eterna, ao Teu lado e ao lado do Cristo, por toda a eternidade. Assim seja."

Paul cantou uma canção e fomos caminhando devagar, de volta ao Vale da Dor, onde o corpo perispiritual chega a um estado tão deformado, que nem pode ser chamado de corpo. A canção de Paul soava em nossos ouvidos:

Deus, espera por nós.
Deus, espera por nós.
Logo ali alguém sofrendo
E nós ali o ajudando
O reerguendo
Logo ali a dor maltratando,
As lágrimas caindo
E nós o ajudando
Deus, espera por nós
Não nos deixes sós
Na Terra a dor chegando
E o homem se matando
Distante de Ti ficando
E nós implorando
Deus, espera por nós.
Deus, espera por nós.

XVII

O RETORNO AO VALE DOS DEFORMADOS

Logo estávamos de volta ao Vale dos Deformados, onde cada um dos Espíritos havia plasmado para si um corpo de animal, devido à maldade dos seus corações. Olhamos um deles com forma de lobo, e ele, feroz, nos mostrou os dentes. Sorrimos, com um sorriso de piedade, e o Espírito se enfureceu, partindo para cima de nós com tanta violência que fomos jogados ao chão. No mesmo instante, um círculo lilás nos deu proteção e Nikolas nos alertou do perigo de sentirmos pena dos que sofrem:

— Devemos fortalecer quem está sofrendo, e não enfraquecê-los com a nossa piedade.

Seguramos as mãos de Nikolas e agradecemos as oportunidades recebidas.

— O Vale dos Deformados — elucidou-nos Nikolas — composto de Espíritos endurecidos, impregnados de ódio, é um dos lugares mais bem protegidos por Espíritos preparados para esse fim. Muitos dos que se alojam ao lado de suas vítimas no mundo físico são trazidos para cá e daqui só saem para hospitais preparatórios para novas reencarnações.

— Alguém já conseguiu fugir daqui? indagamos.

— Não — respondeu Nikolas.

— Só existe uma maneira deles fugirem: juntar-se a alguém que aqui venha trabalhar.

— Como? indagamos.

— Luiz Sérgio, se o irmão se desequilibrar ao conhecer estes Espíritos deformados, eles aproveitarão a situação, ligando-se ao irmão, que juntos daqui sairão.

— Verdade? Mas pode isso acontecer?

— Sim, mas não irão longe, logo os dois serão internados nos hospitais universitários da espiritualidade, que tratam desses casos.

— Ainda bem, porque daqui eles serão levados para tratamento.

Estávamos fazendo o caminho de volta pelo túnel, quando observamos o nosso grupo e demos graças a Deus pelo mundo que encontramos e pelos amigos que fizemos nesses anos todos. A morte do corpo físico não passa de uma metamorfose. Como ficamos triste quando percebemos que ainda há pessoas apegadas demais aos empregos, aos bens temporais, lutando para ganhar dinheiro, e se distanciando das coisas do Espírito; que mesmo já tendo sido apresentadas à morte, e esta tendo-lhes levado alguém querido, os bens materiais ainda são mais importantes do que os trabalhos missionários da caridade! Só somos felizes hoje porque na nossa vida não deixamos para trás nada do que nos foi ofertado por Deus. Sempre com os olhos rasos de lágrimas, agradecido, tentamos servir ao Senhor em qualquer lugar, quando chamados. Mesmo quando algumas palavras duras nos chegam aos ouvidos, lembramos o Cristo; Ele, o Governador do Planeta, até hoje é incompreendido, e a Sua amada Mãe, ignorada e apedrejada pelos fanáticos religiosos. Da nossa divagação fomos despertados pela voz melodiosa de Julienne.

— Luiz Sérgio, este caminho que nos leva aos deformados tem um odor de enxofre, não acha?

— Difícil seria sentir o perfume das rosas em um lugar onde o ódio prevalece, chegando a deformar perispíritos.

O túnel foi ficando para trás e logo a luz do sol e a brisa refrescante beijaram os nossos cabelos. Estávamos de volta e agora iríamos a uma colônia especializada nesse tipo de reencarnação. Nikolas nos reuniu e nos pôs a par da nossa visita ao hospital dos reencarnantes deformados. Ele nos recomendou a busca de uma cabine restauradora para nos equilibrarmos, e logo banhávamos os nossos Espíritos no verde mar da tranqüilidade. Quando de lá saímos, olhamos aquele lugar com novos olhos; não era tão feio e repugnante como o víamos antes; mais assemelhava-se a um antigo garimpo de ouro e diamantes, com suas crateras, onde aqueles Espíritos moravam; parecia que eles haviam feito escavações no solo. Ao passarmos, estendiam seus braços e com as mãos nos tocavam. Suas roupas rasgadas davam-lhes a aparência dos antigos homens das cavernas. A equipe de socorristas parecia ignorá-los e isso nos fazia muito mal. Tínhamos vontade de parar e lhes prestar ajuda. Hugues segurou nosso braço, como que nos alertando:

— Luiz, o plantio é livre e a colheita, mais que obrigatória.

Estávamos ao lado daqueles que brincaram com a liberdade outorgada por Deus. Adiante fomos recebidos por Tayana, que nos abrigou em um dos postos daquele lugar. O ar do recinto era refrescante e o odor forte, desagradável, logo desapareceu. A brisa nos fazia sentir o perfume dos jasmins. Tayana e Yasin foram-nos mostrando os doentes que levaríamos para os hospitais das colônias. Eram uns vinte, uma gota no oceano, é verdade, mas o que importa é que estavam retirando do vale os doentes.

— Tiraram vinte, e chegaram quantos, Tayana?

— Não importa quantos aqui chegaram, Luiz, ficamos contentes em saber que alguns estão voltando à vida normal.

Olhamos com respeito aqueles Espíritos deformados, já limpos e bem cuidados, e perguntamos a nós mesmos: "Por que o homem encarnado não conhece a sua veste perispiritual? Se a conhecesse não a deformaria tanto."

— Por que, Yasin, seus perispíritos se encontram nesse estado?

— Irmão, cada um deles fez tanto mal, destruindo famílias, levando crianças ao vício, à prostituição, que são incontáveis as perversidades que cometeram. Quando estamos no corpo físico, nem imaginamos o que acontecerá a todos aqueles que só maldade praticaram. Os políticos, que lesam a sociedade, que desfrutam de mordomias, esquecidos de que logo ali ao lado existem a fome, o abandono e as doenças; os chefes de nações, que furtam o seu país, negando ao povo cultura, saúde e segurança; os donos de hospitais que, indiferentes à fragilidade dos doentes, só pensam em aumentar suas contas bancárias... O doente, sofredor, sente o abandono dos homens e a dor queima-lhe o corpo e a alma. Se não existissem os umbrais, claro que haveriam de criá-los, do contrário, que mérito teriam aqueles que só praticassem o bem, se os malvados, os traidores, estivessem junto a eles no "céu"?

Em extremo contraste, os médicos e os enfermeiros dali tudo faziam por aqueles Espíritos. E recordamos o Capítulo IV de *O Livro dos Médiuns*, item 51:

(...)*Quanto aos Espíritos inferiores, os fluidos terrestres ainda lhes são de todo inerentes; logo, são, como vedes, matéria. Daí os sofrimentos da fome, do frio etc., sofrimentos que os Espíritos superiores não podem experimentar, visto que os fluidos terrestres se acham depurados em torno do pensamento, isto é, da alma.*(...)

Sabemos que a casa mental leva o Espírito a criar a sua forma de vida e aqui, no vale dos deformados, defrontamo-nos com Espíritos por demais comprometidos. As zonas umbralinas existem e quem as habita são as almas dos homens, hoje Espíritos sofredores. Ali estava sendo tratada uma das artistas mais admiradas e imitadas pela juventude; graças a ela muitos se drogaram e se prostituíram. Quantas jovens tiveram as suas primeiras experiências sexuais levadas pela liberação dessa líder! Jesus disse: *não embaraceis as minhas criancinhas*. E, referindo-Se aos escândalos, também alertou: *Se alguém escandalizar a um desses pequeninos que crêem em mim, melhor fora que lhe atassem ao pescoço uma dessas mós que um asno faz girar, e que o lançassem no fundo do mar.*

Achamos prudente mostrar para você, leitor, o que é uma mó:

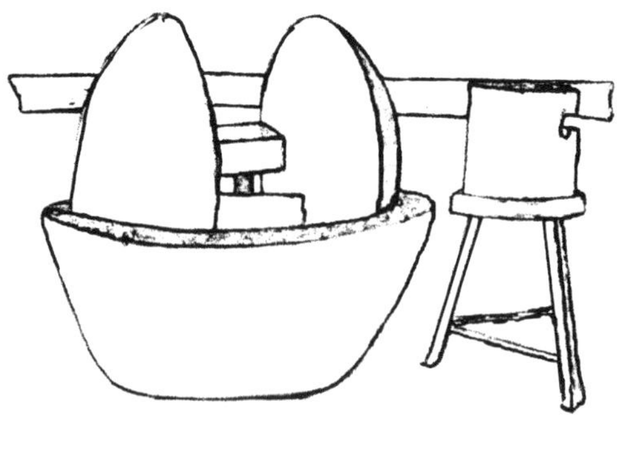

Em *O Evangelho Segundo Espiritismo*, Capítulo VIII — *Bem-aventurados os que têm puro o coração*, item 12, aprendemos o verdadeiro significado da palavra escândalo, proferida por Jesus:

No sentido vulgar, escândalo se diz de toda ação que de modo ostensivo vá de encontro à moral ou ao decoro. O escândalo não está na ação em si mesma, mas na repercussão que possa ter.(...)

Aqueles Espíritos pareceram-nos muito fragilizados, mas ao nos aproximarmos percebemos o ódio em seus olhos. A morte do corpo físico não lhes tinha amenizado o rancor que carregavam. A deformação perispiritual ocorre pelas agressões sofridas, quando o Espírito encarnado age contrariamente às leis de Deus. Cada ação má atinge o seu perispírito, que vai como que o enrijecendo e o queimando, tal o ódio e outros sentimentos maus que o atingem. Em *O Livro dos Médiuns*, Capítulo I, item 53, lemos:

(...)*Observemo-los atentamente, no instante em que acabem de deixar a vida; acham-se em estado de perturbação; tudo se lhes apresenta confuso, em torno; vêem-se perfeitos ou mutilados, conforme o gênero da morte, o corpo que tiveram; por outro lado, se reconhecem e se sentem vivos; alguma coisa lhes diz que aquele corpo lhes pertence e não compreendem como podem estar separados dele. Continuam a ver-se sob a forma que tinham antes de morrer e esta visão, nalguns, produz, durante certo tempo, singular ilusão: a de se crerem ainda vivos.*(...)

Ficamos estudando naquele pronto-socorro como o homem imperfeito é ignorante. Quando encarnado, brinca com a lei de Deus, desrespeitando-a, mas o seu desencarne é exatamente igual ao do pobre, que muitas vezes ele despreza.

— Parece que foi jogado ácido neles — disse Ilisabetita.

— Tem razão, eles jogaram em si um ácido chamado ódio.

Aproximamo-nos de uma irmã que ria sem parar. Quando perguntamos o seu nome, ela cuspiu em nós:

— Que lhe interessa? E depois, eu não falo com estranho.

— Queríamos apenas perguntar por sua saúde.

Ela soltou outra gargalhada:

— Palhaço! Veja se vou lhe contar quem sou! Você deve ser desses jornalistas que adoram a desgraça dos famosos. Fiz mesmo de tudo quando estava "viva" e depois da morte é que não compreendo por que estou sofrendo. Dizem que aqui melhora o nosso estado, mas a cada hora sofro mais. Ando sozinha, perdida, nada tenho, nem amigos. Vá, diga aos seus leitores que sou uma..., e que nada espero de Deus. Sempre fui contra Ele, não aceito quem dite leis e depois diz que outorgou o livre-arbítrio. Quanta incoerência! Dá a liberdade, mas puxa o cabresto. De que vale o livre-arbítrio, se temos de pagar por todas as transgressões às Suas leis? Além do mais, não amo a um Deus que diz: *Amarás a Deus sobre todas as coisas e ao próximo como a ti mesmo.* Deus prega a humildade e Ele mesmo é durão.

— Quanta ignorância! exclamei.

Mas logo chegou uma pessoa da sua família. Ela aceitou seus conselhos e foi-se aquietando. Deixamos o contato com os doentes e passamos à ala dos mensageiros que naquele vale trabalham.

— O que você achou dessa turma? perguntou-nos Paul.

— Nós nada pudemos fazer, mas o nosso coração transbordou de carinho e respeito.

Ali ficamos conversando um bom tempo, para depois voltarmos para casa. Os gritos eram profundos e ecoavam no vale. Aqueles poderosos de ontem, hoje eram um grupo de doentes que muito precisavam de oração. Íamos bem quietinhos, quando Otto perguntou:

— Quantos lugares existem como este?

— Muitos. Mas Jesus a ninguém abandona, todos são protegidos, pois somos Seus irmãos.

O grupo ia varando a atmosfera pesada daquele lugar, quando ouvimos nosso nome; ia parar, quando Nikolas nos jogou para frente.

— Por que você fez isso? indaguei.

— Porque quero você por muito tempo ainda entre nós.

— Mas quem nos chamava?

— Uma antiga conhecida sua, "barra-pesada".

— Não sabemos de quem se trata, não tínhamos amigos barra-pesada... E o que tem esse Espírito? Quer que a coloquemos no colo?

— É uma antiga conhecida sua que nada fez pelos pobres e agora tenta ditar mensagens, mas ninguém confia nela.

— Ah! já sei, ela lia os meus livros, mas odiava a Doutrina Espírita!

O nosso nome era gritado, e isso nos fazia muito mal. Era como se nos puxasse para junto dela. Julienne falou bem baixinho:

— Por favor, Luiz, equilibre-se, quem está gritando é alguém da minha família.

— Não é uma pessoa que os pais tudo fizeram para ela abandonar o vício e o tráfico, dando-lhe os livros do Luiz para ver se eles a curavam, mas ela cada vez mais se prostituía e traficava, tendo a coca e a maconha como a única razão de sua vida? arriscou Nikolas.

Prosseguimos e tudo fizemos para deixar de ouvir aquela voz desesperada. Logo estávamos em outro Posto, bem maior do que o primeiro.

— Será que não podíamos tê-la socorrido?

— Não — disse Otto. Estamos aqui em missão de socorro. Para isso existem Espíritos treinados.

Pensamos: "Um dia vamos ainda nos tornar socorristas!"

— O perigo de você se tornar socorrista é o seu coração. O socorrista não pode demonstrar sentimento, porque assim você iria se envolver emocionalmente e perderia o propósito real da prestação de socorro.

— Não entendi, Nikolas.

— Aqui socorremos somente os que desejam ser socorridos, que já estão um pouco melhores do que se encontravam ontem. Se o irmão, por pena, tentar tirar alguém daqui, isso vai-lhe fazer muito mal, porque o Espírito sofredor vai procurar voltar ao plano físico para continuar odiando a sociedade.

Fomos recebidos por Samira e June que, carinhosamente, ofertaram-nos um delicioso caldo e depois nos levaram a um auditório, onde ouvimos uma preleção sobre ajuda aos doentes, onde muito se falou dos grupos de desobsessão: do perigo dos improvisos; das pessoas com grupos em casa que resolvem curar obsidiados, quando esse tratamento só deve ser feito em um Centro bem orientado. Foi-nos mostrado que existem muitas classes de Espíritos e que nem todos os que obsidiam são trevosos.

— Para muitos, os trevosos são todos os Espíritos maus. Mas, nem sempre. Existem Espíritos endurecidos pelas dores, que sentem remorso, saudade, tristeza, e também os que vivem em busca de suas vítimas, que riem ao vê-las praticando os mais estranhos atos — disse-nos June.

— E os Espíritos deste vale, são sofredores ou obsessores?

— Há sofredores e obsessores. Agora, estes daqui não chegam junto aos encarnados, porque já se encontram protegidos pelos médicos espirituais.

— Mas são tantos!...

— Não importa quantos sejam, o que importa é quantos estão caindo na realidade divina.

— Que fez esse garoto de doze anos, que grita, chora e xinga?

— Esse garoto, falou June, tem na sua casa mental a morte de inúmeras pessoas. É um assaltante; não contente em roubar e matar, ainda viciava crianças e jovens.

— Por que foi socorrido?

— Porque está modificando-se, já se sente arrependido, sofre quando alguém vai embora, enfim, está tentando matar a maldade que existe dentro dele.

Paramos junto à cama de Dolacy, que estava sendo tratada pela equipe. O médico falava o seu nome e ela ia conversando com ele:

— Dolacy, por que você, como pessoa popular, conhecida no país, aproveitou-se disso e pregou a liberação da mulher e fez apologia da droga?

— Fiz, faço e o farei sempre, quem me procura deseja aproveitar a vida. Se você é careta, busque se tratar e se libere, só isso a gente leva da vida.

— Você é feliz por ter "aproveitado a vida" ao máximo?

— Claro que sim. A única coisa ruim que pintou no pedaço foi a *overdose* da Charlotte e do Wallace. A não ser isso, não me culpo de nada.

— O que aconteceu com os dois?

— Eles foram comigo a um passeio em uma das minhas propriedades e, lá, endoidaram de vez: nunca tinham visto tanta droga. Quando quiseram parar, o corpo não mais obedecia. E os dois, coitados, "bateram as botas". Só que mesmo mortos eles continuam junto de mim e não me deixam em paz.

Nikolas separou os dois jovens de Dolacy, aplicando-lhes passes magnéticos. Enquanto isso, o Espírito de Dolacy ia ficando quietinho. Um telão projetava a imagem do cérebro da nossa irmã. Quando a fitamos, seus olhos vertiam lágrimas, que molharam o lençol. Mas logo se recompôs e soltou um palavrão.

— Dolacy, o arrependimento é o primeiro passo para o encontro com o Pai — falou-lhe Paul.

— Parem com isso! Odeio beatos! E depois, não aceito a piedade de ninguém só porque me encontro enfraquecida.

Aproximamo-nos:

— Irmã, aproveite a grande oportunidade que lhe foi dada e segure-a bem forte, porque no mundo espiritual o homem tem de lutar para ser digno e não negligenciar as oportunidades que lhe surgem.

Ela nos olhou com enorme desprezo. Nós a deixamos, mas a equipe permaneceu tentando ajudá-la. Paul nos falou:

— Como são difíceis as pessoas sem Deus!

E Ilisabetita concluiu:

— Difícil vai-se tornando a vida dos que não crêem, porque eles se julgam donos do mundo e nada fazem para aliviar as dores do seu próximo. Se desde bebês os pais educassem os filhos nos preceitos da lei de Deus, a vida seria mais bela. Mas, a cada dia, o homem mais se distancia das verdades divinas. Ele sabe que existe a "morte", mas se julga inatingível; ele sabe que alguém é o condutor da vida, mas não deseja conhecê-Lo. E assim vai vivendo, não a vida de homem, de ser reencarnado que voltou ao corpo físico para cumprir o plano de Deus, precisando fazer o que ontem deixou para trás. Com freqüência, os que chegam ao plano físico fogem dos compromissos, e retornam ao mundo espiritual em estado desesperador. O perispírito, cada vez mais atingido pelos torpedos das faltas, vai-se deformando. E o homem continua dizendo-se o dono da sua vida.

Olhávamos aquelas camas, onde corpos deformados, que nem pareciam humanos, esperavam por socorro. Ali não existia separação entre rico, pobre, importante, belo ou feio, todos eram iguais: seres precisando de tratamento. Quando estávamos aproximando-nos da porta, reconhecemos um irmão e chegamos junto a ele.

— Que a paz de Jesus o envolva.

— "Amém".

Pensamos: "menos mal, ele aceita ajuda". O nosso grupo circulou a cama e Paul aplicou-lhe passes. Ele abriu os olhos e praguejou:

— Vão todos pro inferno, não quero oração! Soltem-me, não preciso de tratamento, quero voltar pra casa, detesto miséria. Não compreendo por que me encontro em um hospital tão miserável. Sabem quem eu sou? O meu nome é respeitado no mundo inteiro. Sou dono de um império. Não compreendo por que me encontro aqui. Será a AIDS? Mas ela está sendo controlada pelos melhores especialistas do mundo... Morrerei, se continuar internado neste pardieiro.

Nisso, uma jovem lhe trouxe uma sopa para alimentá-lo. Ele olhou a louça com desdém:

— Que lixo! Quem come nisso? Nem meus cães!...

Irmã Carol tirou a vasilha das mãos da jovem, que não sabia o que fazer diante da revolta do nosso irmão e, com autoridade, foi-lhe dando a sopa. No início ele cerrou os dentes, mas irmã Carol ignorou sua rebeldia. Não pudemos conter o riso. Recordamo-nos de alguém que sempre diz: "Conheceu, papudo?" Haja quem nos governe! A pose e a prepotência curvaram-se diante de um Espírito bom e luminoso. O tão poderoso do plano físico, diante do magnetismo daquele Espírito superior, aplacou seu orgulho e sua vaidade.

— Por que ele veio parar aqui?

Irmã Carol nos explicou:

— Quem muito recebe de Deus precisa doar em dobro. Os que só amontoam moedas no plano físico, esquecendo-se das carências da Humanidade, quando voltam para o mundo espiritual, as moedas se tornam um fardo pesado e difícil de ser levado, principalmente se foram amealhadas de forma inescrupulosa.

— Então, irmã Carol, a riqueza é um mal?

— Não. A riqueza, como a pobreza, é uma oportunidade que nos é ofertada. Agora, sendo pobre e não se contentar com a carência, assaltando, matando, furtando, esses atos gerarão dores e perdas futuras. Assim também acontece com a riqueza; se a usarmos mal, como fez o irmãozinho, que aliciava jovens pobres, crianças, e promovia festas onde a droga levava muitos ao suicídio, o dinheiro que ele poderia ter aplicado em prol dos necessitados foi usado somente para satisfazer as suas fantasias.

Reparando o lençol branquinho que cobria aquele corpo, imaginamos os de fina qualidade que ele deveria ter deixado no plano físico.

— E daqui, irmã, para onde ele irá?

— Não sabemos. Ele também é vítima daqueles que ele abusou quando encarnado.

Hugues interferiu:

— Estudo o comportamento humano e chegamos à conclusão de que o homem, quando insatisfeito, vai sempre atrás de fortes emoções e, nessa busca, ele perde o senso da dignidade.

Irmã Carol orou junto àquele irmão e saiu, e nós a acompanhamos. Viramos para trás. O olhar daquele Espírito estava repleto de desespero, por não compreender o que lhe estava acontecendo. Julienne nos falou:

— Vemos que o irmão ficou pensativo e triste.

— Tem razão, sofremos por presenciar a falta de educação religiosa nas famílias. Quando dizemos religiosa, queremos dizer espírita, porque só o Espiritismo educa o homem; só a Doutrina Espírita bem assimilada faz com que ele procure tornar-se digno, elucidando-o sobre a vida e a morte; é ela que nos revela de onde viemos, e para onde iremos, e que essas nossas viagens reencarnatórias são necessárias, pois graças a elas é que o homem evolui; que o que "morreu" há um século não estacionou, ao contrário, também acompanhou a evolução do Planeta, indo ora ao mundo físico, ora vindo para o mundo espiritual. É uma Doutrina que ensina ao homem que o mistério não existe; que a morte não destrói as grandes inteligências, apenas o seu corpo carnal. Mas se ela nos esclarece tanto, nós também precisamos nos esforçar para matar em nós os erros milenares, dos quais nos estamos livrando muito lentamente. A Doutrina Espírita, com os seus ensinamentos, faz com que nos conheçamos, e, quando isso acontece, aplicamos um golpe violento no nosso maior defeito e a melhora chega. Essa é a finalidade da Doutrina Espírita, por isso, feliz da família que educa seus filhos nos seus preceitos e faz com que ela penetre em suas almas, levando-os a trabalhar pelos pobres; que eles, os filhos, empobreçam os seus Espíritos, para que a vida não os enriqueça da ganância e do orgulho. Quando vemos os jovens que muito amamos, distantes de Deus, orgulhosos, avaros, maledicentes, vaidosos, pedimos ao Senhor: perdoa-os, Pai, eles não sabem o que fazem. Falta junto deles mão forte para lhes abrir o Evangelho do Senhor Jesus, brilhante de caridade, que com firmeza lhes tire da alma os espinhos da vaidade e da indiferença.

Julienne nos envolveu o ombro e continuamos:

— Felizes seremos quando nos tornarmos a família de Deus e nossos corações não chorarem mais por aqueles que ficaram; quando, ao olharmos o plano físico e nele encontrarmos os nossos entes queridos, que eles não sejam apenas leitores dos nossos livros, mas fiéis servidores do Cristo, do qual tanto falamos em nossas mensagens; quando, ao caminharmos pelos canteiros do plano espiritual, possamos ter a certeza de que Ele, Jesus, que prometeu ficar ao lado dos pecadores, não abandona nem os que brincam com os Espíritos do Senhor. É o que mais pedimos.

— Percebemos que muitos naquela enfermaria não tinham os perispíritos tão deformados. Por que será que ali se encontravam?— indagou Hugues.

— Eles são recém-desencarnados e os socorristas os trouxeram para cá, mas já estão sendo levados para as colônias de origem — esclareceu irmã Carol.

— Então eles voltam para suas colônias de origem, quer dizer, o local onde viveram antes de reencarnar?

— Nem sempre. Aqui estamos falando do local onde assimilarão melhor os fluidos magnéticos. Muitas vezes voltamos para nossas antigas colônias, mas se incorrermos em inúmeras faltas não teremos condição de para lá retornar. Cada homem tem uma colônia de origem, quer dizer, de onde saiu para renascer no plano físico. Mas poucos voltam para as antigas colônias, a maioria é transferida. É o mesmo que os imigrantes que saem dos seus países e nunca mais retornam. Existem os que vão para colônias melhores, mais evoluídas.

— Tem razão. Mas também há os que deformam tanto as suas vestes, que chegam a sofrer a "segunda morte", isto é, vão para lugares onde mal podem se locomover, tamanho o seu sofrimento.

— E o homem é ainda tão cheio de vaidade... No dia em que na Terra reinar o amor, melhor compreenderemos por que temos de nos tornar bons.

XVIII

TRATAMENTO MENTAL

Fomos varando aquele vale, onde o vento, o odor forte, uivos terríveis, palavras duras e sofrimentos atrozes o tornavam o "inferno" tão falado por outras religiões.

Alguns Espíritos tentavam nos agarrar, mas com facilidade nos desviávamos deles. Nosso grupo se mantinha equilibrado e coeso. Ao nosso lado, outros Espíritos socorristas também prestavam auxílio. Sob algumas árvores sombrias e retorcidas, aqueles Espíritos doentes se reuniam. Quem os visse jamais poderia imaginar que um dia houvessem sido normais. Era tanta a sujeira, que nos provava que as coisas limpas são de Deus. A sujeira pertence à imperfeição do homem.

Logo estávamos junto aos encarregados daquele local, que novamente nos esperavam. O posto de socorro era precário, mas mesmo assim muito útil àqueles Espíritos. Admirávamos as irmãs que com imensa ternura lhes prestavam auxílio. Lá estavam quinze deles para serem dali retirados. O irmão Anthony, muito solícito, nos prestava informações e se dizia esperançoso de um dia presenciar o desaparecimento daquele lugar.

— Como? indagamos.

— A mudança da mentalidade do homem não tardará a ocorrer, pois a religiosidade tem de vencer o materialismo. Todas as religiões, não importando o seu nome, estarão brevemente trabalhando com a alma humana. A força da mente é a única vitória que alcança o homem, quando ele a busca.

— Vocês fazem algum tipo de tratamento nesses Espíritos? perguntou Paul.

— É necessário. Não podemos mandá-los para as colônias em tão precário estado.

— Pode relatar-nos como isso ocorre?

— Primeiro, examinamos a natureza das tendências que levaram o Espírito a aquiescer ou pactuar com o fracasso.

— Fracasso? Mas eles não são maus?

— Nesse campo, o hipnotismo tem algo de útil a ensinar-nos. Paciente e hipnotizador, em sintonia, realizam prodígios. Um paciente que rasteja, quando hipnotizado, torna-se capaz de levantar-se e caminhar, porque consegue inibir a recordação de falhas ou erros anteriores, e libertar o grupo de aptidões, seja ele qual for.

Julienne desejou saber:

— Depois de cessar o efeito da hipnose, ele volta a rastejar?

— Sim. O inconsciente do paciente que estamos analisando tem pavor do sofrimento. Ele luta para fugir da realidade e, ao tentar evitar o presente, afunda-se na inércia. O tratamento é de choque, porque fazemos reavivar a memória do paciente e ele, diante da culpa, luta para redimir-se dela.

Uma equipe de abnegados Espíritos iniciava um sério tratamento da mente doente e culpada. Nikolas aproximou-se de uma mulher, que estava na posição fetal, toda encolhida e chupando o dedo. Ao seu lado, a doutora Anna a preparava para o tratamento e oito médicos também a observavam. A médica, olhando-a firmemente, a fez levantar-se ligeiro. Era como se, de repente, ela adquirisse a posse de forças prodigiosas que antes não tinha. Agora não mais se tratava de um feto indefeso e sim de uma altiva mulher, médica, cujo rendimento provinha de uma clínica de abortos.

— Quando foi que você trabalhou na clínica como médica? perguntou-lhe o terapeuta.

— Eu nunca fui médica... — respondeu.

— Você é médica, está na sua clínica. O que faz?

— Mato sem piedade.

— Mata o que, bichos?

— Não, fetos, crianças.

— E por que as matava?

— Porque as mães me pediam.

— E hoje, o que sente?

— Medo, muito medo.

— Por que o medo?

— Porque morri e estou no "inferno" para ser julgada.

— A irmã não vai ser julgada, já está sendo condenada pela sua própria consciência.

— Sei disso.

— Sente remorsos?

— Não, só medo, porque hoje, depois da doença, estou tão fraca e indefesa quanto os fetos que matei.

— Os fetos tinham vida?

— Não sei. Acho que sim.

— Por que acha que sim?

— Porque eles me acusam sem cessar.

— E como foge deles?

— Eles não maltratam crianças, por isso protejo-me como se fosse feto.

— Você estudou na Medicina que a mente humana, como o corpo, possui toda uma bateria de defesas para recuperar-se de suas próprias doenças.

— Estou morta, sem corpo de carne e com vários problemas emocionais.

— Mas também sabe que as pessoas com problemas emocionais possuem recursos para efetuar a própria cura.

— Não quero me curar.

— Claro que quer e vai curar-se.

— Quem é você para me obrigar?

— Não vamos obrigá-la, mas fazê-la desejar enfrentar o erro.

— O que devo fazer?

— Vamos pensar em algo agradável sobre o fato desagradável.

— Mas não vejo fato agradável, só escuto choro de criança.

— Até este momento, Angel, você não se interessou em ficar boa, e continua a não querer. Quando mudar de idéia, busque a fé em Deus e junto a Ele proveja-se de novas forças.

A ex-médica caiu no chão, suplicando a Deus nova oportunidade, em uma oração entre confusa e incoerente. Nesse instante, ela foi levada para outra sala. Seria retirada do vale. Paul perguntou a um dos médicos:

— Todos esses Espíritos com os perispíritos deformados, mais parecendo animais, sofrem de distúrbios da mente?

— Todos nós, no emaranhado de circuitos elétricos que há dentro de nossa cabeça, temos guardados milhares de fragmentos de informações e quando nos defrontamos com uma realidade que está longe da desejada por nós, curtos circuitos impedem a saída da importante informação. São as barreiras mentais. Emocionalmente desequilibrados, deparamo-nos com o medo; e estes irmãos temem as conseqüências de seus atos anteriores.

— Mas eles sentem remorsos?

— Sim. Quem pratica o mal não consegue ser feliz, porque tem por companhia a culpa. A consciência, que é um juiz implacável, a ninguém deixa sem julgamento. Por mais cruel que seja o homem e mesmo praticando o mal diariamente, ele não deixa de conviver com o medo. Quem pratica o mal não vive em paz.

— Desculpe, mas há pessoas que fazem mal aos outros e vivem desfrutando de todo conforto, gastando o dinheiro que muitas vezes usurpou.

— Julga essas pessoas felizes?

— Não!

— Todo mal que se pratica aloja-se no cérebro.

— Como isso funciona?

— Cada célula do cérebro representa uma lembrança ou uma idéia — o cérebro consegue trazer, a um só e enorme circuito, os dados necessários para pensar e tomar decisões. Cada experiência de nossa vida é registrada e conservada nesses circuitos elétricos, inclusive as que nos parecem totalmente esquecidas. Tudo o que acontece ao homem é gravado sob a forma de um circuito fechado. Feliz daquele que só pratica o bem. Por isso o lema da Doutrina Espírita é: Fora da Caridade não há Salvação.

— Tem razão, concordou Anthony, o homem faz o que pensa, e o seu pensamento revela se ele é bom ou mau.

— Esses Espíritos, aqui tratados, até que ponto atingiram a sua casa mental? perguntamos.

— Disse bem: casa mental. Eles sobrecarregaram suas mentes com ações indignas, e depois de desencarnados não sabem como livrar-se delas. Aí vêm as deformações perispirituais.

— Os que iniciaram o tratamento aqui vêem-se logo curados?

— Não. O tratamento mental é longo. Mas as poucas horas que trabalhamos com eles lhes são muito benéficas.

— Por tudo isso, Angel voltou à posição fetal?

— Sim. Mas o seu sofrimento irá diminuindo até curar-se.

— Há muitos casos de difícil cura?

— Certamente. Sobretudo nesses casos, o certo é iniciarmos o tratamento, não importando o que fez o Espírito.

— Todos serão curados?

— Nem todos. Alguns terão de voltar a mergulhar na carne, porque só o choque reencarnatório poderá resguardá-los da angústia do remorso.

— Somente o esquecimento, através da reencarnação, poderá trazer-lhes a paz?

— Sim, Luiz Sérgio, mas até lá estarão em tratamento mental.

— Pelo que estamos vendo, todos os que praticam maldades são malucos, "ruins da bola".

Anthony sorriu:

— Tem razão, Luiz Sérgio. Aquele que só faz mal aos outros não tem um Espírito equilibrado nem bondoso.

— E os suicidas?

— O suicida sofre, porque plasma no cérebro o seu ato desesperado. Nesse caso, nem Deus pode intervir, pois a sua casa mental grava com exatidão as horas angustiantes que antecederam as do suicídio. E disso só o tempo irá curá-lo.

Ficamos mais algumas horas, o tempo necessário para que o comboio levasse aqueles doentes aos hospitais especializados. Nesse momento, recordamos o Mestre Jesus quando indagou aos Seus discípulos: *Ó geração incrédula e má, até quando estarei entre vós?* Jesus tem razão, até quando o homem irá destruir o próprio homem, não sabemos. O que sabemos é que Jesus não está pregado de braços abertos em uma cruz infamante, mas sim ao lado de todos os que sofrem, guiando as inúmeras caravanas de socorro, sempre à frente, retirando todos os empecilhos, como grande timoneiro, ajudando sempre os que caídos ficam no meio do caminho.

No Vale dos Deformados, muitos homens encontraram a sua verdade, a colheita da sua semeadura. Jovens, velhos, homens de meia-idade, mulheres, não importa; o importante é que eles são irmãos nossos, doentes do Espírito.

Assim, fomos saindo daquele "inferno". Quantos, ao lerem os nossos livros, até chegam a duvidar dos fatos por nós narrados! Um dia, saberão quem está com a razão. E não pensem alguns espíritas que basta fazer palestras, decorar livros, doutrinar Espíritos, que estão livres das zonas de sofrimento. A cada um, a sua consciência.

Ao final da caminhada, Nikolas e Paul nos convidaram para dar uma chegada em um pequeno hospital-colônia. Lembrando-nos do irmão Jacó, que diz: *ouvidos temos dois e língua uma só, portanto, devemos mais ouvir do que falar*, aceitamos o convite por não estarmos, naquele momento, incumbidos de qualquer trabalho. Percebemos que o grupo não se desfez. Antes, paramos em uma casa de oração, cujas paredes nos pareciam braços nos abrigando.

— Esta casa é um Centro Espírita?

— Sim, Sérgio, é a Casa da Esperança — respondeu Julienne.

Confessamos que o nosso coração louvou ao Senhor. Sentados naqueles bancos, oramos, agradecidos a Deus por tantas bênçãos. Uma suave e bela melodia dava à Casa uma vibração difícil de narrar. Fomos serenando e logo uma voz suave como uma música iniciou a seguinte rogativa:

"Deus de bondade extrema, olhai a todos nós, pecadores, perdoando-nos as faltas, fortalecendo os nossos Espíritos. Não nos deixeis ofender o nosso semelhante, porque assim estaremos indo contra as Vossas leis. Fazei com que a semente do perdão germine em nós, se alguma ofensa nos atingir. Não nos deixeis cair em tentação, fazei, Senhor, que sejamos fortes diante dela e que a enfrentemos hoje e sempre sem medo, firmes na fé e no amor. Livrai-nos dos caminhos das facilidades que geram a maldade nos Espíritos invigilantes. Que todos os convites ao erro sejam desviados de nós, para que possamos vencer todas as dificuldades e, com coragem e fé, buscar os trabalhos do Senhor. E quando o desânimo nos tentar barrar os passos, que Jesus, o peregrino do Amor, venha a nós com o Seu cajado de luz, clareando a estrada tortuosa que os nossos erros constróem no decorrer das nossas existências. Senhor, seja feita a Vossa vontade, aqui no mundo espiritual e no mundo físico, e que todos busquem a vida e a verdade do Caminho de Vosso Filho, Jesus Cristo."

Quando aquela voz se calou, os nossos soluços traduziam o que o nosso coração estava sentindo. Muito tempo ficamos ainda orando. E, quando de lá saímos, levamos a Casa da Esperança no coração. Ela é um oásis no deserto árido dos umbrais.

XIX

A CURA DO ESPÍRITO

Depois de muito caminhar, chegamos a um campo verdejante e repleto de flores: era o hospital-colônia. Nos seus gramados, algumas pessoas se encontravam sentadas, enquanto outras passeavam.

— Nossa, que lugar maravilhoso! Mais parece uma estação de veraneio que um hospital!

Julienne explicou:

— Este é um hospital de Espíritos.

— Mas nós todos não somos Espíritos?

— Sim, mas aqui se desvendam os segredos do Espírito.

— Entendemos. É um hospital psiquiátrico.

— Não, é um hospital de doentes do Espírito.

— Entendi: do perispírito.

— Não, aqui tenta-se curar as dores do Espírito.

— Meu Deus, que coisa mais complicada!

— No lugar de ficarmos aqui fora conversando — interveio Hugues — vamos adentrar o hospital-colônia.

E assim o fizemos. Depois de atravessar um imenso jardim, chegamos a um sobrado estilo século XVI, onde fomos recebidos por Anete que, sorridente, nos falou:

— Fomos informados por Anthony que vocês estavam vindo para cá. Se não desejarem descansar, podem dirigir-se à sala sessenta e seis, onde será iniciada uma terapia.

Pensamos: "custou, mas chegou a nossa vez, estamos em um hospital de malucos".

— Quem sabe você aqui não encontra a cura.... — sugeriu-nos Julienne, rindo.

— Lindinha, eu amo você!

Ela sorriu com candura. Adentramos um salão redondo, que só comportava dez pacientes, todos sentados à volta de uma mesa, também redonda. Sentamo-nos em lugares indicados para nós, defronte dos médicos que iriam aplicar o tratamento.

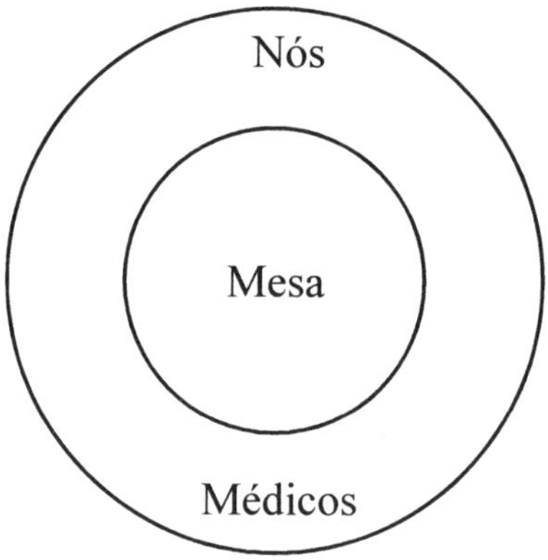

Foi feita uma prece e lida uma passagem do Evangelho. Depois, alguém comentou:

"O verbo errar tem duplo sentido: cometer erro, e vagar ou perambular. Nós, Espíritos, no plano espiritual somos chamados de Espíritos errantes, porque vivemos em diferentes moradas, ora no mundo físico, ora na espiritualidade. Enquanto certos Espíritos culpados erram nas trevas, os felizes desfrutam de uma luz resplandecente que faz com que divisem o caminho do Mestre. Enquanto isso, o Espírito que na Terra não foi bom sofre sozinho os mais cruéis tormentos. Por quê? Simplesmente porque tudo o que fazemos está registrado na nossa consciência, onde as leis de Deus, bênçãos divinas, nos ligam a Ele quando somos bons. Quando sentimos remorsos e temos a consciência pesada pelas iniqüidades praticadas, afastamo-nos d'Ele e nos perdemos no mar do desequilíbrio."

O terapeuta esclareceu:

— Estamos aqui para curar os nossos Espíritos, que se encontram doentes de remorsos. Começaremos pela Ana Maria. Idade: vinte e quatro anos; profissão: jornalista; causa do desencarne: aborto. O que a irmã está sentindo neste momento?

— Luto o tempo todo contra um impulso. Sempre sinto esse impulso, sendo que às vezes a crise é mais aguda.

— Como é esse impulso?

— Imagino que alguém me penetra um objeto cortante nos órgãos genitais. Fico horas infindas pensando nisso, imaginando que estou sendo violentada pelos mais estranhos instrumentos. E o pior é que sinto o impulso de buscar algo que venha a me causar dor.

— Ana Maria, hoje você se encontra aqui, na sala da verdade. Vamos fazer aflorar nas suas lembranças como foi que a irmã resolveu praticar o aborto. Cerre os olhos e viajemos pelos prados floridos dos nossos pensamentos. Você teve uma infância feliz e abastada; acostumou-se a isso e não conseguia viver com menos. Assim, Ana Maria, você foi aproveitando tudo o que de bom a vida lhe ofertou: uma família bem equilibrada, bons colegas, amigos influentes. Aí surgiu uma dura realidade: a gravidez não desejada, com um homem poderoso, que não podia assumir a paternidade do seu filho. Você, que antes tinha de tudo, sofreu uma dramática separação; nesse momento, viu-se desgrudada de sua mãe e passou a sentir toda sorte de insegurança, desconforto e desespero. Independente financeiramente, mas ainda a "filhinha do papai", paparicada pela mãe, tinha tudo nas mãos. Enfim, era uma jovem bem sucedida, bonita, admirada e, de repente, uma vida palpitava em seu ventre e, com ela, surgiram a indiferença do homem amado e a consciência da fragilidade do seu organismo. Começou a perceber que o seu corpo não lhe pertencia, pois outro ser apoderou-se dele. Que fazer? Libertar-se. E o melhor meio encontrado foi retirar o que a estava incomodando. Procurou o aborteiro, mas no momento em que se viu sozinha, sem o namorado, sem a mãe, sem a família ao seu lado, veio o medo, o pavor de sentir dor. Nem o seu filho estava mais junto a você, abrigado no seu ventre, pois você havia dado ordem para matá-lo. Solidão total, mas, enfim, livre das preocupações. Porém, algo aconteceu, algo deu errado. A falta de ar, a hemorragia, o fim, a morte. Mas que morte, se o arrependimento e o remorso estavam encravados em sua consciência?

— Eu não tive culpa, sou jovem, preciso aproveitar a vida. Não sei o que me aconteceu.

O terapeuta continuou:

— Agora, vamos até a sala cirúrgica, onde alguém lhe tirou a oportunidade de se tornar mãe.

Ana Maria, de olhos fechados, gritava:

— Não. Parem! Não quero mais fazer o aborto! Quero meu filho! Parem! Parem! Parem!

A voz foi ficando cada vez mais fraca, e eles, os aborteiros, como os abatedores de animais, não podiam mais parar. O feto estava morto e Ana Maria, muito mal, vindo a desencarnar.

Ana Maria prosseguiu seu relato:

— Tentei levantar-me. Tudo escuro. Onde estava eu? Ouvia os gritos da minha família, os comentários: "Operação de apendicite? Não, foi um mioma que arrebentou." Não compreendia o que havia acontecido. Só depois de vagar sem destino, alguém me socorreu e fui levada para um hospital, onde desfaleci de tristeza e dor. Dali fui levada para outros lugares, mas gritava tanto, que não conseguia recordar o que havia acontecido. Uma voz me pedia socorro, uma voz de criança. Que fazer? Onde estava meu filho? Eu estava só, precisando dele, e saí à sua procura. Mas, nada. Ele não existia fora do meu corpo, estava tão dentro de mim, na minha consciência, que parece que ouço sua voz, gritando: "assassina cruel! Mulher, por que me matou?" Um dia, peguei um objeto cortante para tirar a criança do meu ventre. Fui socorrida, mas não fui curada. Até hoje a voz dele, do meu filho, grita meu nome e não sai de dentro de mim; é como se o meu corpo o retivesse junto a mim. Eu não quero ficar sozinha. De repente, perdi família, namorado, trabalho, amigos, enfim, tudo. Penei nos mais estranhos lugares, quando uma pessoa muito bonita, uma jovem chamada Bruna, segurou-me bem forte e me levou até o Hospital Maria de Nazaré. Abracei-me a ela e lhe perguntei quem era. Ela me respondeu:

— Seria eu a sua filha, se você me tivesse aceitado.

— O que me diz? Você é a criança que matei?

— Sim. Eu seria a sua filha, a sua companheira, a sua amiga, a flor da casa de seus pais, que até hoje choram de saudade, e tristes e doentes se encontram.

— Diga-me que não é verdade! Diga-me que você não é a criança que matei!

Ela alisou meus cabelos e foi embora, mas me deixou pior, muito pior. O remorso me corroía o Espírito e nunca mais eu parei de gritar. Chamava por ela, queria-a junto a mim. Perdi a consciência, só hoje a recobrei. Por que você me fez voltar à dura realidade da minha vida? Peço-lhe para enlouquecer novamente. Não quero saber que morri, não quero saber que fiz sofrer meus pais. Mate-me, novamente. Não posso pensar, não quero pensar. É muito dura a dor do remorso.

— Ana Maria, ao invés de fugir da realidade, refugiando-se na doença, a irmã tem de enfrentar diretamente o remorso. Para se curar, precisa ter coragem suficiente para trazer à tona e enfrentar, face a face, o grande sentimento de culpa que a atormenta e que você procura esquecer. Enquanto continuar escapando do remorso, substituindo-o pela mania de sair da realidade, você não poderá curar-se. A cura só poderá ocorrer pela destruição das forças antagônicas que se encontram em luta no seu psiquismo: os princípios morais da sua consciência, contra a vontade de tudo fazer pela liberdade excessiva, o amante, o esforço para manter as aparências de uma moça de família, pura, recatada, sem os conflitos que estava vivenciando. Nada lhe causou maior pavor do que a idéia de ter um filho de uma relação irregular. Você, Ana Maria, não teve forças para enfrentar as conseqüências da liberdade sem responsabilidade. Agora, duas vezes por semana, você vai destruir o que a incomoda no seu psiquismo, vai retomar a sua consciência, permitindo-lhe uma escolha. A tomada de consciência destrói os hábitos do pensar mal, ou não saber pensar; vamos reduzir as lembranças dos acontecimentos, transformar o inconsciente em consciente. Para isso precisamos de tempo. A irmã vai-se curar para voltar ao corpo físico, em nova oportunidade. Deus queira que com as mesmas dadas por Ele na sua recente encarnação. Que Deus a abençoe!

Observávamos atentamente o tratamento da irmã e pensamos: "como existem espíritas que ainda julgam que somente os Centros ajudam os desencarnados, quando no mundo espiritual numerosas equipes de profissionais cuidam dos Espíritos doentes!" A finalidade da Casa Espírita é curar a alma encarnada, é prestar ajuda aos Espíritos mensageiros, para que eles atuem melhor no plano físico. Essa atuação envolve também o amparo aos Espíritos obsessores, tentando retirá-los de junto de suas vítimas, enquanto o Centro Espírita evangeliza o obsidiado, porque apenas afastar o obsessor pouco adianta. Da melhoria do homem surgirá a cura. Por isso, enfatizamos que Centro Espírita sem exercer a caridade, sem estudo doutrinário, pouco auxílio presta aos Espíritos que trabalham no plano físico. Quem freqüenta uma Casa Espírita tem de lutar pela auto-libertação, jogar fora os adereços que acumulou no decorrer de várias existências, livrar-se com urgência da avareza, da vaidade, da inveja, do orgulho, enfim, transformar-se em um novo homem, porque essa é a finalidade do Espiritismo.

— O espírita, seja ele presidente de Centro ou membro da sua Diretoria, tem por obrigação se auto-evangelizar, porque eles são a vidraça da Casa Espírita. Quem busca um hospital precisa de bons médicos. Como pregar a auto-libertação se os diretores da Casa não possuem uma conduta espírita; se fora do Centro Espírita não são os mesmos da tribuna e da diretoria; se nos seus lares, ao lado das suas famílias, as festinhas são regadas a bebidas alcoólicas e a fumo, sempre dando uma desculpa: "a minha família não é espírita, os meus filhos não são espíritas"? Isto é certo? Claro que não. O verdadeiro espírita pode freqüentar esse tipo de festa. Agora, a festa sendo na sua casa, é outra coisa, ele a realiza como bem o desejar. E se sabemos que o álcool faz mal, por que aceitá-lo em nosso lar?

— Você tem razão, Luiz, no dia em que os freqüentadores de todas as Casas Espíritas se conscientizarem de que ser espírita abrange maiores compromissos espirituais, eles procurarão sua auto-reforma.

— Há dias presenciamos uma festa de crianças, realizada por pais espíritas. O Rayto, calado, prestava atenção às letras das músicas: desde as que faziam apologia às drogas até as mais indecorosas, incentivando o sexo, eram tocadas. As meninas, com suas roupas bem curtinhas, retorciam-se freneticamente, fazendo gestos obscenos, observadas pelos embevecidos pais, avós e outros familiares. Crianças de dois até doze anos eram verdadeiras criaturas alucinadas. Uma menina de seus cinco anos, filha de espíritas que seguem verdadeiramente o Espiritismo como o transformador de almas, aproximou-se da prima, que também fazia a evangelização infantil, e falou:

— Você não é espírita?

A prima, que se requebrava, respondeu:

— Eu sou, faço a evangelização...

— Pois não parece, dançando do jeito que você está dançando.

Todos acharam graça, mas reprovaram o bom senso da garotinha de cinco anos. E como estava coberta de razão! Uma família que deseja ser feliz desde cedo tem de educar as crianças, e não são essas músicas pornográficas, com essas danças que só podem ter vindo do umbral, que irão dar-lhes a felicidade. Enquanto os Centros Espíritas só estiverem responsabilizando os Espíritos obsessores por tudo o que de ruim acontece, esquecendo de evangelizar o homem, assistiremos a cenas como essas que acabamos de narrar.

— Quer dizer que os Espíritos não precisam dos encarnados?

— Claro que o intercâmbio é imprescindível, Hugues, mas as manifestações espíritas não são tudo. No mundo espiritual, como já foi explicado, equipes de socorro prestam ajuda aos Espíritos sofredores. O Centro Espírita é um posto de socorro que deve estar sempre em condição de ajudar esses abnegados trabalhadores. Os grupos de desobsessão possuem, no mundo espiritual, médicos competentes, que lêem o interior dos Espíritos; mas, mesmo assim, alguns Espíritos ainda necessitam do corpo físico do médium para compreender o seu atual estado. Agora, não podemos julgar que a Casa Espírita e os seus freqüentadores são os salvadores do mundo. Primeiro o encarnado tem de limpar o limo do vaso de barro que ele é, para dar aos sofredores a água límpida do Evangelho. Por isso lutamos para que todas as Casas Espíritas estudem, criem cursos de estudo sistematizado da Doutrina, investindo na melhoria do homem encarnado, para que ele possa tornar-se um exemplo para os Espíritos desencarnados que ainda se encontram endurecidos, às vezes até familiares nossos.

— Você tem razão, quantos de nós ficamos desesperados com os atos grosseiros dos nossos familiares, indiferentes à pobreza, à fraternidade? Quantos se dizem espíritas, mas odeiam os pobres? Quantos se dizem espíritas e não gostam de oferecer sequer um socorro a alguém, por conta do orgulho que os acompanha há séculos? Estes não compreenderam que o Espiritismo entrou em suas vidas para a auto-libertação, para que se livrem dos seus defeitos.

— Luiz, aduziu Hugues, o Espiritismo da época de Allan Kardec era composto por respeitáveis nomes da Ciência, mesmo assim o Codificador, assessorado pelos Espíritos do Senhor, colocou nas mãos desses homens cultos *O Evangelho Segundo o Espiritismo*, a água simples do Evangelho de Jesus, para aplacar nesses mesmos homens o orgulho. E todos sabem que a árvore do Espiritismo foi transplantada para o Brasil, porque faltava na França o amor que transbordava no Brasil, país abençoado por Deus para se tornar a Pátria do Evangelho. E quem recebeu esta árvore, ou melhor, este tenro arbusto? Foi o médico dos pobres, o fiel escudeiro de Maria de Nazaré, a bondade e a humildade nascidas como homem: Bezerra de Menezes. Por que ele? Por sua autoridade moral e por possuir a virtude da caridade. Graças a ele, hoje o Espiritismo no Brasil possui a sua parte religiosa, ou melhor, caritativa. Dizer-se espírita e ser escravo da matéria não é certo. Dizer-se espírita e ser a favor da pena de morte, do aborto, da droga, do sexo irresponsável, enfim, de tudo o que polui o Planeta, não é certo. O Espírita, por compreender a morte, tem de lutar para ser digno da vida na matéria e, ainda no corpo físico, ir jogando fora toda a bagagem de maldades que carrega há milênios. Não precisa tornar-se santo, não; basta tornar-se bom e digno, fazer o que prega, pregar o que faz, dar aos outros o que tem no coração e não só na palavra. Quando possuímos o dom da palavra, temos de cultivar o dom do amor em nós. Hoje muitas Casas Espíritas são levantadas e algumas, para serem mantidas, alugam suas dependências para os mais variados cursos, que levam para suas dependências o fumo e o mau comportamento. Não é mais fácil os seus freqüentadores lutarem para mantê-las dentro da pureza doutrinária, longe das rifas, jogos e bebidas alcoólicas?

— É, mas muitos espíritas estão somente preocupados em educar os desencarnados. Dizem: "Coitados, são tão necessitados!" Enquanto isso, nada fazem para se melhorar. No trabalho, são péssimos colegas, péssimos chefes e em casa são tiranos domésticos. Querem educar os desencarnados, mas são violentos no trânsito, tratam mal os domésticos, explorando-os, enfim, não seguem os postulados espíritas.

Enquanto estávamos conversando, os médicos também tiravam suas conclusões. O chefe dos médicos nos olhou bem firme e disse:

— Todos os doentes do espírito precisam de respeito. A própria doença é o remorso, e ninguém tem o direito de fazê-lo aflorar a cada minuto na alma ou no Espírito. A irmã Ana Maria tentou hoje jogar fora alguns dos seus inimigos. Logo retornaremos ao tratamento. Se desejarem assisti-lo, serão bem-vindos.

Os médicos foram-se retirando também. Repentinamente, o chefe virou-se para nós e disse:

— Luiz Sérgio, se desejar tratar-se, estaremos às suas ordens.

Quase caí de susto. Não entendi. Perguntei logo a Nikolas:

— O que ele quis dizer com isso?

— Somente que você pode tornar-se um ótimo paciente, tantas as suas neuroses.

— Engraçadinho!... — falamos, meio desconfiados.

Todos rimos; era necessário, para aliviar a tensão.

— Vamos embora ou assistiremos a outros tratamentos? — quis saber Hugues.

Nikolas respondeu:

— Vamos até a ala trinta e nove, lá existem muitos jovens que terão de reencarnar logo, e estão sendo preparados para a volta ao corpo físico.

— Por que desencarnaram tão cedo?

— Suicídio inconsciente por álcool, droga e sexo sem limites.

Sem dizer uma palavra, acompanhamos os nossos instrutores e rumamos para um novo pavilhão.

XX

A SEGUNDA CHANCE DE FÁBIO

Em todas as salas do pavilhão, músicas suaves tranqüilizavam o ambiente. Em uma enfermaria, vimos dez jovens dos quinze aos dezoito anos, deitados como que dormindo.

— O que será que aconteceu a eles?

Alguém ao meu lado respondeu:

— Desencarne por *overdose.*

Os garotos pareciam desacordados. Aproximamo-nos. Uma enfermeira, Bianca, prestava-lhes auxílio. Uma luz verde-água, focada sobre as camas, deixava-nos perceber que aqueles corpos estavam bastante deformados. Perguntamos por quê, e Bianca nos respondeu:

— Não só se drogavam como também traficavam.

As narinas de alguns deles pareceram-nos dilatadas e as veias, quase todas, necrosadas. Aí pensamos: "e ainda existem autoridades que pregam a liberação da maconha, dizendo que ela não faz mal. Também os cigarros, antes liberados, não eram considerados nocivos à saúde, e hoje está provado o mal que eles causam. Se o jovem é sadio, por que usar a maconha? Dizem que ela faz bem à saúde, mas nós não conhecemos maconheiro algum com boa aparência, ao contrário, possuem aspecto de sujos e doentes. Não sabemos por que as famílias que sofrem com os filhos dependentes não se unem contra a liberação das drogas. Somente quem passa pela dor de ter em casa um dependente pode descrever esse sofrimento e testemunhar o mal que a droga causa. Não é fácil largar qualquer vício, principalmente o das drogas."

Os jovens continuavam prostrados, quando entraram Anna, Olavo e Junem. Olavo iniciou uma conversa com um deles:

— Fábio, você está morto para a vida física. No mundo carnal você não existe. Os seus pertences ficaram no plano físico. Portanto, você está "morto".

— Por que morto?

— Para os encarnados você está morto, pois não faz mais parte do mundo onde eles vivem. Você não come, não dorme, não trabalha, não namora, não dirige carros e eles não o vêem mais. Portanto, você morreu para os encarnados. Mas você está aqui na minha frente, fingindo-se de morto. É muito para a sua cabeça de jovem moderninho, pensar que tem podados os seus movimentos, pois está em um lugar que não conhece e não sabe o que aqui está fazendo. Você está me ouvindo? Meu nome é Olavo. Vou, sem sua permissão, adentrar o seu subconsciente e tentar despertá-lo para esta nova vida, nova realidade. Você não morreu, agora você é só Espírito, com sua verdadeira veste, o perispírito. O que morreu foi o corpo emprestado, chamado corpo físico, corpo de carne. Este foi devolvido à terra.

— Mas por que morri, se eu era tão jovem e cheio de saúde? Por quê?

— Estou aqui para lhe responder: porque você maltratou o seu corpo de carne e, como era apenas uma veste, ele adoeceu, apodreceu, se desfez e se desintegrou no túmulo. A causa? Os excessos de droga, álcool, fumo, sexo. Mas por que está-me ouvindo, se você morreu? Porque Deus nos dá várias chances; uma, você destruiu: a vida no mundo físico; e outra é esta agora: você, com o seu corpo verdadeiro, no mundo espiritual. Se não deseja curar-se, pode continuar de olhos fechados, que trataremos outro paciente que deseje ser curado.

Num relance, Fábio abriu e fechou os olhos. Olavo continuou:

— Mexa com os dedos. Conte-os: um, dois, três, quatro; você só tem quatro dedos.

De repente, ele não só abria e fechava as mãos, como levantou-se da cama para melhor constatar quantos dedos ainda tinha. Olavo observou aquela reação e depois continuou:

— O seu corpo perispiritual está sobre esta cama e o seu Espírito não está doente, ele também comanda esse corpo chamado perispírito, como você comandava o seu corpo de carne, antes de matá-lo. Fábio, você havia recebido de Deus um corpo perfeito, bonito, mas devido à sua ignorância, você o destruiu. E agora tem a segunda chance de bem cuidar deste outro corpo, que sempre existiu junto ao seu Espírito; e você precisa dele cuidar, porque ele não morreu, apenas deformou-se. Você, Fábio, pode ter este corpo deformado e dificuldade em se locomover. O certo é procurar curar também esse corpo, porque se assim não o fizer, logo você terá uma segunda morte. E isto é muito dolorido, pois este corpo lhe pertence, é seu. Você o construiu: primeiro, o alicerce, quando passou pelo reino mineral; depois o embelezou, no reino vegetal, em seguida lhe deu fortaleza no reino animal. E, finalmente, recebeu, por direito, o relicário do Espírito: a consciência. Este corpo é uma prerrogativa sua, por isso jamais morrerá. Poderá ele tornar-se diáfano ou deformado, porém, morrer, jamais. Se você desejar embelezá-lo, abra os olhos e me busque no pavilhão trinta e nove. Que Deus o abençoe.

Ficamos tensos. Será que Fábio tinha ouvido aquelas palavras? Olavo desapareceu da sala e Fábio levantou-se, seguindo-o, aos gritos:

— Doutor, doutor, salve-me! Quero viver! Não me deixe morrer novamente, quero viver, não quero errar mais! Ajude-me! — implorava, chorando.

Não nos contivemos e quando íamos aproximar-nos dele, Hugues nos segurou:

— Estamos aqui apenas como repórteres, amigo, nada podemos fazer por ele. Para cada tratamento existem especialistas.

Fábio continuava em desespero:

— Volte, doutor! Volte, doutor!

Lucinda o deteve, aplicou-lhe um passe e logo ele estava sendo levado para aquela sala da qual há pouco falamos. Respiramos, aliviados. Como é gratificante saber que Deus ama demais os Seus filhos!

Olhamos os outros e vimos Anna aproximando-se de Jéssica, uma das doentes e, com tranqüilidade, sentar-se ao seu lado e iniciar o tratamento. Antes, ela falou:

— Jéssica, os pássaros já não cantam, o sol se pôs, a morte chegou em sua vida. Assim você imagina, mas nós estamos aqui para mostrar-lhe um horizonte repleto de oportunidades. Para isso, só precisamos que nos ouça e, se assim desejar, abra os olhos devagar; se não consegue, faça apenas um movimento facial.

A aparência de Jéssica era a de uma morta-viva, inerte. Anna iniciou:

— Todos os seres, orgânicos ou inorgânicos, possuem quem os governe. Portanto, estão sempre subordinados a alguém. Uns tornam-se escravos, outros entrelaçam as suas responsabilidades e adquirem forças. Os portadores de inteligência respeitam os direitos do seu próximo, desincumbindo-se dos seus deveres. Agora, quando nos julgamos os donos do mundo, lutamos contra todas as leis, sobretudo a lei do amor, que é a mais importante. O primeiro sintoma de revolta é dormirmos no horário em que temos por obrigação acordar, pois o dia foi feito para o trabalho — com raras exceções — o que não era o seu caso, Jéssica. Você ia dormir de madrugada e acordava após o meio-dia. Ao despertar, dispensava o café da manhã e jamais almoçava com os seus familiares. Às vezes, sem se alimentar, acendia um "baseado" para tirar a fome ou ativá-la; o leite, raramente você o consumia. Com esse hábito, tornou-se difícil estudar, e esta foi sua primeira derrota: o abandono dos estudos. E assim transcorreram os seus poucos anos de vida no corpo físico. Que é o corpo físico? Apenas corpo físico! Será que é só isso? Como ele funciona? Será que sabemos que é uma indumentária feita para vestir o homem quando chega neste planeta chamado Terra? Você deve estar nos perguntando: "Como pode ser apenas uma veste, se o meu corpo é só meu?" Voltamos a indagar-lhe: Você conhece a veste de carne que era o seu corpo físico? Pela nossa experiência de estudo da mente, sabemos que você vai responder: "que era, não, que é, o meu corpo físico, pois não morri, vejo-me por inteira, tenho braços, pernas, cabelos, olhos, enfim, estou inteira." Pois bem, Jéssica, você possuía uma indumentária que lhe foi emprestada pelos encarregados das reencarnações no planeta Terra. Para que mergulhemos no mundo material, é necessária uma veste que nos torne possível a locomoção, e, graças a essa veste, podemos comunicar-nos uns com os outros, e também fazer parte do mundo chamado físico, ou mundo material. Consideramos o plano físico um imenso mar, cujas águas às vezes estão plácidas e outras vezes revoltas; e nós, os Espíritos, quando temos de voltar ao plano físico, nos vestimos dessa roupa apropriada. O desencarne só ocorre quando ela se desgasta ou é violentada — o que foi o seu caso — aí nós a perdemos. Tal fato causa-nos dores, saudade, mas aquela que perdemos jamais volta a nos cobrir o Espírito.

Jéssica abria os olhos, e os fechava rapidamente. Anna continuava:

— Você, Jéssica, desde pequena, sempre sugou — como os parasitas fazem com as árvores — todos os que moravam sob o mesmo teto que você. Sua mãe tornou-se sua escrava: arrumava sua cama, lavava suas roupas íntimas, tudo você deixava para sua mãe fazer. Em nenhum momento você imaginou que sua mãe também sofria cansaço, sentia tristeza e solidão. E você tudo conseguia: bons colégios, lindas roupas, viagens internacionais, enfim, "aproveitava" a vida. Com treze anos, vieram as primeiras experiências sexuais. Você já era dona da sua vida, só chegava de madrugada. Até que o inevitável aconteceu: alguém lindo, rico e cobiçado por outras garotas ensinou-lhe a "viajar". Primeiro veio o medo: droga, algo forte, que fazer? Aceitá-la, ou não ter amigos, porque ninguém gosta dos caretas. Com as experiências iniciais na droga, começaram os tombos: a maconha, droga "fraca, inofensiva", que algumas autoridades lutam pela legalização. Mas você via monstros, aranhas, homens grandes, tudo alucinação. Você acreditou no que muitos dizem, que a maconha nada faz de mal, apenas torna dependente aquele que a usa, só isso, só isso ela faz. E você, como a maioria, não ficou só nela. Ela foi o primeiro degrau, porém o seu organismo pedia muito mais. O medo crescia. Onde estavam papai e mamãe? Mas a sua falta de personalidade e de pulso familiar a levaram cada vez mais à busca. Mas busca de quê? De alguém que a governasse, que a dominasse? Os pais, os amigos, os empregados, ninguém conseguia dominá-la. Você era superior a eles. E ela, a droga? Por que a tornava tão mansa, tão submissa, tão impotente? E cada vez mais ela dominava; às vezes, nem conseguia balbuciar uma palavra, tal o seu poder sobre a sua fala. Outras vezes ela a jogava no chão; só queria dormir, dormir e dormir, mas cadê o sono? Então buscava mais uma droga: os soníferos. Você reagia às drogas? Não. Sua família é que se tornava cada vez mais fraca diante de você. Isso lhe causava um prazer estranho, mórbido, porque nem os seus amigos a respeitavam mais. Você era uma viciada, e os viciados não são companhias agradáveis. Isolada, ficava em casa. Mesmo sentindo calor, se cobria; procurava algo forte e até o cobertor lhe servia como fuga, porque você necessitava dele para fugir da dura realidade que estava vivendo. O corpo jovem, bonito, será que em algum momento você se lembrou de que ele era seu e que você deveria dele cuidar? Claro que nem pensou que dentro do seu corpo existia um universo de células, de órgãos, enfim, que todos eles precisavam de paz, de luz, de verdade, e você infectou todos os componentes do seu corpo físico. Dizia sempre: "sou jovem, não adoeço". E com esse pensar, jogava o lixo dos lixos, a droga, nos órgãos sensíveis que foram feitos para possibilitar-lhe a vida. O seu corpo físico foi confeccionado para lhe dar condições de se locomover, de falar, de fitar alguém, de amar, de procriar. Cada órgão tem um valor imenso para o Espírito, quando este o respeita. Mas, que fez você, Jéssica? Desde cedo, envolveu-se com sexo, pílulas, preservativos, álcool, droga, fumo, remédios controlados, até destruir o seu material de trabalho. O seu corpo físico morreu muito novo, aos dezesseis anos de vida. Causa da morte: *overdose*. De qualquer forma, você teria morrido do mesmo modo, pois o seu corpo já estava seriamente comprometido. As suas mudanças de parceiros, as drogas injetáveis, o desrespeito a você mesma fez com que voltasse antes do tempo.

Talvez reagindo às duas verdades que ouvia, Jéssica levantou-se da cama, gritando:

— Quero dormir, não me acorde! Saia daqui, sua bruxa, odeio você, não quero ouvi-la! Tenho ou não tenho esse direito?

— Não, Jéssica, você não tem direito algum, porque está sob tratamento. Você tem de voltar à realidade, assumir os seus erros. Quero que você nos diga se o nosso relato é a verdade da sua vida, ou se nos enganamos.

— Você é uma bruxa! Detesto bruxa!

Anna apenas fixou seu forte olhar no de Jéssica, que voltou para o leito e começou a contar:

— Estava com um ano de vida e todos me amavam, era a criança linda e querida. Quebrava tudo em casa e a família achava lindo. Gritava e brigava com os domésticos. Se não gostasse dos colegas, mamãe me mudava de colégio. Em todos existiam pessoas que não me aceitavam. Mamãe se desentendia com os vizinhos, professores e familiares, pois eu era insuportável. Aos seis anos, já me maquiava, usava as mais estranhas roupas e era linda, cobiçada não só pelos garotos mas também pelos homens mais velhos. Se eu jogasse alguma coisa no chão, ali ficava, se os empregados ou a mamãe de lá não o tirassem. Assim cresci. Tinha de tudo; roupas, só de griffe; bastava dizer: eu quero, e logo alguém me presenteava. Conheci no colégio o garoto mais cobiçado pelas meninas. Tentei conquistá-lo, ele me esnobou. Eu, que nunca havia recebido um "não", iniciei a conquista, sempre indo atrás dele. Foi aí que começou o meu inferno: ele me ofereceu o primeiro cigarro de maconha. Nada senti, só fiquei meio tonta, a boca muito seca; depois fumava muito e iniciei a vida sexual. As pílulas anticoncepcionais me fizeram muito mal; tentei de tudo, mas nada dava certo. Com quatorze anos abortei, tomando ervas ensinadas por um herbanário. Depois, outra gravidez. Tive de contar para minha mãe, pois a erva não funcionou. Mamãe, grande amiga, fez tudo direitinho; fui compreendida; para ela eu era a menina boa; livrei-me da gravidez. Um dia, meu namorado me ofereceu merla. A princípio nada senti, depois de quinze minutos apareceram os efeitos: desconfiança, excitação. Passadas as primeiras sensações, a angústia, o desespero, o pavor da vida. Logo depois, veio a cocaína. Qualquer droga eu consumia; quando não conseguia coca, a merla proporcionava-me alucinações parecidas com o uso da cocaína pura. Aconteceu o pior em uma festa, ou melhor, orgia, em que entrava de tudo. Nem você nem família alguma pode imaginar o que rolou naquela festa; ninguém era de ninguém, as misturas, ainda desconhecidas de muitos, contendo tudo o que era droga, formavam o coquetel da morte. Não sei por que estou aqui a lhe contar isso.

— Jéssica, o que você sentiu na hora em que consumiu a sua última droga?

— Depois da impressão de que alguém estava me perseguindo, tombei, sufocada, como se me enforcassem. Não tenho condição de narrar. Se existe morte, eu morri de dor, desespero, pavor. Eu morri, e sou feliz por ter morrido. E, pelo amor de Deus, não me faça voltar à realidade. Basta de sofrer! Quero morrer. A droga é o satanás sugando-nos a alma.

— Jéssica, você não morreu. O Espírito não morre, troca de plano, e você apenas desencarnou.

— Fale mais claro, por favor.

— Todos os filhos de Deus possuem Espírito, perispírito e o corpo físico. Quando morre o físico, o Espírito se retira, levando a sua real veste: o perispírito. Olhe bem o seu corpo e verá que é igualzinho ao que lhe pertencia no plano físico.

Jéssica procurou logo as tatuagens e elas eram bem mais nítidas do que as do seu corpo físico.

— Que bom que a gente fica igualzinho!... Quer dizer que quando morremos desempacotamos?

— Esse não é bem o termo, mas você tem razão. Quando ganhamos um presente, nós o desembrulhamos e jogamos o papel fora, ele não presta mais. Uns, mais cuidadosos, abrem o pacote, dobram o papel e o guardam. Outros rasgam o papel e o jogam fora. Você, ao desembrulhar o seu pacote, rasgou o papel e o jogou no lixo.

— Não brinque, eu apenas fui mais uma vítima da droga...

— E a sua família? Em algum momento você se preocupou com ela?

— Claro que não, eles são culpados por todos os meus sofrimentos. Se meus pais fossem mais enérgicos, eu não passaria as noites fora de casa, não viveria na rua e teria estudado mais. Mas eles em tudo me davam razão, agora devem estar chorando de saudades.

— Engana-se. Sua mãe, diante do seu túmulo, agradeceu a Deus por tê-la tirado do plano físico.

— Não acredito no que está me dizendo!

— Se não deseja crer, não acredite. Quero que saiba que não nos interessam os seus sentimentos para com a nossa pessoa. Somos apenas médica e paciente, nada mais nos liga além de sermos filhas de Deus. As suas neuroses, os seus fracassos, lhe pertencem, e eles passam por nós como o vento também passa, às vezes nem o percebemos. Você, Jéssica, tem de nos adotar como amiga, como confidente, como clínica. Nós, não. Ao sair daqui você levará a sua história; ela, se aqui ficar, será uma a mais no nosso arquivo.

— Você está brincando!... Quer dizer que não lhe interessa a minha saúde?

— Claro que sim. Queremos vê-la curada. Agora, a sua opinião sobre nós não nos interessa, aqui você é somente uma paciente muito necessitada.

— E a sua amizade?

— Infelizmente, não posso dizer que somos amigas, amizade é algo muito sério, é uma permuta de amor, de gratidão e de respeito e você não está em condição de amar, de respeitar ou de ter gratidão por alguém.

— Você é dura, parece até um soldado alemão.

— Tem razão, por ouvir tanto as pessoas, tornamo-nos uma rocha, ou criamos um casulo para não nos envolvermos sentimentalmente com os nossos doentes, dando-lhes a liberdade de colocar para fora os seus erros, os seus impulsos, sem medo de sermos agredidos por eles. Se fôssemos amigas, a irmã relutaria em nos ofender com palavras.

— Gostaria de ser agredida? Espera que eu o faça?

— Não gostaria de ser agredida nem que você se sentisse na obrigação de nos contar a sua história. Estamos aqui como irmã e médica, desejamos curar a sua casa mental, mas para isso deve existir respeito entre nós duas. Você precisa crer na nossa sinceridade e nós nas suas verdades. Sem sinceridade e sem verdade, não existe terapia.

— O meu psicólogo só me mandava ser eu mesma, numa boa.

— Quando o clínico diz ao seu paciente para ser ele mesmo, deseja que ele seja autêntico e não que se submeta aos outros nem que se sinta o tal. Quando convidamos o paciente a aceitar a sua psique, estamos tentando ajudá-lo a tirar a máscara, e não fazê-lo tornar-se duro e cruel para com as pessoas que o cercam.

— Mas quando vocês mandam que odiemos nossos pais, o que querem dizer com isso?

— O clínico que prega o ódio não é bom profissional, porque a terapia se faz para que o homem deixe aflorar a sua real personalidade. A sociedade coloca no rosto de cada um uma espécie de máscara, é esta máscara que se substitui por outra amável, educada, mais forte. O paciente precisa é adquirir a sua auto-estima, gostar de si mesmo, para ajudar, amar e respeitar o seu semelhante. Diz um grande psicólogo da espiritualidade: "Aprende a contar teus passos, só assim não terás tempo de te preocupares com a caminhada do teu próximo, se ele caminha direito ou se já caminhou o suficiente." O terapeuta está preocupado com quem busca a análise, que deseja se auto afirmar como ser humano. A terapia não pode fazer o paciente tornar-se agressivo. Ela existe para fazer com que o homem se descubra, e quando ele se despe, ele mesmo percebe as suas imperfeições e, com a ajuda do clínico, começa a ter controle sobre suas emoções. Submeter-se a um tratamento apenas para se tornar agressivo ou livre, como alguns julgam, é desconhecer o valor da psicologia. Adentrar a alma de alguém é como adentrar um lar: só se formos convidados. Ninguém faz terapia obrigado. Todos os que procuram um psicólogo o fazem porque desejam livrar-se das neuroses e estas velhas companheiras lutam, agarradas na alma, para não serem vistas pelo terapeuta. Mas o maior vencedor é o paciente. Feliz do homem que ao se ver doente sai em busca do remédio. A cada dia o homem moderno se contrai ou se abre, sem receio, sem controle. Em nada obtemos vitória se não há equilíbrio. A porta que não se mantém aberta nem fechada, que vai de um lado para outro, equivale a uma pessoa sem força interior. Ora se fecha, ora se abre. Fechando-se, isola-se, sofre e vive falando das pessoas. Abrindo-se, ataca, grita, ri, como que desejando chamar atenção sobre si mesma.

— O que vai ser de mim? Para onde irei, Anna?

— Para o departamento trinta e oito, onde estaremos esperando por você, Jéssica.

— Só eu serei tratada?

— Não. Outros pacientes também nos aguardam.

— Lá, para onde vou ser levada, a gente sofre?

— Não sabemos, porque não pertencemos àquele setor. Só sabemos que hoje, Jéssica, você iniciou um tratamento espiritual.

— Queria tanto ir até em casa!...

Anna nada disse; despediu-se e foi saindo. Olhamos os outros e dissemos:

— Vamos pedir para Anna nos dar uns passes.

Ela se voltou e disse:

— Sente-se nessa cadeira azul e vamos conversar, Luiz.

— Não, irmã, estávamos brincando, nunca fizemos análise nem pretendemos fazer.

Ela pareceu não nos ouvir. Fez-nos sentar, fixando os seus olhos em nossos olhos:

— Luiz Sérgio, a sua pressa resulta de um drama ainda quando encarnado. Muito lhe foi cobrado referentemente a comportamento. Quando voltou ao mundo espiritual, tudo fez para dar a todos uma mensagem, dizendo: "Eu não morri, estou de volta. Eu venci a morte, porque gosto da vida."

Tentamo-nos levantar, mas Anna continuava mantendo-nos sentado.

— Quando percebeu que havia sofrido o acidente, foi tomado de medo de ser repreendido. Sentiu-se até aliviado quando soube que havia "morrido". E depois, por constatar o quanto era amado.

Ela parou.

— Continue... — pedimos.

— O que poderíamos dizer... nada mais. A sua personalidade é tão palpável para os seus leitores!... — concluiu Anna, sorrindo.

Beijamos as mãos daquela forte mulher, filha de um grande homem. Os outros riam da nossa cara de espanto.

— Não sabemos por que Anna não continuou analisando-o — reclamou Nikolas.

— Porque ela, como grande psicóloga, percebeu que somos portadores de um elevado equilíbrio...

— Tem razão, Luiz, ela deve ter notado que você é um grande amigo de todos nós, principalmente dela e de Olavo — acrescentou Hugues.

XXI

APRENDENDO A SER FELIZ

De volta ao departamento trinta e oito, encontramos outros pacientes que também estavam esperando tratamento:

— Maria Joaquina: dezesseis anos. Causa do desencarne: aborto. Filha única. Existência no plano físico: excesso de liberdade e consumismo.

Maria Joaquina iniciou seu relato:

— Tinha tudo e não tinha nada. Era, fui e sou feia; tinha dinheiro, mas não fui criada com amor. Desde pequena, fui jogada em um quarto decorado não para mim, mas para ser admirado pelas amigas de minha mãe. Como invejava as outras meninas! As suas mães nunca faltavam às reuniões dos pais, enquanto os meus nunca compareceram. E as viagens internacionais? Sempre as fiz em grupo, nunca fui levada pelos meus pais. Eles não desciam ao meu mundo, mas também não permitiam que eu compartilhasse do mundo deles. Assim fui vivendo, era a pobre menina rica, sem pai, sem mãe, sem lar. As babás eram sempre trocadas, porque não me faziam as vontades e aí eu as maltratava e batia nelas.

— Por que batia nas suas babás?

— Todas as vezes que eu esbofeteava uma delas era nos meus pais que eu pretendia bater.

— Por que não dizia a eles, frente a frente, que não os aceitava como eram?

— Porque tinha medo, muito medo.

— Medo? E por que era tão forte no colégio, na rua, com os empregados e os demais familiares?

— Porque não me interessava o amor deles. Agora, mendigava o amor dos meus pais. Eles eram o cume da minha montanha e cada vez mais essa montanha crescia, e eu ficava cada vez mais embaixo, longe deles.

— Quando iniciou a sua vida sexual?

— Com quatorze anos. Igor era o braço carinhoso que não me deixava ficar só. Era ele quem me dava o amor que tanto buscava. E foi nesse enlevo que me entreguei de corpo e alma.

— E Igor, o que foi feito dele?

— Depois de cada encontro eu sofria com a sua frieza e indiferença. Só voltava a me procurar quando necessitava, mas eu não me importava. Quinze minutos de prazer com ele era muito para o meu coração tão carente. E assim eu ia vivendo. Nada chamava a atenção dos meus pais, nem as minhas notas baixas. Quando percebi que Igor nem sexo mais queria comigo, iniciei a lhe dar presentes. Ele adorou. De objetos pessoais, chegou até a receber dinheiro, mas muito dinheiro. E passou a exigir cada vez quantia maior. Aí, meus pais despertaram: algo errado estava acontecendo. Porém já era tarde, eu estava grávida. Um dia indaguei à minha mãe:

— O que acha de um neto?

Ela, olhando-me firme, respondeu:

— Nem pense nisso! Se for preciso mato os dois, você e o seu filho! Não quero criança nesta casa, só com casamento!

— O que disse à sua mãe? Por que você não procurou forças no fundo da sua alma?

— Porque sou covarde e por isso me vi diante de um aborto que me perfurou o útero e morri. Não entendo por que me encontro aqui, falando para você o que só a mim interessa.

— Engana-se, interessa a todos nós, que a amamos.

— Como pode me amar, se não me conhece?

— Porque somos irmãs, pela fé que temos em Deus.

— Deus... se Ele fosse bom a miséria não existiria.

— Tem razão em não poder compreender Deus, porque no seu coração ainda não se desenvolveu o amor. Para amar-se a Deus e n'Ele ver toda a Sua grandeza, torna-se preciso saber amar. Você até hoje só desejou ser amada e assim destruiu sua vida física.

— O que queria que eu fizesse? Não era amada pelos meus pais...

— Quem lhe disse isso? Como descobriu que não era amada?

— Pelo que já lhe falei: vivi sempre só, fui criada pelas babás.

— E você amou alguma delas?

— Não, claro que não. Elas recebiam dinheiro para cuidar de mim.

— É, se você não teve capacidade de amar a nenhuma delas, como pode exigir o amor de alguém? Será que você tem capacidade de amar? Não amou nem o seu filho, o pedaço do seu corpo, a continuação da sua família. Você correu a um aborteiro e matou o seu filho.

— Matei, mato e gostaria de matá-la também, sua velha!

— É, com que facilidade você mata...

— Ninguém tem nada com a minha vida. Fui criada livre, isso agradeço aos meus pais.

— Se tem tanta facilidade em matar, por que em cada manhã, quando a noite entregava ao sol a responsabilidade de um novo dia, você não matava as suas fraquezas e aproveitava as novas oportunidades que cada dia nos traz?

— Porque não aprendi a ser feliz.

— Para ser feliz não precisamos aprender, e sim lutar pela nossa felicidade. E que fez? Desejou forçar o Igor a casar-se com você. Depois, não quis o filho, porque não o amava. Culpa seus pais e tenta se inocentar, mas a maior culpada dos seus fracassos é você mesma, ou melhor, a sua companheira inseparável: a fraqueza. Hoje você está no mundo espiritual, viveu somente dezenove anos no corpo físico. Pouco tempo, não?

— Claro, morri jovem demais.

— Não, você morreu antes, desde o momento em que desejou chamar a atenção dos seus pais, não se tornando uma menina estudiosa e capaz, mas rebelde e afrontando-os cada vez mais.

— E agora, o que faço?

— Morra...

— Quê? Morrer? Já não estou morta? Já não fui enterrada?

— Sim, morra para o mundo onde vivia, pois você enterrou, ou melhor, jogou em um túmulo um corpo de carne, o corpo do seu filho, que ia nascer das suas entranhas, e depois sepultou o seu jovem corpo, pois se matou.

— Não, não me suicidei, fui assassinada.

— Tem razão, assassinada pela covardia.

— Que queria que eu fizesse? Era tão jovem!...

— Buscasse na sua alma a companhia que tanto desejava. O homem não pode considerar-se sozinho, junto a ele está um universo de amor, que é a sua consciência. E nela estão grafadas as suas lembranças. Apesar de nessa existência ela estar adormecida, podemos levantar o véu, munidos de uma grande vontade de trazer para o hoje o que nos pode fortalecer.

— Mas eu não aceito a reencarnação.

— Não importa, busque o seu passado recente e não se sinta sozinha. Todos nós temos fantasmas na nossa casa mental. Quando estivermos sozinhos, procuremos esses fantasmas, eles nos farão companhia. Agora, sair quebrando o mundo, desejando destruir a si mesmo, mostra somente o quanto somos fracos. O mundo não gosta dos fracos, gosta dos simples e fortes.

— Quero dormir, não gosto de ouvi-la falar!

— Eu também não gosto de ouvi-la pensar.

— Você lê meus pensamentos?

— Não, apenas preciso ler o seu Espírito e, com surpresa, vejo que ele foi o grande autor da sua queda. Você é uma jovem fraca e cheia de críticas ao próximo.

— Minha mãe não presta, meu pai também, ninguém vale nada.

— E você, o que vale?

— Não sei.

— Pois eu sei. Você vale muito para a sua família. Sua mãe chora, desesperada. Seu pai sofre muito.

— E por que me abandonavam?

— Eles nunca a abandonaram, você é que não queria tê-los por perto. Se eles fossem mais enérgicos, você poderia estar ainda no plano físico.

— Eu matei meu filho e morri de hemorragia.

— Não, você não matou o seu filho, você matou uma oportunidade de vida e agora está sofrendo por isso.

— Para onde irei agora?

— Depois da nossa conversa, você retornará ao hospital.

— E depois do hospital, para onde irei?

— Não sabemos. A irmã está doente e depois de curada poderá ser levada a vários lugares. Agora, partirá de você a vontade de servir nesses lugares e transmitir as suas experiências.

— Contar a minha vida aos outros? Nunca!

Anna olhou bem firme para Maria Joaquina e falou:

— Cresça, menina, e assassine a sua enfermidade. Só assim vai livrar-se dela. Agigante-se e pule a cerca do medo, divise novos horizontes. Volte então à condição de ovo, no ventre de sua mãe.

— Não gosto da minha mãe!

— Volte, então, ao ventre da mãe-natureza e nele se aloje devidamente para ser fecundada... Agora, vá formando um novo corpo, presidindo cada célula desse novo corpo, dando-lhe vida.

Nesse momento, Maria Joaquina começou a se encolher. E Anna continuava a comandar:

— Procure inspirar e expirar; inspirar e expirar; paulatinamente, sinta o seu corpo sendo invadido pelos fluidos da vida. Você está ganhando nova oportunidade. Chegam até você, como se fosse uma brisa refrescante, os elementos de que seu novo corpo necessita. Você preside, coopera com a sua mãe-natureza e está respirando um novo ar e captando tudo o que há de bom no útero materno. Neste momento, rompa com as lembranças más: mãe, pai, Igor. Você está junto à morte e vai também matar as lembranças das pessoas a quem causou dores e por elas sofreu.

Joaquina estava cada vez mais encolhida e respirava com dificuldade. Anna prosseguia:

— Você agora mergulhou no vácuo da morte, e com ela leva as mágoas, as dores e as lembranças, com todos os personagens da sua história.

Anna calou-se. Estávamos ficando impaciente, pois Anna, serenamente, apenas olhava Joaquina; e esta, antes com um olhar de ódio, foi relaxando, relaxando e caiu, desmaiada. Desejamos socorrê-la, mas fomos contidos. Ela foi despertando com um novo olhar e até com um sorriso nos lábios. Anna esperou que ela acordasse totalmente e falou-lhe:

— Seja bem-vinda ao mundo dos Espíritos, livre do ódio e das más lembranças.

— Estou com sono, pode me levar para o leito?

Dispensando as duas enfermeiras que se aproximaram, Anna fez questão de levá-la pessoalmente ao leito. Estava cumprido mais um trabalho.

XXII

O RESPEITO À DOUTRINA

Diante do que presenciamos, vieram à nossa mente as muitas meninas do plano físico que cada vez mais se afundam num mar de dor; as saídas dos colégios, onde meninos e meninas em tenra idade abraçam-se, beijam-se, enfim, bem longe se encontram das responsabilidades como seres criados por Deus. Na nossa frente, divisávamos uma outra realidade do mundo espiritual: uma adolescente que julgava que ser jovem era agredir a tudo e a todos. E o pior é que não vemos melhoras. Em nosso livro *Na Esperança de Uma Nova Vida*, já pedíamos aos professores, aos religiosos, aos pais, que ajudassem os Espíritos a resguardar os jovens. Mas os anos se passaram e muitos, daquela época, desencarnaram; outros estão marcados pela dor e pelos remorsos. Hoje, pedimos novamente para as autoridades que façam cumprir a lei que proíbe a venda de bebidas alcoólicas a crianças e jovens; aos donos de colégios que peçam aos seus professores que tenham uma boa aparência; eles são os modelos seguidos pelas crianças e pelos adolescentes; que os encarregados da proteção dos menores vejam se nas altas madrugadas os jovens não estão se drogando e deitados nas sarjetas da vida, alcoolizados; aos pais, que retornem com as festas infantis dos seus filhos em suas casas, pois hoje crianças de seis anos têm essas festas de aniversário varando as madrugadas; que as festas simples de antigamente, realizadas pelos colégios para comemorar conclusão de ano, voltem para dentro dos próprios estabelecimentos e saiam das boates. Criança precisa dormir cedo e não vamos arrancar delas a inocência, antes que elas morram de dor e de sofrimento ainda em tenra idade.

— Luiz, está dormindo? — quis saber Hugues.

— Não, amigo. Estava-me lembrando de que um dia desses fui visitar uns familiares nos seus colégios e me senti no umbral, diante de tantas coisas que vi e ouvi. A droga deixou de ser o fato proibido, ela é o fato consumado. Todo grupo de garotos ou garotas prega a liberação da maconha e a liberdade do consumo da droga, enquanto nos países onde se liberou a droga, em cada praça encontramos um morto-vivo, que pesa ao país porque é incapacitado para o trabalho. Com pesar, notamos que o nosso Brasil caminha para este triste fato, de praças onde os "mortos-vivos" se drogam publicamente e em cada esquina uma seringa diz à sociedade: "estou aqui, sou a dura realidade de um país liberado, onde o homem rebela-se por não viver a vida social dignamente, porque ela lhe outorga direitos e lhe impõe deveres." Ao invés, prefere ser escravo de um só senhor: o vício. Quem não respeita os deveres e vive distante da sociedade é igual a um prisioneiro: não faz parte da sociedade, pois não respeita o próximo, a família e a pátria. Muitas praças do primeiro mundo oferecem ao turista a dura realidade da liberação das drogas. Dizem, os que defendem essa liberação, que ninguém deve a sua existência a quem quer que seja, que cada um é dono do seu destino. Quer fumar, fume; quer se embriagar, embriague-se; quer se drogar, drogue-se. Acham que ninguém tem nada com isso e que as autoridades não podem interferir no livre-arbítrio de alguém. E assim está morrendo a juventude brasileira. E a sociedade de braços cruzados, porque basta a polícia ir contra os traficantes, os viciados ou contra a droga, para ser ameaçada pelos apologistas das drogas.

— Luiz, quanto amargor...

— Sabe, Hugues, quando estávamos recolhendo depoimentos para compor o livro *Na Hora do Adeus,* muitos relatos deixamos para trás, porque o livro ficaria imenso. Entretanto, alguns estão ainda em nossa memória, como o caso de Ivana, justamente sobre o assunto que discutíamos agora. Gostaríamos de contar-lhe. Deseja ouvir?

— Certamente, Luiz.

— Andávamos pelas alamedas de uma das estações do adeus e víamos muitos desencarnados por ali, uns passeando, outros orando diante de seus túmulos. Uma jovem de seus quinze anos chamou-nos a atenção e nos aproximamos. Ela orava, pedindo a Deus por seus familiares. Ficamos ali também orando com ela. Quando terminamos, sorriu-nos, dizendo: "Todos os dias aqui venho pedir pela minha família. Ela é tão materialista! Com o meu desencarne, as coisas pioraram. Tenho duas irmãs adolescentes e os meus pais nem percebem o quanto elas estão precisando deles. Só ficam lamentando o que aconteceu comigo."

— Confessamos, Hugues, que estávamos louco para saber alguma coisa da vida de Ivana e ela, percebendo nossa curiosidade, começou a narrar o seguinte: "Para festejar os meus quinze anos, meus pais ofereceram uma festa maravilhosa, que assombrou toda a cidade. O melhor presente que recebi foi um carro importado que eles me deram. Dali para a frente, passei a dirigi-lo, sempre em alta velocidade. Numa dessas corridas loucas, o carro se desgovernou e bateu. Comigo também estavam meu namorado e uma amiga, ele ficou paralítico e ela também desencarnou."

— Então você é suicida?

— Sim, inconsciente, porque jamais soube algo sobre a "morte" ou sobre as leis de Deus.

— Não freqüentava igreja?

— Só nos casamentos e nas festas de fim de ano do colégio. A vida física para mim era um cantar de alegria. Tudo eu tinha e vivia a vida na sua plenitude.

— Como dirigia com tão pouca idade?

— Quase todos os jovens de hoje dirigem, mesmo não tendo habilitação, carteira de motorista.

— Isso é errado.

— É, mas eu nem queria saber. Fazia loucuras no trânsito, pois me considerava a melhor motorista. Mas esse não é o caso, os meus sofrimentos são só meus e estou procurando livrar-me deles através do trabalho e da prece. O que me está preocupando são as minhas irmãs. Gostaria de aparecer para elas e lhes contar o que me aconteceu, dizer que encontrem uma religião, que a morte não existe e não escolhe idade nem posição social, que ela chega, e chega mais cedo quando os jovens brincam com a vida física.

— Prometemos ajudá-la. Mas por que vem aqui no seu túmulo orar?

— Porque sinto que aqui fico mais perto deles.

— Devem estar sempre aqui, não é? O túmulo está tão enfeitado...

— Que nada. Odeiam cemitério. Eles pagam para alguém conservá-lo.

— Veja só. E para onde pensam que vão quando morrerem?

— Papai e mamãe querem ser cremados. Só não fui, porque não queria.

— Sorte a sua.

Conversamos mais um pouco até que apareceu Clementina para levá-la. Ela, Hugues, trabalha na Colônia das Estrelas, uma das mais novas e mais belas colônias, para onde estão sento levados os jovens suicidas inconscientes, a maioria por acidentes de automóvel. Clementina já nos conhecia e nos apresentou como um dos Raiozinhos de Sol. Ivana, então, nos pediu que olhássemos suas irmãs, principalmente a de quatorze anos, que era muito moderninha e defendia o aborto. Prometemos ajuda, pedindo-lhe que se cuidasse e procurasse sarar depressa para poder auxiliar a família. Comentando, depois, com Enrico — lembra-se dele? o nosso instrutor naquele trabalho — ele acrescentou que a Colônia das Estrelas está recebendo um grande número de jovens que desencarnam por abusar da velocidade levados pelo álcool. E muitos pais ainda acham que não há mal algum um adolescente ingerir cerveja, vinho e outras bebidas alcoólicas, mas isso pode ser apenas o começo de grandes dores de cabeça.

— Esta, Hugues, foi a história de Ivana, como tantas outras. Não vemos como as famílias irão segurar a onda do "faz de tudo, que é bom", enquanto vemos chegar ao mundo espiritual crianças como estas, que jogaram fora a reencarnação. E o pior é que não são somente os que desconhecem Deus. Até alguns filhos de espíritas estão sendo criados livres, esquecendo os pais espíritas de lhes falar da responsabilidade que é toda pessoal; ninguém sofre por erros alheios, cada ser é o responsável pelo que faz de bom ou de ruim. No Espiritismo, não é somente a Doutrina que se aprende nem os chamados fenômenos mediúnicos. O Espiritismo codificado por Allan Kardec é muito mais do que os próprios espíritas imaginam: é o encontro do homem com ele mesmo, e quando ocorre esse encontro, ele descobre o que entrava sua evolução. E a Doutrina ainda lhe oferece meios de curar-se e de se ver livre dos contravalores internos — vaidade, avareza, egoísmo, ódio, violência, orgulho. Só o Espiritismo tem condição de melhorar o homem, porque ensina quais são as suas responsabilidades para com Deus. Ser espírita é esforçar-se para jogar fora as bagagens perniciosas de outras vidas. Quem assim não procede será apenas um admirador da Doutrina e não um seguidor dos seus preceitos. A um espírita não é dado viver distante do que pregam os Espíritos do Senhor: a caridade para com todos, porque só ela é o caminho da salvação. O espírita, ou melhor, aquele que se diz espírita tem de lutar para cumprir as leis de Deus e assim elevar-se até Ele. Um homem que se diz espírita, freqüenta uma Casa Espírita, mas continua avaro, maledicente, orgulhoso, vaidoso, mentiroso, egoísta, péssimo pai de família; que persegue os seus empregados, enfim, que faz tudo contra o que o Espiritismo prega, ele conhece a Doutrina, mas ela não vive nele, por isso as suas atitudes não são dignas. Bendito aquele que se diz espírita, não importando os anos que tenha de Doutrina, importa o que a Doutrina tem oferecido de bom à sua alma e se ele se transformou em um novo homem. Muitos se dizem espíritas mas não deixam a cervejinha, o cigarro e a avareza. Não que a Doutrina os condene, mas quem conhece, por pouco que seja, o mundo espiritual, bem sabe dos entraves que encontra o Espírito que não se livra dos vícios ainda no corpo físico.

— É bem verdade — disse-nos Nikolas — que a Doutrina nada proíbe, mas esclarece. Não é a proibição que molda o caráter do homem, o que nos torna dignos é buscamos os exemplos cristãos contidos no Evangelho de Jesus e nos livros doutrinários, e tudo fazermos para não envergonhar a Doutrina consoladora. Outras religiões não aceitam o fumo e o álcool e seus jovens obedecem. Por que os espíritas têm de continuar como eram antes, mesmo a Doutrina esclarecendo tão bem os males que esses vícios causam? É como o pai que diz: "não vá por esse caminho, porque no final dele há um precipício." O filho atende ou não. Infelizmente, ainda há maus seguidores da Doutrina, os que dizem professá-la, mas dão passe de mãos fechadas, porque a avareza lhes mantém os dedos cerrados. Consideramos a Doutrina Espírita um reformatório divino, que dá ao homem encarnado aulas do bom proceder ainda no corpo físico. Se o que se diz espírita não procurar modificar-se, ele estará deixando passar a grande oportunidade de se tornar feliz.

— Irmão, ultimamente temos visto muitos adereços que estão colocando no Espiritismo. Quantos fazem viagens internacionais em busca de "cinzas e águas milagrosas"! Diz o querido Jacó: "A cada ser Deus ofereceu um universo de oportunidades; mas o universo daquele que não crê em Deus lhe passa despercebido, porque ele não tem olhos para enxergar o universo de amor de Deus." Por isso ele está sempre em busca de "milagres", a cinza ali, a água acolá, a flor mais adiante, quando tem à sua frente um caminho de luz, chamado Doutrina Espírita. Hoje o modismo são as buscas; alguns ditos espíritas dizem que Jesus e Allan Kardec são coisas do passado, que querem mais é sair da letra, apalpar, sentir as coisas espirituais. Enquanto isso, recordamo-nos de Paulo de Tarso que, caminhando pela Palestina, pés cansados, pele queimada pelo sol e pelo vento, roupa gasta, rota, viu uma multidão deslumbrada que assistia aos fenômenos realizados por Malaquias e lhe atirava moedas. Paulo parou e com pesar assistia a tudo. Quando alguém o viu, falou:

— Olhe ali um seguidor de Jesus.

Muitos viraram-se para fitá-lo; outros, rindo muito, perguntaram-lhe:

— O que lhe deu de bom o seu Messias? Esse alforje furado, esses trapos que lhe cobrem o corpo? O que foi que Jesus lhe deu? Veja ali Malaquias: o seu mestre o presenteia com moedas e belos trajes.

Paulo, a princípio, ficou calado, depois respondeu:

— Jesus me deu o que nem todos os homens podem enxergar. Ele me ensinou a amar e, amando, eu aprendi a renunciar.

Foi andando, e quando olhou para trás lá estava Malaquias com o olhar repleto de vergonha. Disse a Paulo:

— Ajude-me, Paulo, a receber do Messias o amor, quero transformar-me em um dos Seus seguidores.

— A estrada do Mestre só tem uma direção: a verdade. Só a verdade liberta o homem e o leva até Deus! exclamou Paulo.

Malaquias carregava inúmeras bagagens, que eram trazidas pelos seus servos. Fez com que eles voltassem, dando-lhas de presente. Pôs-se na estrada lado a lado com Paulo. Naquele momento, morria o homem do mundo material e surgia mais um apóstolo de Jesus.

Assim deve ser o espírita. Para ele respeitar a própria Doutrina, tem de colocar os pés na estrada do Mestre e jogar fora as pesadas bagagens da avareza, da vaidade, do orgulho, dos vícios e se tornar um verdadeiro espírita, um representante dos Espíritos no plano físico. Não existe meio-espírita, existe, sim, o verdadeiro e o falso. Agora, devemos tudo fazer para nos tornar um verdadeiro espírita.

Nisso, fomos convidados a nos retirar. E, quando o fizemos, alongamos o olhar sobre aquele lugar, onde os Espíritos doentes encontram o alívio para as suas dores. E perguntamos a nós mesmos: "não é mais fácil nos curarmos ainda no corpo físico?" Senti, nesse momento, uma mão forte apoiando-se no meu ombro. Era a de Nikolas, o meu bom amigo Nikolas.

Depois de andarmos bastante, paramos para descansar.

— Que deve fazer o homem para se tornar um bom espírita, um espírita sério, enfim, um apóstolo do Senhor? interrogou Hugues a Nikolas.

— Estudar e amar. Procurando amar o seu semelhante, o homem vai pouco a pouco tornando-se cristão; e, estudando a Doutrina, ele vai aprender que os Espíritos são as almas dos homens de ontem, que não possuem nem a soberana sabedoria nem a soberana ciência. Portanto, o saber dos Espíritos que se comunicam está restrito ao seu grau de evolução. Só o estudo dá ao espírita meios de diferenciá-los, por isso um bom estudioso pode receber revelações do mundo espiritual e, com bom senso, analisá-las. Às vezes, o espírita se sentirá cansado, desiludido, mas com o tempo, estudando bastante, adentrará o mundo dos Espíritos e sua vida se tornará melhor, porque vai sentir o quanto ainda poderá ser útil como encarnado.

Fizemos um aparte:

— Nós, que trabalhamos com os livros espíritas, assustamo-nos com a falta de conhecimento doutrinário. Nesse Brasil afora existe cada coisa... Muitas Casas Espíritas misturam tudo o que lêem, e depois se dizem "espíritas de mesa", "alto Espiritismo", enquanto a Doutrina Espírita, codificada por Allan Kardec, é de fácil entendimento. Entretanto, o homem tem de estar disposto a reformular a sua vida e dar adeus a tudo o que faz mal ao Espírito.

— O que a Espiritualidade Maior acha das regressões a vidas passadas, Nikolas? — indagou Hugues.

— Quando é feita a regressão para tratamento, a Espiritualidade respeita, mas é contra os que a buscam por curiosidade. O terapeuta que utiliza a hipnose deve possuir muito conhecimento, porque em vez de curar poderá levar o paciente ao desequilíbrio e até à loucura. Conhecemos uma pacata dona de casa que, por curiosidade, procurou conhecer suas vidas passadas. Vamos ao caso:

"O terapeuta Vinícius pediu à paciente Cristina que se concentrasse e olhasse para seus olhos; o magnetizador passou à indução telepática. Cristina, deitada em um divã, estava completamente hipnotizada. Aí, ele iniciou:

— Em que ano você está?

— No ano de 1995.

— Como se chama? Quantos anos tem? É solteira?

— Chamo-me Cristina, tenho trinta e cinco anos. Tenho marido e filhos.

— Em que ano você está agora?

— No ano de 1902.

— Como se chama?

— Eu me chamo Ellen. Tenho dezoito anos, moro com um grupo de ciganos.

— Você gosta de ser cigana?

— Não, não gosto, tenho vergonha deles.

— Você é bonita?

— Sou linda. Morena, olhos azuis.

— O que aconteceu na sua vida?

— Sou dançarina e danço nas praças da cidade, onde conheci um médico. Eu o amo muito.

— Ele também a ama?

— Sim, tanto que deseja casar-se comigo.

— E por que não se casa?

— Porque sou cigana.

— Você já se encontrou com ele neste ano de 1995?

— Já.

— Como você sabe que é ele?

— Porque quando o encontro sinto muito amor por ele.

— Mas você, hoje, é casada com outro.

— Sei disso, mas esse amor é mais forte do que eu.

— Ele é bonito?

— Lindo, muito lindo.

— E o seu marido?

— É bom, ou melhor, ótimo. Mas desde que um amigo me falou que eu ia reencontrar alguém de outras vidas, estou tentando a terapia de vidas passadas.

— Sinto muito, mas a jovem senhora terá de mudar a sua casa mental e aceitar o que vamos dizer-lhe: você ama um homem, o seu marido atual. Ele é muito ciumento, e a agride. O médico que você julga ser o seu antigo amor não o é. Ele é o seu velho pai, de outra vida, muito extremoso. É ele quem a ajuda muito.

Nisso, o terapeuta a fez voltar do transe hipnótico.

— Por que o senhor me fez voltar da regressão, dr. Vinícius? Estava tão bom!...

— Nem todos estão preparados para uma regressão. E você há tempos já fez a sua escolha: quer um amante.

— Sou muito só, doutor!

— E por que não trabalhar e lutar pelos pobres para preencher o vazio que sente?

— Mas eu quero o meu médico! Eu até sei onde encontrá-lo!...

— Sinto muito, mas a máquina do tempo reluta em dar-lhe as informações que deseja ouvir.

— A minha atual paixão é o meu amor do passado?

— Não. O seu amor atual são os seus filhos. A irmã veio ao plano físico como cooperadora de Deus na educação dos Espíritos que hoje são seus filhos. Dois deles serão — se bem educados — grandes homens. Foram preparados para importantes missões.

— Não acredito! O senhor é um embusteiro! — e retirou-se, revoltada.

Ouvíamos, atentamente, e Nikolas prosseguiu:

— Analisando este caso, vemos que a regressão só deve ser feita por pessoas responsáveis e com capacidade para adentrar um mundo que Deus deseja fique oculto para a maioria dos Seus filhos. Na Doutrina Espírita raramente se faz regressão, não é a sua principal tarefa. Na Doutrina, aprende-se a ser espiritualizado, pois ela é uma escola de reformulação moral. Dizemos sempre: a Casa Espírita, bem orientada, torna-se um hospital de almas, onde se aprende a ser um homem de bem. Se isso não acontece, algo de errado existe na Casa, ela não está sendo bem orientada.

— Existem espíritas fazendo regressão? — perguntamos.

— Não sabemos.

— Aonde iremos agora? — perguntou Hugues.

— Estamos perto de um educandário, onde irmãos nossos se preparam para reencarnar.

Pensei: "já estamos cansados de narrar sobre tal assunto", mesmo assim, o acompanhamos.

XXIII

O SOL DO AMANHÃ

No decorrer do nosso itinerário, deparamo-nos com um riacho de águas cristalinas e sentimos que a atmosfera ia mudando pouco a pouco. O ar, antes pesado, foi ficando mais leve e uma brisa ondulava nossos cabelos. Estávamos louco para perguntar onde nos encontrávamos, mas ficamos calado, até chegarmos à Colônia Sol do Amanhã, cujas cercas vivas eram de flores perfumadas e belas. Fomos recebidos por Zulmira e o irmão Saul que, muito atenciosos e sorridentes, indagaram-nos sobre o nosso trabalho. Nikolas os informou que éramos alunos da Universidade Maria de Nazaré, estudando a vida no mundo espiritual. Ali ficamos muitas horas, conversando. Depois fomos encaminhados a uma cabine de captação de fluidos; antes, uma equipe de Espíritos dispersaram os miasmas pesados dos nossos perispíritos, pois estávamos vindo de lugares de sofrimento. Zulmira nos levou até a sala treze, onde vários Espíritos esperavam o início do tratamento de retorno ao corpo físico. Passamos a observar atentamente aqueles que aguardavam a hora do mergulho na carne e não pudemos nos esquecer de algumas autoridades que são a favor do aborto. Naquelas fisionomias, à espera do desconhecido, víamos a expectativa, ou melhor, a ansiedade. Qual seria o futuro de cada um deles? Ninguém sabia, nem aquele departamento. Os educandos ficavam na frente e nós, como outros caravaneiros, postamo-nos bem atrás.

Paulina iniciou uma preleção:

"Irmãos queridos, que o nosso eterno Pai sempre esteja ao nosso lado. Vocês estão aqui preparando-se para partir em direção ao mundo dos chamados vivos, mundo onde o homem brinca com a vida, onde as crianças são muitas vezes mal educadas e esquecidas pelas autoridades competentes e pelos pais. Estamos aqui para prepará-los para a grande viagem. Vocês sairão do ninho paternal da Espiritualidade Maior, onde somos todos amparados, porém, mesmo sofrendo a redução perispiritual, restarão vagas lembranças de tudo o que aprenderam no mundo onde hoje vivemos. Daqui do educandário, serão levados ao hospital da redução do perispírito, onde o corpo atual vai tomar outra forma, a forma de ovo. É como se voltassem ao estado de simplicidade e ignorância, pelo qual já passaram quando a essência que palpita em cada um ficou dormindo no reino mineral. Novamente estarão dormindo, não no mineral, mas no ovo alojado no ventre materno. Esse estado magnético é necessário para iniciar o processo de esquecimento do passado, às vezes terrível, que tivemos. No entanto, mesmo nesse estado, o Espírito, ajudado por técnicos especializados, está vigilante na construção da sua nova veste, chamada de corpo carnal. E sendo uma sementinha de vida, preciosa demais para Deus, é regada com o líquido amniótico, que chamamos de "água do Cristo". Por que água do Cristo? Porque Ele, Jesus, mergulhou não nesse líquido, mas nas águas do Jordão, prometendo levar até Deus os Seus irmãos retardatários. E, assim, o corpo perispiritual vai-se vestindo de carne; é a fase do sonho, onde o Espírito tem relances das suas lembranças. É também o momento em que os novos elementos do Planeta vão compondo os corpos do Espírito. É dolorido? Não. O Espírito é tão protegido pelos mensageiros do Senhor que torna esses momentos normais, sem dores, sem sofrimento. São nove meses de adaptação, já no plano físico, mas resguardado na incubadora divina, o útero feminino, indefeso, respirando pelo pulmão materno, vivendo graças ao amor maternal. Chega o grande momento onde o Espírito nasce de novo no mundo físico, chorando na hora em que se despede de alguns irmãos que muito o ajudaram nessa trajetória. É uma nova vida. Está de volta, tem à sua frente um grande livro, que será a sua nova história. Todos torcem para que o Espírito consiga cumprir, nem que seja quarenta por cento, do que prometeu a Deus. E agora? O Espírito está semi-adormecido, é guiado pelos pais. Que fazer para reagir: chorar? gritar? Às vezes não adianta... Mas Deus é tão sábio que deixou junto a ele vários mensageiros que o irão ajudar, até completar a sua encarnação. É um Espírito velho que retorna ao corpo físico, mas é tratado como criança. Ele é um adulto em miniatura? Sabemos que é um Espírito, não importa que seja um adulto em miniatura ou um Espírito no seu estado de inocência. Essa nova oportunidade dada ao Espírito é uma bênção divina, e graças a ela o Espírito começa a viver no plano físico. Compete aos pais o firme propósito de guiar seus filhos. Caso isso não ocorra, cada um de vocês tem de lutar para ser bom, essa é a finalidade de todo o processo que hoje estão vivendo. Torna-se necessário voltar ao corpo físico. Em tenra idade o Espírito reencarnante já demonstra as suas tendências. Cabe aos pais cortar as que forem más, para ajudar aquele que ali está em temporária inocência. Mas dos quatorze aos vinte anos de idade, a outra personalidade, a da sua última encarnação, se manifesta com a sua autenticidade. Esse período faz aflorar o que ele tem de bom ou de mau. Se o Espírito tiver bons pais, o que vai emergir de pernicioso os pais vão podando. É o arbusto que está precisando de poda. Se o galho entorta, consertá-lo não é tarefa fácil para os pais, mas é gratificante quando se ama. Não devemos esquecer-nos de que todos vocês, que aqui se encontram, estão sendo submetidos a vários processos de magnetização e os seus perispíritos estão sendo contraídos. Vocês já estão experimentando o primeiro processo para o esquecimento do passado. Mas depois do parto tudo vai voltando paulatinamente. O Espírito está novamente em um novo plano, no mundo físico. Falamos aqui o que irá ocorrer com vocês até a idade de vinte e um anos, mas podemos também dizer que dependerá não só dos seus pais, como ainda mais de cada um. Nesse período de repouso, o Espírito não está totalmente inconsciente, Deus lhe dá o direito de buscar na sua consciência os reais valores, não somente as suas tendências. A consciência é companheira eterna do Espírito, mesmo no seu estado de repouso. Portanto, não existem crianças, jovens ou adultos, existem Espíritos indo ao encontro das responsabilidades perdidas, tendo sempre adultos, chamados pais, educadores, autoridades e religiosos ajudando-os nesse período. Quantas vezes voltamos a este estado de repouso? Para que desejar saber? O que necessitamos nestas horas é procurar lembrar que numerosas vezes já fizemos essa viagem e se em algumas não tivemos proveito algum, a culpa não foi de Deus e sim de nós mesmos, que deixamos as tendências más tomarem conta dos nossos Espíritos. Temos certeza que cada um de vocês, no momento traumático do esquecimento, buscarão na consciência a voz de Deus e não se sentirão sozinhos. Pedindo ao nosso grande amigo Jesus Cristo que os cubra de paz, despedimo-nos. Nós amamos vocês."

Os Espíritos reencarnantes responderam:

— Nós também amamos você!

Nikolas, com os outros, foi falar com a irmã. Nós não o acompanhamos. Fitamos aqueles irmãos aparentando todas as idades, velhos e jovens, preparando-se para o retorno ao corpo de carne. Era demais para o nosso Espírito! Fomos para o jardim e lá choramos muito. De repente, sentimos tocar-nos o ombro com suavidade:

— Por que choras, irmão querido? O irmão é daqueles que nasceram para transmitir alegria.

— Oh! perdão, irmã Rosália. Somos muito emotivo e, ao presenciar a preparação desses Espíritos de volta à terra, temi por muitos deles. Como sabemos, o aborto cresce cada vez mais e eles esperaram tanto, prepararam-se tanto, e depois, em alguns segundos são deportados sem malas e sem documentos, pois a própria mãe lhes nega a oportunidade que Deus lhes está ofertando.

— Luiz, precisamos acreditar nas pessoas, olhando esses nossos irmãos que receberam de Deus a oportunidade de ressarcir seus erros, sem recordar que existem mulheres que abortam. Queremos lembrar-nos das mulheres que são mães dedicadas, amigas, que lutam pelos seus filhos. Não devemos pensar no mal, quando estamos vivendo horas felizes, repletas de esperança.

— Irmã, as coisas estão cada vez piores. É droga, é aborto...

— Não, Luiz, vamos pensar que existem no plano físico pessoas que trabalham em prol do faminto, do abandonado, de mulheres que se propõem a criar os filhos de outras mães; que existem governantes que lutam pelo seu povo. No plano físico, Luiz, existem muitas pessoas dignas do Cristo. As que praticam iniqüidades, entretanto, são mais visíveis aos olhos da sociedade, porque são notícia e vendem jornal. Escrever que existem pessoas que andam pelas ruas, com chuva e com frio, levando alimento e amor aos abandonados e sofredores não é matéria que atrai o público, por isso poucas são as notícias falando de coisas bonitas. Mas, repito, no plano físico existem muitas pessoas que sobejam amor e dedicação a Deus.

— Irmã Rosália, elas são tão poucas...

— Engana-se, Luiz, não são. Se elas fossem poucas ou se não existissem, teria sido em vão a ida de Jesus ao plano físico. Como estudantes do Evangelho, sabemos que Jesus plantou a árvore do amor e Ele tem seguidores em muitos templos e igrejas. Temos de crer que Jesus Cristo foi ao plano físico levar a Sua mensagem e ela até hoje está no coração dos homens. Cremos em Deus e, crendo n'Ele, acreditamos na renovação da Humanidade.

— Irmã, vemos cada coisa no plano físico... Pai que estupra filhas; mães que matam os seus filhos de pancada; traficantes que levam crianças ao mundo das drogas; autoridades lutando pela liberação da maconha...

— Eles são muito poucos, Luiz, e depois nós todos precisamos orar por eles, ninguém precisa mais de nossas orações do que todos eles. Se cada ser espiritualizado adotasse um estuprador, um traficante, uma aborteira, dedicando-lhes preces pela salvação de suas almas, eles seriam menos infelizes, porque se tornariam seguidores do Cristo.

— Ah! irmã, como seria bela a vida!

— Luiz, se hoje o homem bate, nem por isso tem de apanhar. E somos nós, os cristãos, que temos de acariciá-los. Muitas vezes nem sabem o que vem a ser um carinho. Todas as mães de filhos sadios deveriam orar pelas mães de filhos doentes, viciados... Todos devemos orar pelos estupradores, pelos traficantes, pelas autoridades indiferentes à pobreza, a todos os que causam dores, porque eles é que são os doentes necessitando de médicos. Luiz, no dia em que o homem pensar mais no seu próximo, o mundo se tornará melhor. Mas em vez de orar pelos que causam escândalos, os homens lhes atiram pedras. E todos são filhos de Deus: o bom, o mau, o assassino, a vítima. Ninguém é mais infeliz do que os que causam escândalos. Ninguém é mais infeliz do que os violentos, os que agridem, que furtam, que fazem mães derramarem lágrimas. Devemos crer em Deus e, como seguidores do Cristo, crer que não foi em vão a Sua ida ao plano físico. Um dia, não muito distante, serão abertos, de novo, os "céus" e todo o planeta verá a face do Senhor Jesus, e todos ouvirão a Sua voz, não nos dizendo: "Perdoa-os, Senhor, eles não sabem o que fazem", mas, dizendo: "Pai amado, aqui estamos de volta para reunir o Seu rebanho", esperando que todos tenham o direito de viver na Terra renovada. E quando isso acontecer, os homens olharão à sua volta e verão um céu de estrelas, que somos todos nós, os Espíritos que trabalham em prol do amor. Até as pedras brilharão mais, tamanho o esplendor do Alto. As flores exalarão mais perfume, a Terra da regeneração será banhada de esperança. Esse será um momento de real grandeza, quando Jesus entregará a Deus os Seus filhos que não serão deportados para outros lugares. Que dia de glória! Por isso, Luiz, hoje, no momento em que ficamos tristes pelos casos que presenciamos, temos de buscar no fundo dos nossos corações a fé na transformação do homem duro, cruel e sanguinário. Devemos pensar que ele pode tornar-se bom e nobre. Se Deus, quando colocou a essência espiritual em uma matéria inerte e dura chamada pedra, foi por acreditar na evolução do Espírito, quem somos nós para julgar alguém? Hoje, podemos ser bons, mas será que no ontem também o fomos?

— Irmã Rosália, eu amo você!

— Luiz, todos nós nos amamos. Que Deus o abençoe.

— Não vá embora, irmã, antes conte-nos uma das suas histórias; todos os que as conhecem gostam de ouvi-las.

— Elas são tão simples, Luiz...

— Sabemos disso. Partindo dos seus lábios, irmã Rosália, elas só podem chegar aos nossos ouvidos na maior simplicidade, pois não conhecemos alguém tão simples e tão amada.

— Irmão, os elogios são vestes da vaidade.

— Não, em se tratando da irmã.

— Gostaríamos, Luiz, de ficar mais tempo ao seu lado, mas os trabalhos esperam por nós. Mas não faltarão momentos como este, nos quais trocaremos nossas idéias e falaremos dos nossos sonhos. Sempre oramos pelo menino, pelo seu crescimento espiritual, e para que os seus livros continuem sendo uma folha orvalhada de paz para todos os que se encontram em desespero. E que aqueles que os folhearem possam compreender melhor o mundo dos Espíritos. Bom trabalho, amigo.

— Nós amamos você!

Assim foi Rosália saindo, devagar, e nós, embevecidos, a olhamos com amor. Cerramos os olhos e oramos:

"Senhor, fortalecei os fracos, mas também amparai os fortes, os baluartes do Vosso caminho, aqueles que por amor se dedicam a levantar os caídos e os sofredores."

Acompanhando com o olhar aquele foco de luz divina, a nossa irmã Rosália, recordamo-nos de *O Evangelho Segundo o Espiritismo,* Capítulo VI, item 6:

(...)*Bebei na fonte viva do amor e preparai-vos, cativos da vida, a lançar-vos um dia, livres e alegres, no seio d'Aquele que vos criou fracos para vos tornar perfectíveis e que quer modeleis vós mesmos a vossa maleável argila, a fim de serdes os artífices da vossa imortalidade.*

XXIV

O RETORNO À MATÉRIA

— Luiz, vamos até o auditório do Departamento Dezesseis, onde várias palestras estão sendo ministradas? era Nikolas, que se aproximava com os outros companheiros.

— Julguei que iríamos até o Hospital de Maria, para novos aprendizados — interveio Julienne.

Nikolas nada falou, apenas se dirigiu ao Departamento dezesseis. Quando chegamos ao belo prédio, observamos que a limpeza era o seu cartão de visitas. No seu interior, quadros lindíssimos compunham-lhe o cenário, enquanto a sonoridade de uma música quebrava o silêncio. Os outros foram adiante; fomos ficando para trás, para poder a tudo observar, chegando à conclusão de que tudo o que vem de Deus é belo. Foi quando percebemos que Nikolas nos esperava, não nos deixando sozinho.

— Por que nos esperou, Nikolas?

— Simplesmente porque o irmão não poderia entrar sozinho aqui.

— É? E por quê?

— Porque você não tem este aparelho, presenteado pelo diretor deste departamento.

O aparelho nos pareceu um controle de portão eletrônico; tivemos vontade de pegá-lo para saber como funcionava, mas nem foi preciso. Deparamo-nos com uma parede bem branca, enfeitada de quadros. Estávamos a apreciá-los, quando a parede sumiu. Olhamos assustados para Nikolas. Ele, sério, prosseguiu com passos firmes. Viramo-nos para trás e ali estava a parede, de novo. Passamos por isso mais de uma vez. A nossa curiosidade era imensa, não conseguíamos descobrir como ocorria a abertura daquelas paredes com tanta rapidez, mais veloz do que a nossa curiosidade. Era como se, por instantes, ficássemos inconscientes diante daquelas passagens.

— Por que, irmão, não podemos conhecer o mecanismo destas passagens?

Minha pergunta não soou bem, pois ele nos olhou com aquela expressão dos que não desejam responder. Assim, atingimos o auditório, que já estava quase lotado. Nas cadeiras, os nossos nomes cintilavam e para elas nos dirigimos, dando continência:

— Obrigado, irmã, por ter-nos esperado.

Julienne ensaiou um sorriso, mas se conteve. Hugues nos segurou o braço, advertindo-nos:

— Cuidado, aqui a disciplina é rígida.

Olhamos para todos os lados, envergonhado. Logo o orador iniciou sua palestra:

"Que Deus esteja conosco. Os vários departamentos da Espiritualidade têm por finalidade orientar a todos os que aqui vêm, encarnados e desencarnados, incluindo os que logo retornarão ao corpo físico. O Espírito, ao reencarnar, não somente é envolvido pelo novo ambiente sócio-cultural em que renasce, como ainda leva a cultura de outras vidas. Mesmo recebendo aqui as orientações necessárias, ficam elas adormecidas, juntamente com a cultura adquirida em vidas passadas. E se o Espírito não é bem conduzido, ele se perde no seu dia-a-dia, pois, embevecido diante da vida corpórea, afloram suas tendências e é aí que está o perigo; sem um educador, o Espírito foge dos deveres, mesmo tendo recebido na espiritualidade as orientações para se tornar um homem digno no mundo físico, como assim prometeu. Para o homem encarnado, a vida a ser conquistada — cultura, emprego, posição social, riqueza – é tudo. Para os que conhecem o valor do Espírito, que é tudo, o corpo físico não passa de simples veste transitória que se desgasta. Sem o corpo físico, ele aguça a inteligência e se propõe a praticar a bondade e a viver em Espírito. Mas quando está no corpo físico, ele se orgulha de si mesmo, pois foi o seu modelador; foi ele, o Espírito, o artista, o artesão do próprio corpo; envaidecido por ter talhado o seu corpo carnal, deixa que se manifestem as suas tendências; e quando elas não são boas, o Espírito se vê perdido, ora busca em si o lado bom, outras vezes se vê dominado por inclinações menos dignas. Para ajudar os Espíritos encarnados é que Deus fez chegar ao plano físico a Doutrina Espírita. Ela é o oxigênio de que necessita a alma para não se afogar no materialismo. Desde que a Doutrina Espírita não ajude o homem a se livrar dos seus maus pendores, ela deixa de cumprir com o seu dever. Ninguém vai ao mundo físico sem um objetivo definido. Todos voltam ao plano material para cumprir mais uma etapa evolutiva. É necessário subtrair direitos e aumentar deveres; aí está a responsabilidade dos pais. A criança é um Espírito reencarnado, que mesmo em um corpo diminuto, faz parte da sociedade e um dia irá compô-la como cidadão repleto de deveres, ou, se mal orientado, repleto de direitos, e nocivo a ela, a sociedade. O Espírito tem de progredir e o Espiritismo ensina aos seus adeptos que o homem não pertence só ao mundo físico, mas nem por isso deve desrespeitá-lo e sim torná-lo melhor. Embora estando no corpo físico, ele tem de tentar libertar-se de tudo o que possa dificultar a sua liberdade. A Doutrina Espírita bem compreendida torna o homem livre e rico de valores. O Espírito é o dono do seu destino pelo livre-arbítrio outorgado a ele por Deus, e suas responsabilidades são intransferíveis. O Espírito encarnado, nos dias de hoje, tem ao seu redor uma sociedade materialista, onde os valores estão sendo mudados. O desrespeito ao corpo e à alma é algo tão comum que nem mais agride os que são religiosos. Estes nem sabem o que fazer diante de tanto despudor. Mas se os que crêem na evolução do homem não procurarem na reencarnação a causa dos tristes fatos atuais, não poderão ajudar a sociedade, que está doente com tanto desrespeito à família, acostumando-se com essa "modernidade", até achando que o povo é mais feliz, pois nunca se viu tanta liberdade. Mas quem busca o seu lado espiritual encontra na renúncia os seus direitos individuais, pela solidariedade e pelo amor ao próximo, e se torna um ser moral, um ser livre, graças ao mergulho em si mesmo. O homem é o dono da sua evolução, cabe-lhe, portanto, lutar por ela, e é tão fácil, porque se fundamenta na assimilação das leis de Deus. E como filhos d´Ele, temos por dever evitar fazer tudo o que é contrário às Suas leis. O Espiritismo coloca nas mãos do homem as verdades do mundo espiritual e o alerta para o perigo de se viver longe da moral divina. O homem que deseja ser feliz, principalmente o espírita, deve recordar-se de que a lei de Deus está escrita na sua consciência, e deve buscá-la o mais rapidamente possível, sem demora, pois a demora pode levá-lo a uma eternidade de sofrimentos. Por mais que o Espírito deseje apagar de sua consciência a lei de Deus, ela o acompanhará sempre; uma vez coberto de remorsos, sentirá o ranger de dentes. A finalidade do nosso departamento é orientar os espíritas para o progresso que ocorre a cada segundo e a necessidade de não estacionarmos, recordando sempre que um dia já fomos pedras e hoje, graças à evolução, somos homens cônscios de nossas responsabilidades. Como Espíritos-espíritas conhecemos a procedência do Espírito, de onde viemos e para onde iremos; sabemos que o Espírito é imortal, que o corpo físico é simples veste que apodrece, que não adormecemos no túmulo, porque o túmulo é apenas uma porta por onde teremos de passar para adentrar o mundo espiritual e que, ao fazê-lo, deixamos para trás tudo o que é material, até o corpo, que o Espírito habitou, enquanto encarnado. A Doutrina Espírita nos ensina que sem o Espírito o corpo de carne é matéria inerte, simples massa sem inteligência, mas que nos mundos superiores, para onde vão os bons, o corpo chega a ser diáfano e quase fluídico, como o perispírito. Nos mundos superiores, para onde vão os Espíritos bons, *a pouca resistência que a matéria oferece a Espíritos já muito adiantados torna rápido o desenvolvimento dos corpos e curta ou quase nula a infância*(...), portanto, nesses mundos é maior a duração da vida física, como nos esclarece *O Evangelho Segundo o Espiritismo,* Capítulo III, item 9.

Se ao espírita é dado o conhecimento da evolução dos Espíritos, por que não aproveitar todos esses ensinamentos e procurar mergulhar no mundo maravilhoso do Espírito com Deus e pedir a Ele que nos fortaleça, livrando-nos das tentações, para que cada um de nós tenha novas oportunidades e nossos Espíritos adquiram a evolução? Quando formos levados a um novo mergulho, a um novo corpo, que nossos Espíritos revistam-se de corpos cada vez menos materiais; que tudo o que aprendemos aqui possamos bem gravar para a eternidade."

Fez-se silêncio por um bom tempo. A música voltou a harmonizar aquele belo auditório. Nikolas levantou-se e nós o acompanhamos. A voz do irmão orador ressoava em nossos ouvidos:

"Senhor, seja feita a vossa vontade, assim na Terra como no Céu. Que todos os Vossos filhos se conscientizem de que a cada um foi dado um livro para ser escrito com as letras da evolução. Não importa quanto tempo transcorreu desde que saímos das Vossas mãos, só importa que hoje desejamos seguir à frente em busca de Vossos braços amigos e protetores. Assim seja."

XXV

A CEGUEIRA DO FANATISMO

Observando o nosso grupo, recordamos todos os nossos companheiros de aprendizado e demos graças a Deus por Ele ter-nos ajudado a bem aproveitar as oportunidades que nos foram ofertadas. O mal do ser humano é negligenciar os chamados do Alto. Quantos fogem de Deus por achar que a fé é inútil, mas, quando o desespero chega, não sabem como encontrá-la e saem em disparada atrás dos milagres. Benditos são aqueles que não temem servir a Deus e ao próximo. Todo homem tem um momento histórico que decide o seu futuro, quando define o que deseja e marcha em linha reta rumo às coisas de Deus. Nada é capaz de o demover da sua trajetória. Mas até ele se decidir, viverá balançando de um lado para o outro. Basta a esposa fazer as cobranças, que ele foge dos compromissos; basta o marido amarrar a cara para a mulher fugir de Deus. Duvidando, blasfemando, vão-se afastando dos seus compromissos espirituais. E não se enganem: todos os homens, encarnados ou não, assumiram um compromisso com Deus, porque cada ser deste planeta de expiação e provas é uma massa de argila moldável a todas as ambiências, que precisa tornar-se cristal de rocha, principalmente aquele que já foi apresentado ao Cristo, no caso aqui tratado, os espíritas. Quem uma vez conheceu o Cristo através da Doutrina Espírita jamais poderia afastar-se d'Ele. Nem ouvindo dos próprios Espíritos o que o espera no mundo espiritual, ele busca a transformação. Para quê? Está tão bom como está, para que mudar? Agora, quando chegam as dores, aí, acham que Jesus e os Espíritos têm porque têm de ajudá-los! E se existe alguém da família que se dedica a Deus e ao próximo, é incompreendido, maltratado, ridicularizado; quanto mais ele busca a sua melhoria, tanto mais aqueles que estão ao seu redor se distanciam. Entretanto, quando precisam, é ao "fanático" que pedem ajuda. Muito estranho... muito estranho... Os que servem ao Cristo possuem o mundo inteiro e sabem apreciar todas as suas belezas sem se escravizar a ele; pertencem ao mundo, mas o mundo não os fez prisioneiros.

Hoje, deparamo-nos com homens, mulheres e crianças alheios ao dia de amanhã, analfabetos das coisas espirituais, afundando-se no charco do materialismo. Suas contas bancárias estão recheadas de moedas mas suas almas, repletas de iniqüidades, nem se auto-analisam. Para quê? Em nada crêem; o amanhã é agora, que importa o depois?

— Em que pensa, Luiz Sérgio?

— No homem, Julienne, na sua ignorância.

— Por quê? Não entendemos...

— Julienne, não se concebe a quem se diz espírita continuar indiferente, trancafiado em casa, indo ao Centro Espírita apenas a passeio, mas permanecendo avaro, egoísta, grosseiro, maledicente, nervoso.

— Você está preocupado, Luiz...

— É que, às vezes, quando ouço as preleções espirituais, olho para trás e percebo que há várias pessoas que amamos fora do barco, ou sem querer pegar no remo; o tempo está passando e nós não podemos voltar para buscá-las, temos de seguir junto à caravana do Cristo, mesmo deixando muitas vezes o coração para trás.

Nisso, Nikolas parou em uma praça, onde várias pessoas oravam. Um irmão, muito emocionado, falava do Cristo, do Seu poder e da Sua glória.

— Esse irmão foi crente, Hugues?

— Foi. Hoje ele busca ajudar a todos aqueles que ele levou ao fanatismo.

Paramos, para melhor apreciar suas palavras:

"Irmãos, devemos tirar as muralhas, as cercas, as grades, em torno do Cristo, grades do fanatismo que nos fazem gostar do Senhor e desprezar os que O amam de forma diferente. Devemos amar e respeitar o Cristo naqueles que, como nós, precisam tanto d'Ele. Se antes pensávamos que quem não fosse dos nossos não era de Deus, hoje vemos como não O conhecíamos, pois foi o Cristo quem primeiro derrubou as muralhas, tirou as grades e ensinou aos homens o verdadeiro amor. Portanto, quem O segue não pode continuar cego pelo fanatismo, pois Ele jamais separa Seus irmãos. Ele estendeu as mãos ao centurião gentio; Madalena, a pecadora, recebeu de Jesus o mais belo olhar, o do perdão; Zaqueu, o publicano, ouviu o Cristo dizer: "Segue-me"; quanto à mulher adúltera, não Se achando com direito de condená-la, Jesus perguntou: "Quem vai atirar a primeira pedra?" E nós, por que o fazemos? À samaritana herética pediu água, deixando o exemplo para todos os Seus seguidores, pois todos eles são da Sua igreja, porque são Espíritos desejosos de se reformular, de se redimir e de se amar. Quem ama o Cristo verdadeiramente não briga em Seu nome, porque amando-O como Ele deve ser amado o coração dilata-se pelos belos sentimentos de amor e respeito ao próximo. Abaixo as guerras religiosas, as contendas de seitas, as divisões das igrejas, os ataques de uns aos outros. Vamos seguir o Cristo, não Lhe jogando pedras nem colocando-Lhe coroas de espinhos. Vamos segui-Lo, segurando as mãos uns dos outros, não perguntando a alguém qual a sua crença, mas sim olhando para frente e divisando os pés chagados do Mestre, abrindo as trilhas por onde caminharão todos aqueles que pelo Cristo estarão sendo levados ao Pai. *Suportai-vos uns aos outros e perdoai-vos mutuamente, se alguém tiver motivo de queixa contra outro. Assim como o Senhor vos perdoou, assim perdoai também vós. Acima de tudo isto, tende amor, que é o vínculo da perfeição. Reine a paz do Cristo em vossos corações. Por isso é que fostes chamados como um só corpo. Sede agradecidos. Habite entre vós, em toda a sua plenitude, a palavra do Cristo*(...)(*Epístola aos Colossenses*, Capítulo III, versículos 12 a 16)."

O pregador ainda permaneceu no local com seus poucos ouvintes.

— Por que ele prega em praça pública?— perguntamos ao Hugues.

— Ele busca os seus seguidores e os orienta sobre a vida espiritual.

— Notamos que os Espíritos que o escutavam eram bons Espíritos.

— Sim, apenas ignorantes da vida espiritual.

— Irmão, se aqui existem todas as igrejas do mundo físico, por que ele prega nas praças?

— Porque hoje não possui igreja fixa, pois sabe que o Cristo está junto a todos os que praticam o amor duplo, a Deus e ao próximo. Se ele retornar à sua igreja, voltará ao que era antes: apenas um pastor de poucas ovelhas. Hoje ele é o irmão de todos os que precisam, tornou-se um arauto do Senhor.

Fitamos, com carinho, mais uma vez, o irmão mostrando àquela platéia que o Cristo não divide, não separa os homens, mas luta pela unificação do amor a Deus.

Diante do que ouvimos, pensamos naqueles que em nome do Cristo atacam e ferem seus companheiros; dizem estudar os Evangelhos, mas parecem não os compreender.

— Desejam ir até seus alojamentos ou ouvir mais uma palestra?

Fomos o primeiro a responder a Nikolas:

— Desejamos aprender sempre e, para isso, nada melhor do que ouvir um bom palestrante.

Todos eram da mesma opinião, e a seguir estávamos em uma das inúmeras dependências da Universidade Maria de Nazaré. Sorri. Como nos eram familiares aqueles departamentos! Sempre íamos ali em busca de orientação, junto a bons e queridos amigos.

XXVI

A LUZ DO HOMEM NOVO

Quando adentramos o auditório, olhamos cada cadeira e nos recordamos dos nossos primeiros passos no mundo espiritual e das mãos que nos foram estendidas. Estávamos orando, quando irmão João deu entrada no auditório. Sorrimos de alegria, mas as lágrimas teimaram em nos molhar a face. Ele cumprimentou a todos:

"Boa noite, meus queridos amigos, meus queridos irmãos. Que a luz do Cristo nos guie nas veredas da vida, porque quem está com Ele jamais se desvia do caminho. Estamos aqui para alertá-los sobre o perigo por que passam todos aqueles que, ao mergulhar na carne, esquecem tudo o que aqui aprenderam e, pouco a pouco, vão-se tornando escravos do mundo físico. A Doutrina Espírita surgiu para tirar o homem do materialismo. Foram os Espíritos que se manifestaram para os homens, e não os homens que buscaram ou descobriram os Espíritos. Todos conhecem a história do Espiritismo, quando em um barracão de madeira em Hydesville, num pacato vilarejo do Estado de Nova York, iniciaram-se os primeiros contatos dos Espíritos com os encarnados. Estes fatos são os mais conhecidos, mas, se analisarmos melhor, veremos que o Espiritismo é tão velho quanto a própria Humanidade. Daquele lugarejo as notícias se alastraram. Era o início de uma nova era: o intercâmbio entre desencarnados e encarnados. Por que isso ocorreu? Simplesmente porque era chegada a hora prometida por Jesus Cristo: a de trazer até os homens o terceiro chamado. O primeiro foi através de Moisés; o segundo, de Jesus, e o terceiro, da Doutrina Espírita. Pois bem, os anos se passaram. O Espiritismo, com os fenômenos espíritas, formou uma doutrina disciplinada: a Doutrina Espírita, cujo intercâmbio com os Espíritos era analisado por eminentes homens, dignos e cultos, da época. Em França, berço do Espiritismo, a semente da Doutrina não estava sendo regada pela água cristalina do Evangelho do Senhor Jesus, por isso essa semente, já pequeno arbusto, foi transplantada para o Brasil, país este que tem por mentor o querido Ismael, nem anjo nem arcanjo, porém um bom e fiel filho de Deus. Logo surgiram no Brasil excelentes médiuns e grandes espíritas; homens e mulheres, que a quase tudo renunciaram foram agredidos, presos e, em conseqüência, fizeram sofrer os seus familiares. Mas a árvore do Evangelho era regada com as águas cristalinas da Doutrina Espírita. Os livros doutrinários saíram das gráficas e ganharam as mãos do povo. Os grandes espíritas brasileiros eram leais servidores do Cristo, admirados até pelos seus adversários, por serem exemplares pais de família, homens honestos e dignos. A Doutrina cresceu e muitas Casas Espíritas foram construídas. Médiuns humildes e honrados tornaram-se grandes arautos do Senhor, secando lágrimas, curando feridas. Paralelamente à luta pelo Cristo e pela Doutrina, veio o progresso e surgiram movimentos reivindicatórios, como o dos *hippies* e do feminismo; surgiu também a droga, com o desregramento do sexo livre, enfim, novos tempos. Acompanhando esse modernismo, a família, que antes freqüentava as igrejas — fossem elas quais fossem — começou a afastar-se delas, ficando órfã. A mulher liberou-se, igualando-se ao homem onde ele era mais falho: na sexualidade. As Casas Espíritas continuaram pregando o Evangelho, dando passes, cumprindo o seu papel, mas, do lado de fora, os seus inimigos gratuitos ganhavam asas; as outras religiões só atacavam os espíritas e por esse motivo, muitos, por vergonha, jamais admitiam pertencer à Doutrina. A maioria dos contraditores nem sabia diferençar espiritualismo e Espiritismo. Os poucos que acreditavam no intercâmbio dos mundos físico e espiritual tudo faziam pela divulgação doutrinária, porém sem muita preocupação com as transformações que vinham ocorrendo nos lares, que foram, pouco a pouco, tendo os seus alicerces corroídos pelos cupins do modernismo: droga, sexo, corrupção, liberação feminina. Muitos espíritas ainda dizem que não é obrigação da Doutrina salvar os jovens dos excessos sexuais e dos vícios; que os espíritas só devem defender a pureza doutrinária. Será que o Cristo, quando esteve no plano físico, pensava somente em defender o que pregava, ou Ele partiu em direção aos sofredores? Nós, como admiradores do Cristo, pretendemos estar com os pés nas Suas pegadas, pois até hoje nem uma falha descobrimos nos Seus ensinamentos. A Doutrina Espírita veio para mudar o homem, ela é o Consolador prometido por Jesus. Sendo assim, todos os que nela crêem não podem ignorar os fatos atuais, trancafiando-se entre quatro paredes; ao contrário, eles têm é de lutar por um mundo melhor. Se temos uma família que não crê nos Espíritos, precisamos tornar-nos espelhos translúcidos de bons exemplos para que o Cristo seja refletido em nós. Esta preleção tem por finalidade mostrar que os espíritas têm condição de se fazerem respeitados por todos aqueles que pouco crêem nos Espíritos. E para que tenhamos coragem de lutar contra o modernismo, vamos recordar-nos de Paulo, na *Epístola aos Romanos*, Capítulo XII, versículos 1 e 2:

1 *Transformai-vos! Meus irmãos, rogo-vos pela misericórdia de Deus, que ofereçais os vossos corpos em holocausto vivo, santo e agradável a Deus, assim será racional o nosso culto.*

2 *Não vos conformeis com este século*[6]*, mas transformai-vos pela renovação do vosso espírito, a fim de conhecerdes qual seja a vontade de Deus, o que seja bom, agradável e perfeito.*

O que alguns espíritas estão fazendo é conformar-se, isso é cômodo e fácil. São espíritas na Casa onde freqüentam, mas em seus lares as festas são regadas a fumo e a álcool; as suas filhas e netas requebram ao ritmo de músicas atuais pornográficas. Paulo manda: "Não vos conformeis com este século, mas transformai-vos." Podemos viver no mundo atual, mas não permitir que o lixo que assola a Humanidade adentre nossos lares. O que é preciso fazer? A transformação, transformar-nos em algo melhor, no que há de bom; evoluir. Deixar o mundo colher sem piedade as suas vítimas é comodismo, principalmente quando somos espíritas e já fomos batizados pelo Cristo. Alguns irão alegar: mas eu não fui batizado!... Para melhor compreender o batismo do Cristo, vamos buscar em *Atos dos Apóstolos*, Capítulo II:

1 *Quando se completaram os dias de Pentecostes*[7]*, estavam todos*

---

6 Todos os grifos são do autor espiritual.

7 *Nota do autor espiritual*: O Pentecostes era a segunda solenidade judaica. Significa qüinquagésimo, porque era celebrada cinqüenta dias após a Páscoa, para agradecer a Deus a colheita. Era a festa da messe e da promulgação do Sinai.

juntos no mesmo lugar;

2 *e, de repente, veio do céu um estrondo, como de vento que soprava impetuoso, e encheu toda a casa onde estavam sentados.*

3 *Apareceram-lhes, repartidas, umas como línguas de fogo, e pousou (uma) sobre cada um deles.*

4 *Ficaram todos repletos do Espírito Santo e começaram a falar várias línguas, conforme o Espírito Santo lhes concedia que falassem.*

Esta passagem espírita, só não a entende quem não quer, pois ela diz claramente: e começaram a falar várias línguas, conforme o Espírito Santo lhes concedia que falassem, afirmando que um Espírito era quem falava e que sem ele os apóstolos nada podiam dizer.

5 *Estavam então residindo em Jerusalém judeus, homens religiosos de todas as nações que há debaixo do céu.*

A manifestação tornou-se possível porque eram religiosos os que ali se encontravam.

6 *Logo que se deu este ruído, acudiu muita gente e ficou pasmada porque cada um ouvia falar na própria língua.*

Claro, se até hoje causa espanto uma manifestação mediúnica, imaginem naquela época...

7 *Estavam, pois, todos atônitos e admiravam-se, dizendo: Porventura não são Galileus todos estes que falam?*

8 *Como é que os ouvimos, cada um de nós, falar a nossa língua, (a do país) em que nascemos?*

9 *Partos, Medos, Elamitas, os que habitam a Mesopotâmia, a Judéia, a Capadócia, o Ponto e a Ásia,*

10 *a Frígia, e a Panfília, e o Egito e várias partes da Líbia, que é vizinha de Cirene, e os vindos de Roma,*

11 *tanto Judeus como prosélitos, Cretenses e Árabes; (todos) os ouvimos falar, nas nossas línguas, das maravilhas de Deus.*

Como é que os de outras crenças não crêem nas comunicações espirituais, mesmo pregando sobre o Pentecostes? Aqui está bem claro que os apóstolos, homens rudes, falaram vários idiomas, para espanto dos que ali se encontravam.

12 *Estavam todos atônitos e se maravilhavam, dizendo uns para os outros: Que quer dizer isto?*

13 *Outros, porém, escarnecendo, diziam: Estão embriagados.*

Eles não acreditavam na mediunidade dos apóstolos, como hoje os ditos estudiosos dos Evangelhos classificam os médiuns de loucos. Ontem, davam-nos a pecha de bêbados; hoje, de bêbados e loucos. Pouco mudou, não é mesmo? Aí surgiu Pedro, com sua dignidade, sua fé, sua força mediúnica. O apóstolo do Cristo, com palavras certas, deu a mais bela explicação sobre mediunidade, recordando as palavras do profeta Joel, no Velho Testamento.

Retornemos ao Capítulo II dos *Atos dos Apóstolos*:

14 *Então Pedro apresentou-se com os onze, levantou a voz e disse-lhes: Homens judeus; e vós todos os que habitais em Jerusalém, seja-vos isto conhecido e com ouvidos atentos ouvi as minhas palavras:*

15 *Estes homens não estão embriagados, como vós pensais, sendo a hora terceira do dia;*

16 *mas isto é o que foi dito pelo profeta Joel:*

Pedro perguntou ao povo judeu, que conhecia muito bem o Antigo Testamento: "Por que estão duvidando, se o que hoje está acontecendo já tinha sido previsto por Joel?"

17 *E acontecerá nos últimos dias (diz Deus) que eu derramarei o meu Espírito sobre toda carne; e profetizarão vossos filhos e vossas filhas, os vossos jovens terão visões, os vossos anciãos sonharão.*

18 *Naqueles dias, derramarei do meu Espírito sobre os meus servos e sobre as minhas servas, e profetizarão;*

19 *farei ver prodígios em cima do céu, sinais em baixo da terra, sangue e fogo, e vapor de fumo.*

[20] *O sol se converterá em trevas, e a lua em sangue, antes que venha o dia grande e glorioso do Senhor.*

[21] *Então acontecerá, em todo aquele que invocar o nome do Senhor, a sua salvação.*

Como Pedro foi feliz na defesa da sua mediunidade e da de seus companheiros, recordando as previsões de Joel! Por que os espíritas, quando atacados, se calam? Aqui fica bem claro que aqueles que não se transformarem sentirão a dor provocada pelos vícios da droga, do sexo e a revolta da natureza com suas chuvas, relâmpagos, tornados; enfim, a natureza devolverá ao homem o que o homem lhe ofertar. Ainda que os que ali se encontrassem não acreditassem na mediunidade dos apóstolos, não compreendessem e também não quisessem aceitá-la, Pedro continuou a falar dos Espíritos e da mediunidade. Para melhor explicação, ele citou o Cristo, que não morreu, querendo dizer ao povo que haviam sido os Espíritos dos ditos mortos que se manifestaram através deles; que ninguém morre; que os Espíritos existem, porém em outra dimensão. Disse Pedro:

[22] *Varões israelitas, ouvi estas palavras: A Jesus Nazareno, homem acreditado por Deus entre vós, por meio de milagres, prodígios e sinais, que Deus operou por meio dele entre vós; como vós sabeis;*

Pedro fez alusão à mediunidade de Jesus como o grande médium de Deus.

[23] *este homem que vos foi entregue, segundo os desígnios e presciência de Deus, vós o matastes, crucificando-o por mãos de iníquos.*

[24] *Mas Deus o ressuscitou e o livrou dos laços da morte; porquanto era impossível que por esta fosse retido.*

[25] *Porque Davi diz dele: Eu tinha sempre o Senhor diante de mim; porque ele está à minha direita, para que eu não seja abalado;*

[26] *por isto se alegrou o meu coração e exultou a minha língua, e além disto, a minha casa repousará na esperança;*

[27] *porque não abandonarás a minha alma na habitação dos mortos nem permitirás que o Teu Santo experimente a corrupção.*

28 *Ensinaste-me os caminhos da vida e me encherás de alegria com a vista da tua face.*

Neste trecho, Pedro fala da morte de Davi e da de Jesus, mostrando a diferença entre os dois corpos. E prossegue Pedro, dando uma aula sobre a mediunidade com Jesus:

29 *Irmãos, seja-me permitido dizer-vos francamente do patriarca Davi, que ele morreu, foi sepultado e o seu sepulcro está entre nós até o dia de hoje.*

30 *Sendo ele, pois, profeta e sabendo que Deus lhe tinha prometido com juramento que um da sua descendência se sentaria sobre o seu trono,*

31 *profeticamente falou da ressurreição de Cristo, que não foi deixado na habitação dos mortos, nem sua carne seria sujeita a corrupção.*

32 *A este Jesus ressuscitou Deus, do que todos nós somos testemunhas.*

Pedro explicou a diferença entre o corpo de um Espírito pecador e o de um Espírito sublimado, o caso de Jesus. E continuou Pedro a provar que foram os Espíritos que se manifestaram:

33 *Exaltado ele, pois, pela destra de Deus, e tendo recebido do Pai o Espírito Santo, que tinha prometido, ele o derramou (sobre nós) como vós vedes e ouvis.*

34 *Porque Davi não subiu ao céu*(...)

Pedro tenta explicar, nesta linda passagem, que os Espíritos podem comunicar-se com os homens; que o próprio Cristo não ficou no túmulo; que conversou com os encarnados mesmo depois de ter sido considerado "morto"; que a manifestação espírita que ocorrera no Pentecostes era um fato natural; que dali para adiante iria ocorrer sempre com todos os que buscassem o "batismo" do Cristo. Alguém poderia ainda perguntar: "Que batismo é esse de que fala Pedro?"

Voltemos aos *Atos dos Apóstolos*, Capítulo II:

37 *Ao ouvir essas coisas ficaram compungidos no seu coração e disseram a Pedro e aos Apóstolos: Que devemos fazer, irmãos?*

38 *Pedro disse-lhes: Fazei penitência; e cada um de vós seja batizado em nome de Jesus Cristo, para remissão de vossos pecados; e recebereis o dom do Espírito Santo.*

Aqueles homens, ao escutar as preleções de Pedro sobre Espíritos e mediunidade, desejaram tornar-se espiritualizados e indagaram a Pedro o que eles poderiam fazer para também receber o dom do Espírito Santo. E Pedro os aconselhou a penitência do batismo, isto é, a entrega aos trabalhos do Cristo, a renúncia às coisas temporais, a reforma íntima, a caridade para com todos. Pedro ainda diz:

39 *Porque a promessa é para vós, para vossos filhos, para todos os que estão longe e para quantos o nosso Deus chamar.*

Por isso os espíritas não podem brincar com a sua Doutrina; os espíritas têm de lutar pela verdade, só ela os salvará; os espíritas não podem ser apegados às coisas materiais, porquanto têm de dar sempre bons exemplos. Pedro ainda chama a atenção, no versículo 39, não só para a reforma íntima daqueles que ali se encontravam, mas também para que as suas palavras chegassem até a família daqueles que o estavam escutando, isto é, os que estão longe, e para quantos o nosso Deus chamar

40 *E, com outras muitíssimas palavras, os persuadia e exortava, dizendo: Salvai-vos desta geração perversa.*

Podemos constatar o esforço que Pedro fazia, para que aquelas pessoas pudessem compreender que era possível o intercâmbio entre os Espíritos e as almas encarnadas; que os jovens podiam ter visões e que os idosos receberiam as revelações através dos sonhos. Pedro, ao sentir que muitos se converteriam, falou-lhes: *Salvai-vos desta geração perversa.*

41 *Os que receberam a sua palavra foram batizados e ficaram agregadas naquele dia cerca de três mil pessoas.*

Quando Pedro aconselhou aquelas três mil pessoas a se livrar da geração perversa, queria ele dizer: fujam das coisas erradas que existem no mundo, fiquem longe dos que causam escândalos; que, para se salvar, o homem tem de se livrar da geração perversa, que naquele tempo já existia. Eram os que pregavam o orgulho, a vaidade, a violência, o desrespeito à família, eram aqueles que traíam, furtavam, matavam. Como vemos, desde que o mundo é mundo existe uma geração perversa e Pedro alerta: Salvai-vos. E como viveram depois daqueles dias os que batizados em Cristo foram?

42 *Perseveraram na doutrina dos apóstolos, nas reuniões comuns, na fração do pão e nas orações.*

43 *Toda a gente estava com temor, eram também realizados pelos apóstolos muitos prodígios e maravilhas em Jerusalém e em todos havia um grande medo.*

O medo, podemos traduzi-lo como respeito. Os convertidos tinham pelo Cristo e pelos Seus apóstolos muito respeito e admiração. Os apóstolos, usando suas faculdades mediúnicas, operavam maravilhas tidas como prodígios.

44 *Todos os que criam estavam unidos e tinham tudo em comum.*

O que hoje falta aos espíritas é a união, o respeito, a fé, o trabalho doutrinário. (...)*estavam unidos e tinham tudo em comum. Nenhum dos apóstolos era dono da verdade, e sim soldado do Cristo.*

45 *Vendiam suas propriedades e os seus bens e distribuíam o preço por todos, segundo a necessidade que cada um tinha.*

Faziam caridade, amavam-se uns aos outros, amparavam os que nada tinham.

46 *Todos os dias freqüentavam em perfeita harmonia o templo, e partindo o pão pelas casas, tomavam a comida com alegria e simplicidade de coração,*

47 *louvando a Deus e sendo bem vistos por todo o povo. O Senhor aumentava cada dia mais o número dos que estavam no caminho da salvação.*

No começo foi assim, o Cristianismo era o Cristo junto aos homens. Depois, a vaidade e o orgulho tornaram os ditos cristãos verdadeiros selvagens, brigando entre si. Em nome do Cristo levantaram exército contra exército, não aceitavam a pureza dos primeiros apóstolos, criaram as igrejas e, em conseqüência, ocorreram as divisões. Aí os Espíritos do Senhor manifestaram-se, como ocorreu naquele dia depois da Páscoa, que *de repente veio do céu um estrondo, como de vento que soprava impetuoso, e encheu toda a casa onde estavam sentados. Apareceram-lhes, repartidas, umas como línguas de fogo, e pousaram sobre cada um deles.*

Eram os Espíritos de volta ao plano físico, aconselhando os homens à penitência, que nada mais é do que a reforma interior, a limpeza do perispírito através das boas ações; a mudança dos hábitos antigos para a reforma necessária, como espíritas que desejamos tornar-nos, jogando fora as malas repletas das iniqüidades acumuladas por séculos e séculos. O tempo é agora. Como estudiosos da Doutrina, bem sabemos que só trazemos para o mundo espiritual o que está grafado na consciência; que tudo o que compõe a vida do homem encarnado no plano físico lá permanece. Os convertidos pelas palavras de Pedro *vendiam suas propriedades e os seus bens e distribuíam o preço por todos.* Hoje, não é pedido tanto, mas o espírita que não estende as mãos ao próximo não é bom servidor do Cristo. E se o Espírita ouvir o que disse Pedro: *salvai-vos desta geração perversa*, irá juntar as duas advertências, esta de Pedro e a de Paulo, quando disse: *Não vos conformeis com este século, mas transformai-vos pela renovação do Espírito.*

O que estamos esperando? Não que o espírita tenha de sair à rua convertendo pessoas e falando de salvação, não é isso o que nos alertam Pedro e Paulo. O que eles nos advertem é que não recuemos, amedrontados, com o que está oferecendo a geração perversa de hoje: o televisor, que traz a imagem deturpada de uma sexualidade animalesca; a morte da inocência, quando as mulheres expõem os seus belos corpos para serem admirados como objeto de luxo; as músicas, com letras pornográficas, que mesmo os espíritas ou outros ditos seguidores do Cristo deixam tocar em seus aparelhos de som e acham graça, porque as suas inocentes crianças se retorcem com gestos sensuais. Mas, que fazer? É moda!... Se forem contra, perderão o amor dos filhos e dos netos. As festas regadas a álcool e certas músicas modernas compõem o cenário de muitos lares ditos cristãos, incluindo alguns espíritas. Dessa geração perversa é que hoje estamos tratando, que, por covardia, conforma-se com este mundo e nada faz para transformar-se, com medo de tornar-se um pai, um avô, um tio fora de moda, fanático, quadrado, enfim, desprezado pelos familiares. Irão perguntar-nos: como deve proceder o homem espírita diante do modernismo? Como deve proceder em seu lar, quando filhos, noras, genros não são espíritas?

Sábio foi Pedro na sua pregação: *Salvai-vos desta geração perversa.* Se a nossa família prefere os erros do mundo ao Cristo, não somos nós, que n´Ele cremos, que vamos recuar; ao contrário, devemos impor a nossa fé, não com violência, mas com amor. Quando Paulo diz: *Não vos conformeis com este século, mas transformai-vos pela renovação do espírito*, a fim de conhecerdes qual seja a vontade de Deus, o que seja bom, agradável e perfeito, ele quer que passemos para nossa família o que temos no coração: a dignidade. Não tenham medo que lhes considerem caducos, porque quem se conforma com os erros marca passo na estagnação. Não que iremos revoltar-nos com os nossos familiares quando eles estão achando o máximo a sensualidade das danças das meninas e as roupas estranhas dos meninos. Temos, sim, de encontrar as palavras certas para mostrar-lhes como é triste o futuro dos que não têm respeito a si mesmos. Para isso, precisamos ter por companheiro o Mestre amigo, porque no Seu caminho só trilham os que não causam escândalo. O espírita-cristão não é conformista nem deseja reformar o mundo, mas está lutando para transformar-se em um Filho de Deus, por isso leva a Sua mensagem até a sua família. Nada é capaz de demovê-lo de sua trajetória. O espírita, convicto da sua fé, é um eterno trabalhador do Senhor, seja na Casa Espírita, no seu trabalho, na rua ou no seu lar. Talvez a Doutrina seja a única religião em que nada fica escondido, porque em se tratando dos Espíritos tudo tem de ser translúcido, principalmente o interior de cada um. Dizer-se espírita somente nas Casas Espíritas é muito fácil, é como ser apóstolo e não desejar tornar-se mártir. O espírita verdadeiro é aquele que se dedica à sua crença e tudo faz para que ela seja respeitada, principalmente pela sua própria família. Quem se diz espírita, mas morre de medo dos seus familiares, ainda não se encontrou com o Cristo; ouviu o chamado, mas não fez como Madalena que, ao encontrar Jesus, livrou-se dos belos trajes e das valiosas jóias e se pôs a caminho, fazendo o que Ele, o Cristo, fazia: beijava os leprosos e levantava os caídos. Madalena fez o que disse Pedro: *Salvai-vos dessa geração perversa.* Os pecados, os erros, as luxúrias, ela os encerrou no cofre da renúncia e tudo fez para se tornar uma convertida. Pedro renegou o nome do Cristo, mas depois do cantar do galo pôs-se a caminho, lutou e viveu para a obra do Mestre. Paulo era um perseguidor sanguinário, mas quando o Espírito de

Jesus o chamou: *Saulo, Saulo, por que me persegues?* ele jamais O esqueceu. E por que nós, Espíritos que já nos encontramos com Jesus na Palestina, quando éramos defensores do olho por olho, ainda não nos convertemos? Mesmo recebendo as três revelações, tendo a última bem junto a nós — a Doutrina Espírita —, por que continuamos procedendo como Judas Iscariotes, traindo o Mestre com palavras duras dirigidas aos nossos confrades? Se, como Judas Iscariotes, não gostamos da caridade e não aceitamos o lema: Deus, Cristo e Caridade, é porque nos julgamos os donos da verdade. Fazemos o que há quase vinte séculos os povos cristãos faziam: discutimos dogmas, promovemos desarmonia, enfim, não chegamos a um acordo com os próprios companheiros de fé. Enquanto alguns espíritas assim procederem, a bandeira da Doutrina Espírita estará com uma tarja preta, porque o Cristo deseja que o mundo conheça os Seus discípulos pelo amor que distribuem.

Levantemo-nos, espíritas, do sono do homem velho e acordemos para a luz do homem novo, da nova criatura com o Cristo. Somente através da transformação interior é que compreenderemos as manifestações dos Espíritos do Senhor que, como línguas de fogo, se manifestarão em muitos lugares, junto a crianças, jovens e velhos, e a todos será dada a oportunidade de conhecer um pouco da vida dos Espíritos. Feliz daquele que tentar a salvação, fugindo desta *geração perversa* que faz com que uma menina se prostitua, muitas vezes para comprar o pão para sua família; desta *geração perversa*, onde as autoridades são pressionadas para liberar a maconha; desta *geração perversa*, indiferente diante de um farrapo humano, aprisionado pelo vício; desta *geração perversa*, que levanta bandeiras em prol da liberação da mulher, tornando-a apenas um objeto de consumo; desta *geração perversa*, que através dos meios de comunicação prega os desvios sexuais, como se isso fizesse as pessoas felizes; desta *geração perversa*, que se aproveita da fama e dos aplausos de alguns, para pregar a morte das boas orientações familiares; desta *geração perversa*, que leva campanhas para os meios de comunicação, em prol do assassinato frio de inocentes, o aborto; *geração perversa*, onde algumas pessoas importantes pregam a liberação das drogas, quando estas transformam os homens em seres sem amanhã, sem sonhos, sem esperanças. *Salvai-vos desta geração perversa*, disse Paulo a três mil pessoas. Hoje, neste ano de 1997, nós lhes dizemos:

Transformai-vos! Meus irmãos, rogo-vos pela misericórdia de Deus, que ofereçais os vossos corpos em holocausto vivo, santo e agradável a Deus, assim será racional o nosso culto. Que Deus abençoe a todos nós, Seus filhos, e que cada um tenha forças para se tornar um espírita consciente das suas responsabilidades, longe, bem longe da vaidade, do orgulho, da avareza. Que Deus nos ajude, queridos irmãos. Assim seja."

Ficamos de cabeça baixa, escondendo as lágrimas que corriam pela nossa face. Fomos o último a nos retirar; quando o fazíamos, reencontramos vários médiuns encarnados que ali foram para ouvir a palestra do nosso irmão João, inclusive uma, que passou por nós, apressada, não querendo conversar. Pensamos: "que palestra necessária para muitos espíritas!" Estávamos observando os encarnados que foram ouvir a palestra, quando nossos olhos divisaram, em uma sala, os dizeres: "Nascer, morrer, renascer novamente e progredir sem cessar, tal é a lei." É, e muitos ainda julgam que seus corpos físicos são eternos. A tudo olhava como se fosse a primeira vez que ali nos encontrássemos. Ouvimos alguém pronunciar nosso nome:

— Luiz Sérgio! Nikolas se dirige ao plano físico para prestar auxílio aos Raiozinhos de Sol e colher informações sobre a problemática das drogas.

Era nosso amigo Hugues.

Nada falamos, mas confessamos que não nos sentimos animados em presenciar, novamente, o suicídio de jovens. Recordamos o Evangelho de *Lucas*, Capítulo XXIII:

27 *Acompanhava-os uma grande multidão de povo, entre eles também mulheres, que o pranteavam e lamentavam.*

28 *Voltou-se Jesus para elas e disse: Filhas de Jerusalém, não choreis sobre mim; chorai sobre vós mesmas e sobre vossos filhos.*

31 *Pois, se isto acontece ao lenho verde, que será do seco?*

O que mais se vê atualmente são filhos sem responsabilidade, repletos de direitos, que não respeitam ninguém. São os donos do mundo. Nunca se viu uma juventude tão estranha; as roupas parecem fantasias, os cabelos, os adornos, tudo fazem para serem diferentes das pessoas normais. Ele, Jesus, repleto das seivas da vida eterna, é o lenho verde; a humanidade pecadora, o lenho seco. Alguns adolescentes de hoje, apesar do corpo físico jovem, são plantas murchas, áridas, "almas penadas". *Filhas de Jerusalém,* mulheres mães, chorai antes a triste sorte dos seus jovens filhos, que vivem longe de Deus; Espíritos comprometidos, árvores sem raiz e sem frutos, parasitas das famílias, párias da sociedade. Como é atual esta passagem do Evangelho de Lucas! Quem trabalha junto aos jovens pode constatar como alguns deles vivem longe de Deus e em suas festinhas buscam fortes emoções, e a pior delas são as drogas.

Juntamo-nos aos outros e logo estávamos, acompanhados do Rayto, em uma grande cidade brasileira, num certo local onde a juventude gosta de se encontrar. Falamos a Julienne:

— Cada vez que nos aproximamos de um grupo que se droga é como se fosse a primeira vez, assustamo-nos muito.

O grupo visitado compunha-se de jovens e senhores de seus quarenta e até cinqüenta anos.

— Todos são dependentes da heroína — falou-nos Nikolas.

— Heroína? Como ela entra no Brasil?

— É tão fácil, que o seu preço cai a cada dia.

— E por que o grama não é tão caro?

— Para alastrar o consumo.

— De que é feita a heroína? — perguntou Julienne.

— A heroína é um opiáceo natural, substância derivada do ópio e produzida a partir da papoula.

Observando um jovem de seus vinte anos, inalando a droga, Julienne ainda perguntamos:

— É assim que se consome?

— Pode ser inalada, porém é mais consumida por via endovenosa.

— Ela causa mais dependência do que as outras drogas?

— É uma droga de alto risco, e a dependência física que provoca é quase imediata.

Naquele bairro chique da grande metrópole, os ditos liberados se suicidavam lentamente. Chegamos perto do jovem que preparava a seringa e ficamos esperando qual seria a reação do seu organismo: a pele ganhou vermelhidão e sua expressão fisionômica foi de total prazer. Depois ficou sonolento e a seguir, eufórico, para finalmente recostar-se na parede, em estado depressivo. Muitas horas ali permanecemos para estudar a influência da droga no organismo e o comportamento dos seus usuários.

— É possível alguém sair da heroína, Nikolas?

— Existe tratamento para todas as doenças, até para os dependentes da heroína.

— E o que se deve fazer por quem está viciado nessa droga?

— Nos casos mais graves, a internação e a introdução de medicação específica.

— E já existe no Brasil algum caso de paciente que quis ver-se livre dessa terrível droga?

— Muito mais do que as autoridades imaginam.

— O viciado tem condição de, de uma hora para outra, dizer: vou parar?

— Não, porque depois da última dose surge a necessidade de mais. Com a falta dela, o usuário começa a ter bocejos, sudorese, fraqueza, irritabilidade, tremores, insônia, diarréia, calafrios e câimbras.

— Só isso?

Os outros nos olharam, reprovando nossa brincadeira. Eles têm razão, o viciado é um morto-vivo, precisando ressuscitar para a vida. Naquele grupo visitado, todos eram dependentes da heroína. Rayto ia analisando e comentando para nós a euforia de uns e a depressão de outros e falava sobre o valor da vida, de como o homem tem compromisso com a sociedade. Tanto que ao nascer ele é inscrito no cartório, como cidadão que é. Ele não chega ao corpo físico e fica ignorado pela sociedade, não. Ele ganha um registro, depois é levado aos colégios, recebe carteira de identidade, enfim, faz parte dessa sociedade que ele, ao se drogar, agride e dela se afasta. Rayto prosseguia enaltecendo o valor da felicidade, dos sonhos, da concretização de um ideal. Pensamos: "será que eles estão ouvindo o Enoque?" Qual não foi o nosso espanto quando um dos doidões falou:

— Ajude-me a sair dessa! Pelo amor de Deus, ajude-me!

— Tenha a certeza de que não o deixarei. O irmão estava em nossas preces e encontrou forças para buscar socorro — prometeu Rayto, aproximando-se dele.

O mais velho dos viciados levantou-se, cambaleando, muito irritado, dizendo:

— Cale a boca, é muito fácil nos ajudar: só precisamos é de mais, muito mais.

Rayto falou:

— É necessário querer, para compreender. Impossível compreender o que não queremos abraçar. O que nos agrada de pronto compreendemos, por mais absurdo que seja. Veja o seu estado, irmão, o que lhe causa o vício, e ainda nos pede mais droga?

— Que deseja que eu compreenda? Que sou um fraco, um viciado? Sou apenas mais um viciado.

— Não. Para nós o irmão é um filho de Deus que novamente se desviou do caminho do Cristo.

— Quem são vocês?

— Somos amigos. Estamos aqui para ajudá-los.

— As suas palavras não entram em nossos corações, pois somos escravos do vício.

— Mesmo sendo viciado, é necessário que o seu coração ame para que a sua razão possa compreender.

— Compreender o quê?

— O quanto somos importantes para Deus.

— Sai dessa, cara! Não sou importante para ninguém.

— Engana-se, o irmão é um filho de Deus. Recorde-se disso para não chorar ainda mais amanhã.

— Como é fácil dar conselhos! Gostaria que você estivesse em meu lugar!...

— Tem razão, é fácil começar a reforma pela casa do vizinho. Mas nós, os Raiozinhos de Sol, antes de procurarmos limpar a casa do vizinho, limpamos a nossa própria casa.

— Você é um porre!

— Todo erro é cometido pelo elemento mental do homem. O que o leva a sair do caminho digno é a sua busca de aventuras, do desconhecido. O dia-a-dia, as coisas certas lhe parecem enfadonhas, isso porque o seu Espírito é fraco e não tem condição de alçar vôo, a não ser através da droga ou do álcool. O homem forte possui mente firme, que faz dele um ser seguro, e nada o leva à queda, nem amigos, mulheres, tristeza, alegria. Ele sabe o que quer. O seu intelecto é desenvolvido pela busca de outros valores e não pela picada de uma injeção, que o leva à condição de um ser irracional.

— Não podemos conter o uso.

Todos os viciados ficaram sonolentos com a pregação do Enoque. Ele não parou, continuou; foi quando um deles levantou-se e partiu para cima de Hugues.

— Você é policial? Se é, fale, pois vou-lhe quebrar a cara.

Rayto, muito tranqüilo, brincou:

— Pode bater nele, veja se consegue, pois ele é um Espírito.

— Quê? Espírito? Alma de morto?

— Sim, ele é um defuntinho amigo, pode crer.

— Não! Não! — gritou tão alto, que os outros acordaram.

Ele, gaguejando, falava:

— Alma de morto! Eles são almas do outro mundo!

Um dos viciados abriu os olhos e disse:

— Cara, como você exagerou na dose! Vamos com calma!

Ele fechava os olhos e gritava:

— Socorro! Socorro! Fantasma! Fantasma! E ele fala! E ele fala!

Um outro levantou-se, cambaleando. Aproximando-se de Julienne, falou:

— Se mande, guria, aqui não é lugar para você, e depois, se não vieram se drogar, o que estão fazendo aqui?

— Somos Espíritos e cuidamos dos drogados.

— O que você disse?

— Sim, seu amigo tem razão, somos Espíritos. Estamos aqui para ajudá-los a sair das drogas.

Ele apenas foi cerrando os olhos e desmaiou.

Ficaram tentando se ajudar. E nós, junto com Rayto, deixamo-los preocupados uns com os outros. Mas temos certeza que quando melhorarem dos efeitos da droga irão indagar: que será que aconteceu? Quem era aquela gente tão estranha que se dizia Espíritos, ou melhor, almas de outro mundo?

— Por que os bêbados e os drogados vêem os Espíritos? — indagamos a Nikolas.

— Sintonia, apenas sintonia ... — falou Rayto, rindo. Desculpe, Luiz, a brincadeira. O que faz os bêbados e os drogados verem os Espíritos é que seus corpos se desalinham, e com a alteração do seu sistema nervoso, eles têm condição de adentrar o mundo dos Espíritos, pois a violência do álcool e da droga é tão forte no seu organismo, que este quase expulsa o Espírito. O Espírito, mesmo no corpo físico, afasta-se muito, dando-lhe uma sensação de vertigem. Nesse momento, eles podem ver os Espíritos.

Ficamos ouvindo Enoque contando suas histórias e pelas suas palavras percebemos que a Espiritualidade não está tranqüila com as proporções alarmantes com que a droga vem se alastrando e como as organizações estão tomando conta das grandes cidades.

— Se as autoridades competentes não tomarem providências, ninguém segurará o tráfico no Brasil. Sendo o nosso país geograficamente grande, torna-se fácil a entrada das drogas, principalmente as mais violentas — ressaltou Rayto.

— O que deve fazer a família para resguardar seus filhos?

— Manter guarda constante, com conversa amiga e esclarecimento para o perigo de uma dependência.

— Irmão, mas nos colégios ninguém olha ninguém. Já vimos algumas escolas vendendo bebidas alcoólicas para as crianças e ninguém fez nada.

— Você tem razão. Depois da droga, o consumo do álcool cresce assustadoramente. Em quase todos os lares está-se tornando comum o seu consumo. Muitos casos de alcoolismo entre os jovens são causados pelo mau exemplo dos pais. Como proibir meu filho de beber, quando eu me embriago? Os pais têm de tornar o lar uma universidade de valores. A família que não educa seus filhos é uma família sem rumo. Quando as crianças estão pequenas e ainda não afluíram suas tendências, é mais fácil educá-las. Entretanto, quando elas crescem, aí é que os pais se assustam: os bebês de ontem hoje só lhes causam dor e sofrimento. E ai dos pais que cobrarem dos filhos um bom comportamento! Serão agredidos, porque seus filhos não foram educados. Criar é uma coisa, educar é outra. Infelizmente, vemos que poucos foram educados pelas suas famílias. Muitos filhos o mundo é que tenta educar, mas para isso bate muito, e bate para machucar.

Despedimo-nos dos Raiozinhos, mas sempre juntos estaremos.

XXVII

O CAMINHO ESTREITO

Quando deixamos o grupo do Enoque, grupo que tanto ajuda os viciados e suas famílias, indagamos ao Nikolas se poderíamos visitar nossa família carnal, pois andávamos preocupado com a saúde do meu pai e de outra pessoa, que logo o corpo agredido dará o grito de alerta. Queira Deus que quando isso acontecer não seja tarde, a família já tenha encontrado a porta estreita de Jesus. E por falar na porta estreita, vamos recordar-nos da citação:

13 *Entrai pela porta estreita, porque larga é a porta, e o caminho que leva à perdição, e muitos são os que entram por ela.*

14 *Que estreita é a porta, e que apertado o caminho que leva à vida, e quão poucos são os que acertam com ele* (*Mateus*, Capítulo VII, vv. 13 e 14; *Lucas*, Capítulo XIII, v. 24).

"O caminho se estreita cada vez mais", sempre diz Francisca Theresa, e com razão. E Jesus ainda fala que é apertado o caminho que leva à vida e poucos os que acertam com ele. O caminho se estreita para os viajantes que têm de jogar fora tudo o que lhes é inútil, que precisam dedicar-se de corpo e alma ao serviço do Cristo, que não têm dúvidas quando chamados. (...) *E quão poucos são os que acertam com ele! É espaçoso o caminho que leva à perdição, e muitos são os que entram por ele.* Poucos irão perseverar como leais seguidores do Cristo. Foi no tocante a este fato que Jesus proclamou que muitos são chamados, mas poucos os escolhidos. Pensam que é mais fácil não assumir compromissos com a Espiritualidade do que batalhar pelo próprio crescimento espiritual e o do seu próximo. Jesus é quem nos fala que poucos são os que escolhem o caminho estreito, porque ali a caminhada é árdua, a senda é cheia de espinhos, de pedras e outros percalços. O caminho estreito é um acesso à responsabilidade, ao trabalho, à disciplina, ao equilíbrio; não é um caminho sem obstáculos. Eles existem e muitas vezes até nos parecem intransponíveis, mas é o caminho certo, porque Jesus é o nosso condutor, e os viajores têm a certeza de que se aproximam cada vez mais de Deus. Os que desejam aproveitar a vida gostam do Cristo, mas não querem assumir compromissos mais sérios com Ele; aí, buscam a porta larga, onde encontram o caminho da perdição, que torna o homem orgulhoso, avaro, violento, maledicente, impaciente, egoísta. E o ser se torna irresponsável, repleto de intemperança, vícios, vaidades terrenas, desequilíbrio... Aqueles que fazem a escolha da porta larga ficam inebriados com as vantagens transitórias que o mundo oferece, dentre elas os gozos mundanos, a ociosidade; mas, em contrapartida, dia após dia destroem os seus valores morais, tornam-se passíveis de penosos resgates nas vidas futuras e deixam de cumprir o plano de Deus, ao passarem em vão pela atual reencarnação. Aquele que admira o Espiritismo, ou que está lutando para se tornar um espírita-cristão, pode ainda hoje encontrar dificuldade para transpor a porta estreita, mas à medida que se aproxima do Cristo, mesmo desfrutando de uma vida cercada de todo conforto, vivendo no luxo e tendo todas as comodidades que a sua posição social oferece, deve refletir; e que Deus o ajude a decidir pela mudança de roteiro e, com passos firmes, adentrar pela porta estreita e encontrar o caminho estreito de Jesus, o único que nos leva a Deus. Nesse caminho, teremos penosas jornadas, porque freqüentaremos lugares de dor e de miséria, sofrimento e lágrima, mas o nosso olhar refletirá a paz da consciência, porque não seremos mais nós que viveremos, mas, como disse Paulo, é o Cristo que viverá em nós. Esqueceremos as próprias preocupações, as pequenas desavenças familiares, alguns desencontros físicos, enfim, tornar-nos-emos leais trabalhadores do Cristo. Não compreendemos como pode alguém que encontra o Espiritismo, que desfruta da assistência espiritual dos Espíritos, permanecer indiferente ao chamado, sem procurar jogar fora a vaidade, o orgulho, o egoísmo. Chega à Casa Espírita e não respeita o seu estatuto e, quando alertado pelos Espíritos, diz que nem tudo deles aceita, porque os Espíritos o convidam à reforma íntima, à caridade, à humildade. O Espiritismo, com sua estrutura doutrinária, tem condição de conduzir a Humanidade, mas a tarefa exige suor e lágrima. Não será somente munido de boa vontade que o espírita marcará presença por onde passar. Para que isso aconteça, o trabalho será árduo, chegando até ao sacrifício de muitas comodidades. Infelizmente, muitos fogem da luta, ficando à margem do caminho, ou, revoltados, acusam os que têm força e fé, porque os fracos, temerosos diante das grandes responsabilidades, desistirão. Agora, os verdadeiros seareiros espíritas perseverarão no caminho estreito de Jesus, embora cansados, muitas vezes alquebrados, mas possuidores da fé que transporta montanhas, porque ao espírita foi dado conhecer a existência do mundo espiritual e suas relações com o mundo material. Por isso, a missão dos espíritas é mais sublime do que eles imaginam. Muito será pedido a todos aqueles que um dia adentraram a Doutrina Espírita, mesmo que tenham sido levados pela dor ou pela curiosidade.

Mergulhado nos nossos pensamentos nem percebemos que não estávamos sozinho: os nossos amigos nos acompanhavam de longe.

— Por onde vagavam os seus pensamentos?

— Na bela estrada do Mestre — falamos, sorrindo.

Aí o grupo cantou a música de Rosália, *Estrada do Mestre.* Nikolas disse-me:

— Sérgio, pode dar uma chegada em seu lar, nós o esperaremos.

Em casa, tudo nos pareceu em ordem, só a saúde do Júlio não andava muito boa, mas esperávamos que logo ele se sentisse melhor, assim como todos os nossos. Não demoramos muito em casa, logo nos juntamos ao grupo, que assistia a uma palestra em um Centro Espírita. O orador, muito entusiasmado, gritava e mandava todos para o umbral, ameaçando a cada pecador; coçava o nariz, colocava as mãos nos bolsos, abotoava e desabotoava o colarinho, enfim, denotava grande nervosismo. Olhamos o Nikolas para lhe indagar se aquela postura era a certa, mas ele, em total respeito ao orador, nem se mexia, o que nos levou a fazer o mesmo. Depois o palestrante começou a brigar com todos aqueles que choram com saudade do seu ente querido que desencarnou. E continuava ele a pregar que é desnecessária a visita aos túmulos, pois os Espíritos não estão ali enclausurados. E assim criticava os espíritas com pouco conhecimento da Doutrina. Logo que terminou a palestra, Julienne perguntou a Nikolas:

— Irmão, é certa a postura desse palestrante, ajeitando o vestuário a todo momento, ou coçando o nariz? E o assunto, foi escolhido o melhor para ser explanado?

— Não somos instrutores de palestrantes, irmã, entretanto, o que vimos hoje julgo não ser prudente. O orador tem de transmitir equilíbrio, e quem está-se coçando ou se ajeitando não está equilibrado. Depois, não se deve apresentar uma Doutrina ameaçadora, e sim orientar o público para o perigo dos atos indignos. Quanto à comemoração do dia dos mortos, é gratificante para os Espíritos a lembrança dos que ficaram no plano físico. Isto lhes dá felicidade, eles gostam de ser lembrados. Alguns podem achar que é desnecessário ir aos cemitérios para visitar os túmulos; outros são de opinião de que suas visitas são agradáveis ao Espírito que partiu. Nós, particularmente, achamos que cada um deve fazer o que manda o seu coração. Aliás, não vemos nenhum mal em alguém sentir saudades e desejar prestar uma homenagem. As visitas feitas aos túmulos apenas manifestam o respeito, o amor e a saudade pelo que restou daquele que viveu uma história ao seu lado. Olhando o túmulo, o encarnado traz à lembrança aquela figura querida, mesmo que o seu Espírito esteja ausente; é a vontade de sentir de novo a presença do ser amado. No entanto, depende muito do estado evolutivo do Espírito, se ele tem condição de apreciar ou não as lembranças e as recordações daqueles que ficaram. Uns podem perturbar-se, outros ficam agradecidos pelas preces feitas, pelo sentimento de saudade. Sendo o Espiritismo uma Doutrina libertadora, devem os bons espíritas repelir quaisquer julgamentos referentes ao comportamento dos familiares saudosos? Aos espíritas não é dado o direito de julgar nem de atirar pedras; o que pode o espírita fazer é orientar sobre as desnecessárias encenações e rituais, mas só se for solicitado a isso e não sair por aí tentando mudar as convicções religiosas dos nossos companheiros de outras crenças. O Espiritismo não adota esses atos exteriores. O homem um dia irá compreender o que é a morte, e como proceder diante dela. O Espiritismo propicia um quadro bastante diverso sobre a morte, dando-lhe um novo aspecto. Os que ficam julgam que jamais voltarão a contar com aquela convivência. Daí por que se desesperam.

— Nikolas, um palestrante não pode amedrontar, não é mesmo?

Ele sorriu:

— O melhor, Luiz, é o Centro Espírita oferecer cursos de oratória e buscar pessoas capazes para ministrar esses cursos, aproveitando os integrantes da própria Casa, porque muitas vezes convidamos irmãos que distantes se encontram das necessidades dos seus freqüentadores. Há Casas onde os freqüentadores precisam ouvir sobre caridade; quantas existem que os seus freqüentadores gostam de uma cervejinha e precisam ouvir sobre o perigo do álcool; em outras sobre a maledicência. Enfim, cada hospital de Deus precisa de um tratamento especializado. Por isso não é qualquer assunto que poderá ser abordado.

— Você quer dizer que cada Casa deve receber orientação específica?

— Sim, mas isso não impede que sejam convidados palestrantes de outros Centros.

E assim, despedimo-nos da Casa Espírita, olhando cada irmão que transitava pelas suas dependências, e oramos a Deus por todos aqueles que um dia tiveram a coragem de ouvir o chamado do Cristo e não ficaram à beira do caminho; com os pés chagados estão prosseguindo sua escalada evolutiva.

XXVIII

O ESTUDO DA DOUTRINA

— Para onde vamos agora? — perguntamos.

— Para mais uma Casa Espírita — respondeu, sorrindo, Nikolas. Lembre-se de que estamos de folga e vimos ao plano físico acompanhá-lo.

E assim, logo estávamos em um outro Centro Espírita. A limpeza, sendo uma obra de Deus, naquela Casa imperava. O vaivém de crianças, jovens e adultos dava-nos a impressão de que estávamos em uma universidade. Olhamos aquele movimento e adentramos um grupo do Estudo Sistematizado da Doutrina Espírita; o orientador tornou a aula bem dinâmica. Hugues falou:

— Não se concebe uma Casa Espírita sem o Estudo Sistematizado. Este estudo unifica os grupos da Casa, tornando-os harmoniosos. O que desequilibra um Centro Espírita é cada dirigente de grupo colocar as suas próprias idéias e, sem critério, adotar muitos livros, alguns não confiáveis. Antes do Estudo Sistematizado os dirigentes de grupo ficavam longe das obras básicas e adquiriam o hábito de só comentar livros de mensagens — não que estes não sejam úteis, mas os de estudo são mais necessários para os aprendizes.

Você tem razão, já vimos dirigentes de grupos de estudos levando os freqüentadores da Casa a carregar muitos livros em mochilas, fazendo com que senhores e senhoras de cabelos brancos voltem à idade escolar. O Estudo Sistematizado, quando bem elaborado, dá ao aluno segurança e disciplina.

Ficamos assistindo àquele estudo tão bem planejado. Gostamos muito e não compreendemos por que certas Casas Espíritas não o adotam. Por falta de instrutores? Não sabemos; feliz do iniciante espírita que sobe degrau por degrau. Como é triste vermos pessoas sem conhecimento brincando com os Espíritos!

— Por falar nisso, soubemos que você, Luiz Sérgio, vive freqüentando quase todos os grupos mediúnicos de estudo e de cura desse Brasil afora. É verdade? — quis saber Julienne.

— É, Bezerra de Menezes que se cuide. Assim dizem os falsos videntes.

— Então não é verdade?

— Claro que não. O espírita, o médium espírita, tem de estudar para não dizer barbaridade. Podemos ir algumas vezes a um grupo de cura, mas esse trabalho é serviço específico para os médicos, enfermeiros e auxiliares, não sendo necessária nossa presença. Freqüentamos mais os grupos de estudo, levando Espíritos ou grupos de ajuda perispiritual, para auxiliar os recém-desencarnados. Os médiuns têm de diferenciar, ou melhor, conhecer a escala dos Espíritos. Por que iríamos a um grupo de cura de encarnados, se não somos médico? Podemos aparecer uma vez ou outra em um Centro, quando precisamos levar alguém para ser tratado; afora isso, temos muitos outros afazeres, e ainda não possuímos capacidade de curar alguém. O que mais depõe contra a Doutrina Espírita são as revelações feitas por médiuns doentes. Por isso sempre convidamos todos a buscar o estudo da Doutrina. *O Livro dos Médiuns* é um grito de liberdade para todos aqueles que possuem o dom de servir de porta-vozes dos Espíritos. Se alguém lhe disser que estamos curando, não creia. Somos ainda um Espírito lutando pela cura através da evolução, repleto de boa vontade, mas andando passo a passo, sem pressa, em direção ao Mestre. Compreendemos que muitos nos querem bem e por isso gostariam de ver o nosso nome escrito junto aos grandes Espíritos; mas não tenham pressa, deixem-nos andar devagar nas sarjetas da vida, ao lado dos sofredores, toxicômanos, alcoólatras, adúlteros, violentos, infelizes, enfim, nos umbrais da vida. Ainda não conseguimos o cajado iluminado que compõe as mãos de um Bezerra de Menezes, de uma Francisca Theresa, de uma Joanna de Ângelis, de um Léon Dennis, de um Emmanuel, todos aqueles que iluminados tornaram os seus passos. Nós somos um viajor cujos pés lutam para dar passos firmes sempre na direção de Deus.

Os nossos amigos nos abraçaram e cantamos a música "Jovem Espírita"[8], de nossa autoria:

Sou jovem espírita,
Sou jovem cristão,
Buscando a fé,
Na luz da razão.

BIS Estribilho

Meu mundo é florido,
Se chama amor,
A cada livro bem lido,
Estou junto ao Senhor.

Ninguém me ilude,
Porque sei discernir,
Estudando a Doutrina,
Jamais vou mentir.

ESTRIBILHO

A Doutrina me ensina,
A obrigação moral.
Em cada companheiro,
Um amigo leal.

Na casa de Cristo,
Vivemos a aprender,
Que a pureza doutrinária
É cumprir com o dever.

ESTRIBILHO

8 N.E. — Partitura da música no final desta edição.

XXIX

JUVENTUDE SEM DEUS

Íamos varando os canteiros do mundo físico, quando passamos por um lugar freqüentado pelos jovens da cidade. A maioria portava na mão uma lata de bebida. E para surpresa nossa, eram quase crianças. Ali tinha de tudo: droga, álcool e sexo. Nikolas falou:

— E a maioria não trabalha, vive da mesada dos pais.

Olhamos aquelas crianças de seus treze anos ingerindo bebida alcoólica, no centro da grande cidade. Pedimos a Nikolas para nos aproximar daquele grupo e com pesar constatamos que aqueles jovens não conheciam os limites da vida. Para eles, tudo era permitido. A tudo observávamos, principalmente o lado espiritual. Espíritos vampirescos se mantinham colados àqueles irmãos tão distantes de Deus. As mocinhas, de seus quinze anos, fumando e bebendo, rindo, felizes, não se davam conta de que tinham ao seu lado as mais estranhas figuras.

— Podemos fazer alguma coisa, Hugues?

— Não, Luiz Sérgio, esse serviço é dos Raiozinhos de Sol, mas eles também podem fazer muito pouco. E o pior é que essa juventude que tudo tem, desde computadores, aparelhos de som, instrumentos musicais, até carros de luxo, ainda assim, acha que nada possui. Muitos deles chegam a odiar os pais e nenhum sentimento nutrem pela família.

— Não é possível isso, Hugues!...

— Verdade! Essa juventude, no fundo, sente-se infeliz, porque não tem uma família que se preocupe com ela. Filho, Luiz Sérgio, adora saber que existe alguém que vele por ele. Esse excesso de liberdade transmite aos filhos a incapacidade dos pais. Nenhum filho gosta de ver fraqueza nos pais. Todas as crianças e jovens sonham e cultuam heróis, e um dos seus maiores ídolos devem ser os seus pais. Infelizmente, hoje, uma boa parte não encontra tempo para se dedicar à educação dos filhos; a busca de bens materiais está acima da responsabilidade com a família. Mas ninguém pode viver só de conforto material, porque todos somos Espíritos necessitados dos bens espirituais. Quando a família fica longe de Deus, falta aos filhos o oxigênio do amor e da disciplina.

— Não sabíamos, Hugues, que você entendia tanto de família.

— Luiz Sérgio, quem trabalha para o seu crescimento espiritual também tem de pensar no crescimento espiritual de todos os seus irmãos.

— Tem razão. Por isso não compreendemos por que as autoridades ficam alheias a esses bares, cujos donos não respeitam a lei e vendem bebidas alcoólicas para menores de idade. Será que seus filhos também são dependentes do álcool e dos tóxicos?

— Quem sabe? Muitas vezes são os próprios pais que levam os filhos as vícios.

— Sabe, Hugues, quando iniciamos o trabalho com os Raiozinhos de Sol, o nosso primeiro livro foi bastante combatido, achavam-no fantasioso. Hoje, a droga chega às mãos das crianças de todas as idades, assim como o álcool e o tabaco. As gangues se multiplicam e os diretores dos colégios se calam quando estes são invadidos pelas gangues de outros colégios. E elas aumentam cada vez mais, com os traficantes aproveitando a violência desses jovens, para fazê-los seus representantes dentro das salas de aula. Quando o bom menino não aceita as drogas, é espancado por esses jovens doentes. Mas dizem que maconha não faz mal e que não existem gangues...

— Luiz, se a família não se fortalecer através da fé, se as mulheres não voltarem a se preocupar com seus filhos, nós nos defrontaremos com grandes tragédias, e uma das mais terríveis é o ódio dos filhos pelos pais, chegando a matá-los.

Nisso, nosso amigo Nikolas nos chamou. Lançamos ainda um olhar àqueles meninos se "divertindo" e nos perguntamos: "será que os pais desses garotos estão em casa tranqüilos?"

— Luiz, antes de voltarmos às nossas colônias vamos conhecer outras Casas Espíritas?

— Eu adoraria, porque em muitas delas encontramos pessoas que abdicaram da própria vida para servir ao próximo.

— Tem razão. Hoje, vamos visitar uma Casa muito humilde, mas que presta um grande serviço àqueles que a buscam.

Ao chegarmos, chamou-nos a atenção a sua simplicidade, a construção modesta, cuja limpeza oferecia aos Espíritos condição de trabalho.

— Nikolas, por que algumas Casas Espíritas não se preocupam com a limpeza das suas dependências? Será por falta de trabalhadores?

— Não é falta de trabalhador, porque os próprios freqüentadores podem se encarregar de manter o Centro limpo e bem cuidado. Nada há mais desagradável do que uma Casa Espírita com os vidros quebrados, as paredes sujas e descascadas. O seu presidente deve zelar por ela. Não é só de dinheiro que ela precisa, mas também de obreiros. Se todos cooperarem, o trabalho não será pesado para ninguém.

— Mas criou-se uma lenda de que as Casas Espíritas têm de ser humildes!... — interveio Julienne.

— Casa Espírita sem humildade não é Casa Espírita, mas humildade não é sinônimo de sujeira, tampouco de desleixo. O desleixo denota falta de organização e de amor à Casa. Se forem criados mutirões para a sua conservação, com certeza irão aparecer excelentes confrades, pessoas que desejam realmente auxiliar! E nada melhor do que o trabalho como terapia para ajudar os que estão passando por momentos difíceis.

— E quando na Casa há um movimento diário intenso, passando por ela muitas pessoas, não se torna difícil a sua manutenção?

— Não. Sempre temos de tirar um dia para a faxina; ela é necessária, principalmente quando possui grande freqüência.

— Nikolas, está escrito em algum lugar que as Casas Espíritas têm de funcionar com os entulhos dos seus freqüentadores?

— Não entendemos...

— Existem espíritas, Nikolas, que substituem as luminárias dos seus lares e doam para o Centro Espírita aquelas que não lhes servem mais. Assim, vão levando para o Centro as mesas, as cadeiras, enfim, todas as mobílias que não desejam em seus lares.

— Se essas mobílias não estão quebradas e podem ser aproveitadas, nada vemos de mais. Agora, doar ao Centro o que nem conserto tem, aí eles nunca terão uma Casa Espírita apresentável. Devemos tornar o nosso Centro um prolongamento dos nossos lares, um recanto de paz, um hospital de almas, enfim, um lugar confortável, onde nos sentiremos em nossa própria casa.

— Mas dizem que os espíritas têm de ser humildes...

— A humildade está na alma, e não nas coisas materiais. Um homem pode viver em um palácio e ser humilde, e outro pode viver em um barraco e ser orgulhoso. Pobreza não é mérito nem riqueza é demérito. As duas são oportunidades a serem aproveitadas, são momentos da vida do Espírito encarnado. A humildade é mais, muito mais do que julgamos. A humildade é como um bom perfume: recende por onde passa, não está na roupa nem na aparência. A humildade é o passaporte para a eternidade guardado em cada consciência. Casa Espírita com Jesus é jardim do amor e da paz. Pode até ser um casebre, mas limpo, bem cuidado.

Em *O Evangelho Segundo o Espiritismo* encontramos no Capítulo XVII — *Sede Perfeitos* — item 10: *O homem no mundo*, uma bela explicação de um Espírito protetor (Bordeaux, 1863):

(...)*Não imagineis, portanto, que, para viverdes em comunicação constante conosco, para viverdes sob as vistas do Senhor, seja preciso vos cilicieis e cubrais de cinzas. Não, não, ainda uma vez vos dizemos. Ditosos sede, segundo as necessidades da Humanidade; mas, que jamais na vossa felicidade entre um pensamento ou um ato que o possa ofender, ou fazer se vele o semblante dos que vos amam e dirigem.*(...)

Transcrevemos este trecho por ser muito proveitoso para todos nós. Nisso, paramos de conversar, pois iniciaram-se os trabalhos. Muitos ali estavam em busca de notícias dos seus entes queridos e elas chegaram, dando conforto e alegria àqueles tristonhos corações. Quando recebiam as mensagens, indagavam se teriam de pagar alguma coisa. E logo recebiam a resposta:

"O Cristo nos deixou o ensino, em *Mateus,* Capítulo X, versículos 8 a 10:

8 *Curai os enfermos, ressuscitai os mortos, limpai os leprosos, expeli os demônios. Dai de graça o que de graça recebestes.*

9 *Não queirais trazer nas vossas cinturas nem ouro, nem prata, nem dinheiro.*

10 *Nem alforje para o caminho, nem duas túnicas, nem sandálias, nem bastão; porque o operário é digno do seu alimento.*"

Os que não estavam acostumados a esses atos de honradez dali saíram deslumbrados. Já havíamos visto esse filme várias vezes: a busca de notícias dos que partiram, a saudade, a vontade de saber o que estão fazendo na Espiritualidade, mas confessamos, amigos, que poucos desses irmãos ficam na Doutrina Espírita. Sabem por quê? Não desejam mudar. A caridade, fazem-na enquanto dura a saudade, enquanto o coração está dorido, mas quando param as mensagens, eles desaparecem.

Pudemos perceber ali alguns fatos interessantes, para não dizer cômicos. Eram alguns maridos desencarnados, em total desespero, não desejando dar notícias às esposas, que lhes infernizaram a vida; do mesmo modo as mulheres, que quando encarnadas eram agredidas e desprezadas pela família, e agora a família, com remorso, buscava os médiuns atrás de notícias da esposa e mãe dos seus filhos. Uma irmã idosa, desencarnada, aproximou-se do médium, com o intuito de mandar uma mensagem para a filha. O encarregado do trabalho alertou-a de que tudo obedecia a uma disciplina do Departamento de Psicografia da Espiritualidade. Um tanto zangada, ela disse ao instrutor que o seu desejo era escrever uma carta malcriada para a filha e os netos, que muito a maltrataram e que agora choravam de remorsos. Lembrou as muitas vezes em que ficou trancada no quarto, nos dias de festa, para não perturbar a família.

Vimos também um senhor, de seus cinqüenta anos, bastante nervoso, pois a esposa esperava por uma notícia sua, e ele dizia ao instrutor que não suportava mais a insistência dela, que perambulava por todos os Centros

Espíritas em busca de notícias dele, enquanto já viviam há uns dez anos praticamente separados, embora sob o mesmo teto, pois ele tinha outra família e a sua segunda mulher, com quem conviveu durante onze anos, apenas chorava de saudade, não o perturbava, como fazia a primeira. O instrutor orientou-o a escrever-lhe pedindo que ela cessasse a busca de mensagens, porque ele precisava de sossego. E assim aconteceu. A esposa leu a mensagem e foi-se transformando. Dizia para a amiga:

— Cachorro! Continua o mesmo. Como pude perder tanto tempo com esse traste ruim?

E foi saindo, furiosa. Reparamos que nem todos saíam satisfeitos. Chegavam até a dizer que o médium era um mistificador, pois não eram todos os desencarnados que por ele mandavam mensagens. Diante daquele médium, um trabalhador incansável da Doutrina, pensamos: "como é difícil para os Espíritos dizerem à sua família o que hoje pensam e como vivem!"

Outros fatos poderíamos aqui descrever, alertando os que ficaram quanto às suas atitudes para com os que partiram. O grande mal do encarnado é julgar que quem desencarna muda de personalidade, que o violento fica manso, que o manso fica violento, que o que não o amava mais, com a morte, volta a amá-lo. E não é assim. Por um bom tempo, o seu familiar irá continuar o mesmo no mundo espiritual: se era avaro, continuará avaro; se era mentiroso, continuará mentiroso; se era violento e gostava de bater, continuará com a mesma vontade. Um belo dia, com os estudos e as doutrinações nas colônias, eles poderão mudar, mas nos primeiros meses ou anos, não ocorrerão milagres.

Continuamos ali, vendo o nosso irmão médium trabalhando, dando tudo de si para bem servir. Nikolas mais uma vez nos chamou, e nós nos retiramos, recordando os nossos primeiros passos no mundo espiritual. Por alguns instantes, vimo-nos correndo em busca da nossa família, e a indagação: "onde estamos? o que estamos fazendo aqui? por que só nós viemos?" E logo ouvimos alguém recitando a prece de Cáritas, com o coração repleto de sofrimento. Sentamo-nos no chão e cobrimos o rosto. Íamos chorar, quando Nikolas nos trouxe à realidade:

— Luiz Sérgio, feliz o Espírito que no mundo espiritual se distancia das preocupações familiares, aproveitando as oportunidades de trabalho que lhe são ofertadas e, quando este se avoluma à sua frente, o realiza com coragem e amor.

— Nikolas, existem muitos médiuns iniciantes que sonham em receber mensagens dos recém-desencarnados; não sabem eles como é difícil manter-se disciplinado, equilibrado, sendo porta-vozes dos chamados mortos. Porque, desde que principiam o trabalho de receber mensagens, começam as romarias e nem todos se conformam com uma só notícia, desejam mais, mais e mais. Muitas vezes o nosso ente querido, que se encontra na espiritualidade, não tem condição de mandar notícias para quem ficou no plano físico. Além disso, se todos os chamados "mortos", ininterruptamente, mandarem mensagens, ficaria perdida a finalidade das atividades nos dois planos, porque o encarnado iria ficar só esperando a carta de quem partiu e este, ao invés de estudar e trabalhar no plano espiritual, ficaria somente atrás de médiuns para mandar notícias.

— O que vocês acham desse trabalho mediúnico? — indagou Hugues.

Nikolas respondeu:

— Se realizado sem disciplina é um trabalho anti-doutrinário. Para este intercâmbio torna-se necessário médiuns dedicados e capazes, porque, conforme a mensagem, pode levar ao desespero quem a recebe. Por isso há um departamento de notícias, e feliz do Espírito que por ele passa.

— E podem existir médiuns que recebem mensagens que não passaram pelo crivo desse departamento, Nikolas?

— Sim, e não são poucos. Isso acontece quando faltam disciplina e equilíbrio ao médium, pois a psicografia é a mediunidade que mais admiração causa.

— Você acha que ninguém deve pedir notícias? — perguntou Julienne.

— Não, não pensamos assim, mas achamos que mais vale orar pelos que partiram do que perturbá-los com as saudades e a curiosidade.

— Curiosidade, Nikolas?

— Sim, Luiz Sérgio. Muitas famílias querem saber o que se passou na hora do desencarne; outros desejam saber onde ele mora e o que faz.

— Não seria mais fácil o Espírito chegar e dizer através do médium o que se passou com ele?

— Sim, seria. Mas vai ajudar alguma coisa?

— Claro, a diminuição das saudades.

— *Oh, geração incrédula, até quando estarei ao seu lado?* disse Jesus. O que volta, Luiz, precisa de paz; muitas vezes ele retorna ao plano espiritual extremamente cansado e doente. Por que não deixá-lo seguir a viagem sossegadamente? E você, Luiz, como foi o seu caso? Sua mãe saiu em busca de notícias?

— Se saiu, eu não fui chamado por médium nenhum.

— E como iniciaram as suas primeiras mensagens?

— Fomos visitar uma prima, e através das suas mãos iniciamos o nosso trabalho. Mas para que isso ocorresse, tínhamo-nos inscrito no departamento da psicografia. Tudo obedece a uma lei divina e ninguém pode alterá-la. Existem muitos médiuns soltos por aí recebendo mensagem até antes do Espírito desencarnar, chegando a dizer que o Espírito escrevera enquanto estava em coma. Pode?

—*Tudo é permitido, mas nem tudo nos convém*, disse Paulo — obtemperou Nikolas.

— Como deve ser dura a pena para um médium que brinca com a dor do próximo! Pois aqueles que vão em busca de mensagem muitas vezes estão morrendo de saudade. Notamos, Nikolas, que por mais que o médium tenha condição de recebê-la, ela se torna um pouco velada, pois nem tudo o Espírito pode dizer — falamos por nós. Quando mandamos as primeiras mensagens que compuseram o livro *O Mundo que eu Encontrei*, a "censura" era fogo.

— E até hoje ela funciona, não é mesmo, Luiz Sérgio? — acrescentou Julienne com um sorriso.

— E como! Graças a Deus!...

— Os médiuns que trabalham nessas mensagens devem receber muitos agrados, mesmo que não os desejem — disse Hugues.

— Aí é que mora o perigo. Hoje é uma flor, amanhã é algo mais. O médium, para realizar esse trabalho, tem de ser muito evangelizado, do contrário será mais uma mediunidade que se perderá por indisciplina e vaidade.

— Não existe mediunidade equilibrada, disciplinada, com Jesus, se o médium não estuda e não se dedica aos trabalhos de caridade. Conhece-se a árvore pelos frutos, e conhece-se os bons médiuns pelos seus exemplos e conhecimento. Muitos médiuns nunca estudaram *O Livro dos Médiuns.*

— E são médiuns?

— Claro, sem estudo.

— Estamos brincando, mas conhecemos espíritas "aposentados", médiuns cansados e aqueles que dizem: "não tenho tempo para estudar". O que você acha mais pernicioso à mediunidade, Nikolas?

— A vaidade, a indisciplina, a mentira, a avareza, a falta de conhecimentos doutrinários.

— E as qualidades de um bom médium? — indagou Hugues.

— A luta pela sua integridade, a vontade de seguir firmemente o estreito caminho de Jesus.

— Tem razão, o caminho da mediunidade tem muitos quilômetros, e ai daquele que não se mantiver vigilante.

— Luiz Sérgio, existem médiuns e médiuns... — disse alguém que ia chegando.

Viramo-nos, ao ouvir a voz do nosso querido Rayto. Ele sorriu, perguntando:

— O que estão fazendo no plano físico?

Nikolas respondeu:

— Fomos com o Luiz até seu lar, e aí resolvemos visitar alguns Centros Espíritas.

— E devem ter ajudado muito, porque nesta época de carnaval os encarnados precisam muito dos Espíritos.

— Rayto, por que alguns artistas gostam de fazer apologia das drogas?

— Porque são dependentes delas.

— E como anda o carnaval?

— Não é o carnaval o culpado pelo consumo das drogas. Elas estão aí e este país — como vimos dizendo há muitos anos — a está deixando expandir-se. Há vinte anos alertamos para o perigo do tráfico em solo brasileiro. Hoje, no ano de 1997, o que mais se lê nos jornais e se assiste pela tevê são as notícias sobre a audácia dos traficantes e a impotência da polícia, combatida, acuada, maltratada e sofrendo todo tipo de campanha contra ela. Agora, brincar, cantar, divertir-se, não é crime. Crime é a prostituição infantil, a falta de ensino, a falta de segurança, a falta de educação familiar. Meus amigos, nós, os Raiozinhos de Sol, assombrados estamos com a prostituição infanto-juvenil: meninas e meninos ganhando a vida se prostituindo, não só os de famílias pobres, como também das classes média e alta. Algumas jovens se encontram tão sem moral, que as mães dos meninos é que têm de alertar seus filhos. Hoje inverteram-se os fatos: o garoto de doze anos é puro, é ingênuo, e muitas meninas de dez anos muito sabem sobre o sexo.

— Que fazer, amigo?

— O necessário é fazer renascer os valores morais da família, que se perderam no modernismo. Reeducar a família, apresentando aos filhos uma educação moral, fazendo aflorar neles os valores da alma.

— Você acha, Enoque, que a religião ajuda?

— Indiscutivelmente! Como ajuda! A família que ensina os filhos a orar está ensinando-os a se livrarem do fogo cruzado das drogas e do sexo. A fé ainda é a alavanca que nos tira do chão e nos leva a Deus.

— A dependência química é uma realidade?

— Mais que uma realidade, ela é a causa dos frios assassinatos, dos suicídios, da falta de respeito à família.

— Como deve proceder um pai, Rayto, quando descobre que o filho está dependente?

— Trazer o filho para junto dele, dar-lhe toda a atenção, sem acusações, sem violência, somente amor. E buscar ajuda com quem entende do assunto.

— A Casa Espírita resolve esse tipo de problema?

— Não, não resolve, a não ser que tenha sido preparada para esse trabalho, não somente com passes e doutrinação. O dependente químico é um doente e necessita de cuidados médicos. A Casa Espírita pode ajudar, mas jamais arcar com a responsabilidade sozinha. Mesmo um bom médium não tem condição de curar um toxicômano, pois a cura está no doente. Ele é que tem de desejar curar-se. Só se bebe água quando se tem sede. E depois, a finalidade das Casas Espíritas é a de educar almas. Para bem realizar um trabalho de cura de drogados, a Casa tem de dispor de psicólogos, psiquiatras, psicoterapeutas, enfim, de bons profissionais que compreendam as fraquezas da alma. Não basta desejar ajudar os dependentes, temos de possuir conhecimentos de psicologia para descobrir a causa que leva alguém a buscar as drogas, sejam elas quais forem: tabaco, álcool ou tóxico.

— Os passes não resolvem?

— Se os passes não resolverem é porque a ferida é mais profunda do que imaginamos. Muitas vezes o dependente é um doente desde o ventre da mãe. O passe ajuda muito, mas a cura tem de ser realizada por pessoas capacitadas.

— Conhecemos Casas Espíritas que estão fazendo ótimo trabalho com dependentes — aduziu Hugues.

— Graças a Deus, nós agradecemos. Quem não pode ter uma Casa para ajudar toxicômanos pode orar por nós e por toda a juventude, para que ela se livre de qualquer dependência.

— Rayto, muitos julgam que a situação da dependência das drogas não é tão feia como nos filmes e nos livros.

— Claro que é mais fácil atacar do que enfrentar uma realidade dura, que hoje toma conta de quase todos os jovens.

— Maconha é droga? — indagou Julienne.

— Só não é para quem é dependente dela, como não são a cocaína, a heroína e o crack. Nada é droga para os seus dependentes; para eles a droga é tudo, mas nada é droga, não é mesmo? Para o viciado, a droga é a coisa mais importante da sua vida. Por aí podemos ver o quanto a maconha, a cocaína, o crack e a heroína são os terríveis inimigos do homem. Tudo o que nos aprisiona não presta, e a droga só faz dependentes.

— Que fazer para combater as drogas?

— Muito fácil, é só revolver a terra e catar as sementes, mas para isso tornam-se precisos bons jardineiros e excelentes ferramentas. Sem gente especializada e sem meios, não há combate ao tráfico. E os traficantes, que são milhares, sempre estão muito bem escondidos nas posições sociais que ocupam.

— Rayto, até quando a espiritualidade irá trabalhar em prol dos drogados?

— Deus não desampara Seus filhos. Sempre existirá uma luz guiando quem estiver perdido.

Ele se despediu. Demos-lhe um forte abraço e ele, nos olhando com carinho, falou:

— Cuide-se, os seus leitores atentos estão nos seus escritos, leve até eles a sua fé e a sua força.

Fitamos o eterno menino e recordamos quando o encontramos pela primeira vez ministrando uma aula aos suicidas. Quanto tempo já se passou! Quantas sementes já deixaram de germinar! Quantas sementes já se tornaram árvores e quantas árvores já deram flores e frutos! Quantas vezes, junto ao Rayto, nós pedimos às jovens que nos ouvissem, que se respeitassem, que fugissem do sexo na adolescência! E como nos ouviram pouco! Quase todas hoje estão marcadas por sofrimentos, separações; e desses relacionamentos sempre ficou alguém, no qual cada uma coloca hoje as suas esperanças — um filho. E nós, os Espíritos, estamos de novo junto aos seus filhos, alertando-os para não se aproximarem das drogas, do sexo livre, da violência urbana. Sempre estamos ao lado daqueles que de nós necessitam, principalmente das famílias, dizendo-lhes que ajudem seus filhos a buscar os valores inestimáveis da alma.

XXX

O RETORNO ÀS COLÔNIAS DE ORIGEM

— Vamos, crianças, voltar para as colônias? — propôs-nos Nikolas.

— Acabou o serviço?

— Não, ainda não. Mas estamos sendo chamados no Hospital de Maria.

Assim, logo estávamos de volta ao Hospital. Como é lindo o mundo que encontramos! Feliz do Espírito que, ao aqui chegar, corre em busca de trabalho, sem ficar colado à família, choramingando.

Nosso grupo se desfez e cada um tomou o caminho de sua colônia, para rever sua casa e seus familiares. Quando chegamos à nossa, tudo nos pareceu um sonho: vovó ali, cuidando das plantas, alguns tios e parentes fazendo parte da nossa vida. Quando vovó Margarida percebeu nossa presença, sorriu, e logo a cobrimos de beijos. Pensamos: "quantos netos ignoram seus avós, julgando-os muitas vezes esclerosados!" Feliz do neto que aproveita os braços carinhosos dos avós; dizemos avós porque, em geral, são os mais esquecidos.

Ficamos ainda conversando com aqueles entes queridos e com alguns outros amigos. Um deles nos perguntou pelo seu filho e poucas notícias pudemos dar-lhe; nós, os Espíritos, só ajudamos quando somos chamados ou quando integramos algum grupo de socorro com essa missão. Nem os nossos familiares podemos auxiliar se eles nada fizerem para serem ajudados. Não basta acreditar nos Espíritos, é necessário que o encarnado se desapegue de tudo o que o prende à matéria, ou melhor, ir ficando espiritualizado. Como prestar ajuda a quem é escravo das coisas materiais? Nem de nossos pais poderemos nos aproximar, se distantes eles se encontrarem de nós, Espíritos.

Pedimos licença e ganhamos o nosso quarto. Olhamos tudo o de que dispúnhamos; só possuímos os objetos necessários para se viver aqui, no mundo espiritual. Somos agradecidos a Deus por Sua bondade. Pegamos o violão e cantamos esta canção de nossa autoria:

A tarde ansiosa entrega à noite
Os sonhos daqueles que gostam de sonhar.
Mas logo vem a madrugada
Fazendo toda gente acordar.
Assim, todo mundo vai vivendo,
Aqui, ali e acolá.
Não importa o tamanho dos nossos sonhos.
Feliz daquele que procura acreditar
Que também Jesus vive a sonhar
Com uma Terra regenerada e só Ele a Governar.
A noite chega e diz adeus ao dia
Todo garboso ao ver a Terra adormecer.
Mas logo chega a madrugada.
É dia! Novamente o homem a correr.

Guardamos o violão e desfrutamos do repouso de que necessitávamos. Um novo dia nos esperava para outros trabalhos. Bem cedo andávamos pelas ruas bem tratadas da nossa colônia. A tudo registrávamos, recordando-nos do dia em que ali chegamos estropiados e famintos de saber. Sempre olhando para trás, em busca daqueles que ficaram, demos graças a Deus porque soubemos aproveitar as horas de trabalho a nós ofertadas por Jesus. O vaivém daquelas ruas nos trazia à realidade gratificante. Percebemos que nada passou por nós em vão; precisávamos aproveitar todas as horas vividas aqui. Nem por um momento nos sentimos desesperados por ter deixado a carteira de identidade e os talões de cheques no plano físico.

Colocamos as mãos nos bolsos e, assobiando, fomos varando as ruas e os jardins, quando encontramos alguém:

— Oh! Luiz, como vai? Que saudade! Mas que saudade...

Abraçamo-nos com carinho.

— Não o víamos desde a sua vinda para cá.

— É verdade, Luiz. Logo após o desencarne, fomos levados a um hospital e lá só tivemos a sua visita nos primeiros dias.

— Desculpe, amigo, isso sempre acontece. Os nossos afazeres são intensos, o que nos leva a prestar auxílio aos amigos apenas nas primeiras horas do desencarne. Mas nem por isso o esquecemos. Como se encontra o irmão?

Quando o chamamos de irmão ele nos olhou assustado, como se estivéssemos colocando uma barreira entre nós dois. Sorrimos, refazendo nossa pergunta:

— Como vai, cara?

Ele respondeu:

— Bem, muito bem. Sabe, Luiz Sérgio, que fico apatetado em constatar que aqui "em cima" tudo é igual a lá "embaixo"?

Desejamos brincar com ele, pois, pelo visto, julga que estamos no "céu" e os coitados dos encarnados, embaixo, no "inferno". Mas logo ele continuou:

— Quando a gente está no corpo carnal, certas coisas nos parecem sobrenaturais; é difícil de acreditar que exista vida além da morte. Lia seus livros e julgava ser tudo fantasia das médiuns. Mas logo você soltava uma das suas, tão bem conhecidas por nós, seus amigos, aí, sim, eu o reconhecia nas páginas dos seus livros. Mas é difícil crer que tudo lá embaixo não passa de uma cópia daqui. Acho, Luiz, que deveria ser obrigatório o ensino do Espiritismo nos colégios, porque, no meu entender, o Espiritismo não é religião, é esclarecimento, é revelação do mundo espiritual. Se o Espiritismo tem sua parte religiosa, esta não é impedimento para que alguém o busque como a grande revelação. O que hoje falta no mundo físico é o esclarecimento sobre a morte. A cada dia a ciência descobre meios de prolongar a vida do homem no corpo físico, mas só o Espiritismo pode mudar a alma dos homens com suas revelações a respeito da morte e a vida depois dela.

— Percebemos, pelo que vimos, que tem freqüentado as aulas. É isso, amigo, não deixe as oportunidades passarem por você.

— Eu tenho ou não razão, Luiz, quando penso que o Espiritismo não pode ser tratado como religião?

— O Espiritismo tem o seu aspecto religioso, porque o espírita não aprende somente as revelações dos Espíritos: como vivem no mundo após a morte, de onde vêm, o que se dá na hora do desencarne. Enfim, o Espiritismo ensina, revela, instrui, orienta o homem a se tornar perfeito. Ao aconselhar o encarnado a se despojar das coisas materiais, ainda no corpo físico, o Espiritismo é considerado uma religião, porque procura modificar o ser humano, mas sem sacramentos, gurus ou santos. O Espiritismo apenas procura dar uma mensagem de amor e esperança a todos os homens. Torna-se religião porque nas suas Casas sempre é encontrada a cura através da esperança e do consolo. E o Evangelho de Jesus brilha nas Casas Espíritas através das suas obras sociais, quando os seus freqüentadores colocam em prática os ensinos de Jesus.

— Luiz Sérgio, esses dias fui em casa, e como fiquei triste! Desejava ser ouvido, mas era domingo e a família se afundava no álcool. Por mais que eu fizesse, eles não me ouviam. Pensei até em procurar um médium para mandar-lhes uma mensagem para que eles se esforçassem para se livrar dos vícios.

— Não faça isso, não se envolva demais com a sua família. Para ajudá-la, ore por ela, peça a Deus que a conduza a uma de Suas Casas.

— Acho difícil, eles ainda estão naquela de que são católicos, mas não vão à igreja nem procuram seguir o Cristo.

— Podemos apenas lhe dizer que nem sempre os nossos familiares aceitam as nossas mensagens, principalmente quando lhes pedimos que larguem o cigarro, a cervejinha, o jogo, o álcool. Eles parecem dizer: "agora que já morreu, quer dar conselhos". Coitados, não sabem que nós, os Espíritos, só desejamos o bem deles. E se não tivéssemos alguém para nos alertar? Felizes deveriam sentir-se por nos terem deste lado orando por eles.

— Pois é, Luiz Sérgio, depois disso, até evito ir ao meu antigo lar. Fico desesperado, os jovens estão cada vez mais loucos.

— O mundo espiritual oferece-nos muitas oportunidades para que nos desliguemos do mundo físico e também para melhor compreendermos os nossos familiares.

Conversamos por longo tempo. Ao nos despedirmos, ele nos abraçou bem forte, muito comovido.

— Que bom reencontrá-lo!

Ele tem razão, como é bom reencontrar amigos.

XXXI

O REENCONTRO COM FLORENCE

Pensando na ventura de conservar os amigos, colocamo-nos a caminho do Hospital de Maria de Nazaré; íamos em busca de Florence, na ala cento e quinze, onde encontramos Marina, a enfermeira:

— Irmão, anda sumido...

— Bom-dia, irmã Marina! Que Deus abençoe as mãos iluminadas e amigas de todos os enfermeiros; em especial as da querida irmã, que são perfumadas de amor.

Ela sorriu, dizendo:

— Obrigada, Luiz, que Jesus o abençoe. Florence nunca o esquece.

— Ela está gostando do ambulatório Judas Iscariotes?

— Sim, Luiz, ela aprendeu a gostar. Aqui vem encontrando a cura, equilibrando-se.

Anastácio veio até nós e nos cumprimentou.

— Como vai, amigo? — retribuímos o cumprimento.

— Graças a Deus, muito bem. Estamos hoje recebendo novos doentes. Não deseja dar uma chegadinha à ala cento e cinqüenta e oito? Ela está repleta de suicidas e, para nosso pesar, com muitos jovens e até crianças.

— Obrigado pelo convite, depois de visitar Florence iremos dar uma chegada lá.

Fomos até a nossa irmã, paciente número mil e dez. Quando lá chegamos, ela fazia um exercício de meditação. Recuamos, para não perturbá-la. O médico lhe dizia:

— Florence, procure dominar a mente, para o entendimento correto da realidade. Dominando a mente, teremos a mais completa tranqüilidade. Meditar não é fugir ou afastar-se da realidade. A meditação é o encontro conosco mesmos, para observarmos bem o que somos e trabalhar com isso de forma a nos tornarmos mais positivos e mais úteis. Neste momento, a irmã Florence vai buscar os aspectos negativos da sua mente, as desordens mentais: o ciúme, a raiva, o desejo, o orgulho, a vaidade, a avareza, o egoísmo.

O médico foi citando as desordens mentais de Florence, fazendo-a sentir a necessidade de destruir cada uma.

— Agora, Florence, que estamos adentrando os nossos erros, vamos acostumar a nossa mente a pensar e a reagir mais honestamente, enfrentando a realidade com força e coragem. Hoje, vamos enfrentar o ciúme, e a razão por que sentimos ciúme de tudo e de todos. Florence, o ciúme aflora na sua mente e a domina totalmente, porque você teme perder alguma coisa, principalmente o que julga pertencer-lhe. O ciúme é uma desordem mental que desequilibra o homem. Que fazer para não senti-lo? Fortalecer a mente através de uma força interior, latente em todos nós. Mas para nos fortalecermos, precisamos nos livrar aos poucos dos instintos perniciosos e o ciúme é um deles. Vamos colocar-nos em uma postura que nos facilite a meditação.

O terapeuta ficou alguns segundos em silêncio, para depois dizer:

— Florence, a sua mente está inquieta, a irmã está distraída, buscando outras coisas.

— Doutor, hoje estou me sentindo muito feliz, desde cedo meus pensamentos se voltaram para minha família, por isso não estou conseguindo controlá-la.

Ele sorriu, benevolente, alisou os cabelos de Florence e se retirou, dando por encerrado o trabalho daquele dia. Marina foi até Florence, preparando-a para deixar a sala. Nós, que a observávamos através do vidro, a esperamos na sala ao lado. Quando nos viu, correu para nos abraçar.

— Que saudade, Luiz Sérgio!

— E aí, como estamos? Mais animada? Pelo visto está ótima.

— Graças a Deus. Só Deus pode ajudar um suicida. Quando aqui cheguei, era uma mulher morta, sem vida, sem esperança, em total desespero.

— Ainda se encontra em tratamento?

— Sim, mas também trabalho. Faço terapia ocupacional.

— Que bom! E o que faz?

— Pinto e presto ajuda aos velhinhos em recuperação. Luiz, quando me recordo do que passei, sinto uma vontade imensa de prestar auxílio a outros suicidas. Mas ainda é cedo, continuo doente.

— Vamos devagar, a vida é repleta de dias, meses e anos, tudo obedece a uma disciplina rígida. Ninguém pode pular os dias, os meses nem os anos. Assim caminha o homem. E quando ele tem saúde mental, vivencia melhor os seus dias, os seus meses e os seus anos.

— Você tem razão. Também aprendemos aqui que não devemos embaralhar os nossos pensamentos, desejando fazer muitas coisas ao mesmo tempo; que devemos pular os obstáculos, um após o outro. Se tentarmos pular dois ou três, ou quatro, ao mesmo tempo, cairemos no chão — o homem não possui força suficiente para fazê-lo.

Dali fomos apreciar os quadros pintados por Florence e encontramos Flori, que nos recebeu, carinhosamente:

— Sejam bem-vindos.

— Flori, este é o Luiz Sérgio. Trouxe-o para conhecer os meus trabalhos, pois ele muito me ajudou depois do desencarne.

— Florence está reequilibrando-se, Luiz, e nada melhor do que a terapia ocupacional, para ajudar no equilíbrio mental.

Ali estavam muitos doentes que colocavam na tela suas neuroses. Em um dos quadros, destacavam-se várias cabeças decepadas; uma pintura pesada, chocante. Flori, aproximando-se, explicou:

— Esse jovem suicida sempre pinta pessoas degoladas. Conversando com os terapeutas, fomos informados de que ele, ao se suicidar, tinha em mente assassinar a família. E várias vezes tentou degolar seus irmãos.

Confessamos que gostaríamos de assistir a um dos tratamentos desse jovem, que aparentava quinze anos.

— Irmão Flori, em todas essas neuroses, as causas devem estar nas vidas passadas, não é mesmo?

— Algumas, sim; outras referem-se à última encarnação: são desvios da personalidade levados por pais incompetentes, por excesso de liberdade, de dinheiro e de inexistência de limites. Quando Deus criou a família, colocou a mulher para educar e o homem para trabalhar. Na era moderna, a mulher muitas vezes não tem tempo sequer de afagar seus filhos, porque precisa trabalhar. O certo seria que os dois os afagassem e educassem, embora trabalhando. Outro ponto crucial são as separações. Por mais que hoje sejam comuns as separações dos casais, os filhos não as aceitam, sentindo-se infelizes por não possuírem uma família tradicional. Está vendo Bianca sentadinha ali, Luiz?

Na direção apontada, vimos uma bela menina de seus treze anos que, distraidamente, pintava a sua tela.

— Por que suicidou-se?

— Os pais de Bianca se separaram quando ela estava com um aninho e a mãe tornou-se sua melhor amiga. Bianca era o amor dos avós, tios, amigos. Sua jovem mãe abdicou de tudo: festas, namorados, só vivia para a filha. Até que encontrou um novo amor e, inebriada, esqueceu-se de Bianca. O namorado era o novo amor da sua mãe, o que a fez sentir-se muito só. Crescera. Não era mais o bebê da família. Passava muitas noites chorando sem ninguém o perceber. Um dia, resolveu morrer e conseguiu destruir sua veste carnal. Alguns comprimidos a trouxeram de volta a este mundo.

— Flori, e a família de Bianca?

— Está sofrendo até agora.

— Sua mãe também?

— No início padeceu, mas depois se casou e já tem um filhinho. Contudo, Bianca continua sofrendo pelo seu ato impensado.

Desejamos aproximar-nos dela, mas demos em retirada depois de nos despedirmos de Flori. Quando já estávamos saindo, Florence nos alcançou, sorridente:

— Luiz, hoje vou até o meu lar. É tão bom rever toda a família!...

— Querida, sempre voltaremos aqui para abraçá-la, agora precisamos voltar para junto do nosso grupo. Continue tratando-se, e, quando puder, dê uma ajudazinha à Bianca.

— Ela é tão carente, Luiz, tão necessitada de colo...

— É, Florence, não sabemos por que as pessoas quando estão apaixonadas não olham ao seu redor, deixando-se levar somente pelas emoções.

— Não queremos condenar, mas a mãe de Bianca bem que podia ter capacidade de amar o namorado e a filha. Ter força para não deixar ninguém sem seu carinho. E depois, Luiz, ela, que passou tanto tempo sem namorado, bem que podia contornar a situação.

— Até um dia, querida Florence. Quando desejar nos ver é só nos chamar.

Um jovem aproximou-se dela e os dois se dirigiram a uma aula de evangelização, enquanto nós ganhávamos as alamedas do Hospital de Maria de Nazaré, em direção ao anfiteatro, onde iria ser realizada uma palestra. Identificamo-nos e logo passamos pelos departamentos, todos eles brilhantes de tão limpos e belos. Naquele recinto, uma música suave embalava nosso Espírito, enquanto aguardávamos a palestra, que não demorou a iniciar:

"Que a glória eterna nos banhe o Espírito. Amigos, aqui estamos para recordar Jesus, a Sua luta e a de Seus apóstolos. Hoje, quando tentamos servir em nome do Senhor, paramos muitas vezes para indagar por que o caminho da perfeição é árduo: às vezes não enxergamos as respostas; outras vezes elas nos chegam tanto através dos livros consultados como também pelos nossos instrutores. Se lermos os *Atos dos Apóstolos*, defrontar-nos-emos com as dificuldades vividas por todos eles, no Capítulo V:

33 *Tendo ouvido isto, enraiveceram-se e resolveram matá-los.*

34 *Mas levantando-se no conselho um fariseu chamado Gamaliel, doutor da lei, respeitado por todo o povo, mandou que saíssem para fora aqueles homens por um pouco de tempo;*

35 *e disse-lhes: Varões Israelitas, considerai bem o que estais para fazer acerca destes homens.*

36 *Porque não há muito tempo apareceu Teodas, que dizia ser um grande homem, ao qual se associou um número de cerca de quatrocentas pessoas; e foi morto; e todos aqueles que o acreditavam foram dispersos e reduzidos a nada.*

37 *Depois deste surgiu Judas, o Galileu, nos dias do recenseamento, e levou o povo após si, mas também pereceu; e foram dispersos todos os seus sequazes.*

38 *E agora aconselho-vos a que não vos metais com estes homens, e que os deixeis; porque, se esta idéia ou esta obra vem dos homens, ela mesma se desfará;*

39 *mas, se vem de Deus, não a podereis desfazer; assim não correis o risco de fazer oposição ao próprio Deus: Eles seguiram o seu conselho.*

40 *E, tendo chamado os Apóstolos, depois de os terem mandado açoitar, ordenaram-lhes que não falassem mais no nome de Jesus, e soltaram-nos.*

41 *Porém eles saíam da presença do conselho, contentes por terem sido achados dignos de sofrer afrontas pelo nome de Jesus.*

42 *E todos os dias não cessavam de ensinar e de anunciar Jesus Cristo no templo e pelas casas.*

Gamaliel, um doutor da lei, defendeu os apóstolos; e todos aqueles que pregaram o Evangelho de Jesus encontraram sempre alguém para ajudá-los. Agora, não é fácil o Seu caminho, ele é repleto de ciladas das trevas.

Perguntamos: “quem foi Gamaliel?”

E obtemos a seguinte resposta: O protetor dos apóstolos desta passagem era mestre de Paulo e filho de Simeão, que recebeu em seus braços Jesus menino (*Lucas*, Capítulo II, versículos 27 e 28). Neto de Hilel, foi um dos mais renomados rabinos judeus. Presidiu o Sinédrio durante os reinados de Tibério, Calígula e Cláudio e desencarnou como cristão.

Muitas vezes desejamos seguir o Cristo, mas não vestimos a túnica da humildade, que significa a limpeza do nosso perispírito, limpeza necessária, pois sem ela encontramos dificuldade em colocar nossos pés nas pegadas do Mestre Jesus, porque, com o peso da cruz da imperfeição nas costas, os passos são incertos. Só munidos de uma grande vontade de servir e de nos aproximar de Deus angariamos força para nos tornarmos servidores do Mestre. De nada vale bater no peito e gritar: “Senhor, Senhor”, o que é necessário é se transformar, destruir o velho homem de ontem, como fez Paulo. Tentado a perseguir os cristãos, ao se encontrar na estrada de Damasco com Jesus, não deixou passar a oportunidade de se renovar, e com que fé tornou-se Seu seguidor, chegando até a se deixar imolar por amor ao Cristo! Paulo não fracassou, desempenhando bem a missão que lhe estava reservada. Maria Madalena foi tentada por muito tempo por uma legião de Espíritos atrasados. Depois que encontrou Jesus Cristo não mais se afundou no lodaçal dos vícios, depôs as roupas de pecadora e tornou-se “a convertida”. Quando chamados por Ele, não podemos lavar as mãos, como fez Pilatos, que teve a oportunidade de fixar os olhos em Jesus mas não encontrou forças para d´Ele se aproximar. Não devemos tornar-nos um Judas Iscariotes, que não conseguiu vencer a tentação do enriquecimento ilícito, por isso não hesitou em entregar o Mestre aos Seus algozes, mediante a retribuição de trinta moedas de prata; que mesmo desfrutando da companhia do Mestre, não vacilou em traí-Lo.

Quantos de nós escutamos o chamado, mas encontramos dificuldade em calçar as sandálias do trabalhador humilde da Sua seara! E é tão fácil tornar-nos soldados do Cristo! Só é preciso armar-nos contra a tentação e abastecer-nos da fé; e, fortalecidos pela vontade de não traí-Lo, esperar que, como ocorreu no dia de Pentecostes, apareçam as línguas de fogo e pousem sobre cada um de nós, para que fiquemos repletos dos Espíritos do Senhor. Procuremos falar, não em línguas estranhas, mas na língua que cada um compreenda, e partir em todas as direções, levando a Boa Nova, único remédio que cura e que dá a vida eterna. Os Espíritos que chamados foram a ir ao plano físico para tornarem-se apóstolos do Cristo enfrentaram tortuosos caminhos que lhes surgiram pela frente, caminharam em busca dos que sofriam e, por amor ao Senhor, transformaram-se nos mais humildes dos Seus servidores. Os Espíritos que receberam a tarefa de concretizar no plano físico os ensinos de Jesus têm de levar a esperança e fazer brotar a fé dentro de cada ser. Para que isso ocorra, os mensageiros de Deus precisam disciplinar os seus médiuns, ensinando-lhes a leitura das obras básicas e a dos grandes filósofos do Espiritismo, disciplinando-os, para que sirvam na simplicidade, sem se fazerem arautos dos seus dons, conscientizando-os de que a mediunidade não está incluída no martirológio nem é privilégio, é uma oportunidade que não se deve deixar passar em vão; que o médium sem Evangelho é um corpo sem alma, e sem o estudo das obras básicas é uma alma sem cérebro, um barco sem leme, um rio sem água, um campo sem flores, um coração sem amor. Portanto, lutem, irmãos, intuindo, ajudando os presidentes, os médiuns, os trabalhadores das Casas Espíritas a se dedicarem ao estudo e à prática da caridade. Sem reforma íntima não nos tornaremos verdadeiros espíritas, porque a Doutrina veio ao plano físico para mudar os homens, para melhorá-los, fazendo com que cada um lute pela sua perfeição. A Doutrina não é uma religião para inebriar almas, ela é muito mais: é o Cristo Jesus aplainando o caminho da verdade e da vida. Que Deus os abençoe. Lázaro José."

Aquele Espírito doutrinador, tão nosso conhecido, havia terminado a sua palestra endereçada a alguns trabalhadores do plano físico. Sorrimos, pensando na dificuldade que esses Espíritos enfrentam junto às Casas Espíritas e seus freqüentadores, porque muito poucos aceitam os ensinos dos Espíritos, quando estes mandam sentar-se nos últimos lugares e lutar pela conquista da humildade. Ainda nos recordamos de Lázaro José dizendo para alguém: "Seja humilde, mas lute pela disciplina e pela verdade".

XXXII

A REENCARNAÇÃO

Fomos saindo dali. O nosso Espírito cantava louvores ao Senhor. Percebemos que alguns Espíritos amigos se dirigiam a uma nova palestra. Indagamos ao irmão da entrada do auditório se nos era permitido adentrá-lo. Ele nos sorriu:

— Claro! O irmão não trabalha no plano físico?

— Sim, trabalhamos.

— Seja bem-vindo!

Demos continência e adentramos. O lugar, muito bonito e moderno, possuía uma arquitetura primorosa. Pensamos, e sorrimos: "os bons arquitetos não ficam desempregados aqui no mundo espiritual".

"Que o Rabi da Galiléia nos oriente, hoje e sempre — cumprimentou a platéia o irmão palestrante. O assunto a ser tratado é a necessidade da reencarnação. Existe, como bem sabemos, uma classificação dos mundos, das moradas da Casa do Pai, e, quanto mais evoluído for o mundo, menor a influência da matéria, porque esta se torna mais quintessenciada e o Espírito, destinado a nele viver, desfruta de maior felicidade. Nos mundos felizes, divinos, o Espírito goza de uma paz maior. Para que o Espírito desfrute dessa felicidade, torna-se preciso que ele se aperfeiçoe, tanto moral quanto intelectualmente, passando sempre de um mundo atrasado para outro melhor. À medida que alcança mundos mais evoluídos, o seu perispírito vai tornando-se mais sutil, menos denso, adquirindo mais sensibilidade e locomovendo-se com maior facilidade. O perispírito é a veste do Espírito e, graças às mudanças morais que ocorrerem no Espírito, ele sofrerá transformações sucessivas, tornando-se mais rarefeito, chegando à purificação completa, quando o Espírito atingir a perfeição. Por isso a preocupação de

Jesus com todos os Seus irmãos terráqueos. Como Governador do Planeta, Ele espera que cada ser busque, o mais rapidamente possível, essa perfeição. Se cada homem encarnado acreditasse na reencarnação, procuraria errar menos. Mas a idéia de que tudo se acaba no túmulo leva-o a não se conscientizar das conseqüências dos seus atos e, apegado às coisas temporais, vai-se afastando de Deus. Muitas religiões são responsáveis pelo endurecimento do coração do homem, pois lhe apresentam um Deus que castiga, um Deus que tem preferências. E o Deus que a Doutrina Espírita apresenta aos seus seguidores não trata os Seus filhos de modo diverso. É através da reencarnação que passamos a compreender Deus e a amá-Lo. Todos os Espíritos caminham rumo à perfeição, e temos em Jesus o irmão que nos leva a Deus."

Nesse momento, o palestrante abriu espaço para as devidas perguntas:

— Os Espíritos podem retroceder?

"O corpo pode retroceder, o Espírito, não."

— Em todos os mundos os Espíritos possuem corpos humanos?

"Graças ao Senhor, todos os Espíritos possuem a forma humana, não importando em que mundo vivam. A diferença está em que os seres que habitam os diversos mundos têm corpos orgânicos da matéria própria de cada mundo."

— O Espírito um dia perderá o seu perispírito?

"Não. Por mais que o Espírito seja evoluído, ele possui um corpo: o perispírito. E este vai-se depurando até atingir a purificação completa."

— Um Espírito atrasado pode reencarnar em um mundo puro?

"Não, de maneira alguma. Iria faltar-lhe o ar."

— Os Espíritos elevados podem descer e reencarnar em mundos inferiores?

"Sim, eles reencarnam em missão. Os seus perispíritos sofrem uma mudança tal, que chegam a parecer corpos orgânicos. O Espírito puro conhece muito bem o seu perispírito."

— Não é castigo para um Espírito puro mergulhar em um corpo de carne?

"Seria, se isso acontecesse, porque quando o Espírito atinge a perfeição, a flexibilidade do seu perispírito se torna mais ampla, ele não sofre mais e está mais perto de Deus. Indo em missão aos mundos inferiores, o Espírito puro é resguardado, é um diplomata que, mesmo indo a países pobres, desfruta das regalias de sua embaixada. Mas nem por isso deixa de se preocupar com as misérias do povo e do país. Agora, as suas roupas e a sua cultura, ele as traz do seu país de origem."

— Por que na Terra nem todos são reencarnacionistas?

"Porque foi criada a teoria da existência única e se tornou mais fácil para a religião salvar o homem, do que o homem buscar a sua salvação através de uma luta para ser perfeito. Tornou-se mais fácil os sacerdotes e pastores perdoarem e condenarem do que o homem lutar dia após dia contra seus próprios defeitos, na certeza de que sem eles se tornará mais fácil chegar a Deus. A fuga das igrejas ocorreu porque o homem inteligente não aceitou o fim da espécie humana e começou a contestar: por que uns nascem na mais extrema miséria e outros vivem na opulência? Por que as diferenças sociais e físicas? Por que uns são lindos e com saúde, outros nascem portando doenças incuráveis e sofrem a vida toda? Por que uns nascem em países miseráveis e outros em países ricos e poderosos? Por que existem pessoas boas, que sofrem por demais, e criaturas perversas, para quem tudo na vida dá certo? Por que existem pessoas humildes e pobres, que são polidas e educadas, e outras que nascem em berço de ouro e são grosseiras e mal-educadas? Por que muitos milionários tornam-se pobres, e alguns pobres ficam milionários de um dia para outro? Que religião tem resposta para essas perguntas? Só o Espiritismo, com a doutrina da pluralidade das existências, explica aquilo que, sem ela, é inexplicável. Só a Doutrina Espírita explica a bondade e o perdão de Deus através da bênção da reencarnação. Como Ele é magnânimo, o homem gasta o corpo orgânico e volta ao mundo espiritual para sofrer uma cirurgia plástica, que o torna novamente um bebê inocente, com esquecimento temporário das suas tendências. Com um corpo jovem, repleto de fluidos e energias, ele, o Espírito, tem mais condição de recomeçar a sua vida no mesmo ponto de partida da reencarnação anterior. Que Deus, Pai e amigo! E bendita Doutrina que ensina o homem a se desprender das coisas materiais, e o faz burilar o Espírito, para ser beneficiado em cada reencarnação que vier a ocorrer! A tarefa das Casas Espíritas é curar as almas do mundo físico, fortalecendo-as e fazendo com que se ponham no Caminho do Cristo, com coragem e fé. Se já chegamos ao Espiritismo, torna-se preciso crer nas vidas sucessivas e aproveitar a vida corpórea, o momento de vida no corpo físico, e tudo fazer para bem servir a Deus e ao próximo. A reencarnação não é um castigo, é uma oportunidade para se reconstruir aquilo que se destruiu ou se deixou inacabado. A reencarnação é um estado transitório, pois o estado normal do Espírito está no mundo espiritual, mas até aqui temos de aproveitar os ensinamentos recebidos. Feliz do Espírito que, já liberto do corpo orgânico, busca na espiritualidade servir ao seu próximo; que, ao fazer a viagem de regresso à Pátria-Mãe, não fica olhando o que deixou no plano físico, preocupado com as lágrimas de saudades de todos os seus entes queridos; que se conscientiza de que *o que é nascido da carne é carne, o que é nascido do Espírito é Espírito* (*João*, Capítulo III, versículo 6); que da carne se distancia para viver como Espírito livre que é, bem longe das necessidades do corpo que um dia usou. Estudar e trabalhar é a meta de todos aqueles que já não vivem no corpo orgânico. Portanto, trabalhadores do Senhor, o umbral é uma zona de sofrimentos e nós, como Espíritos errantes, sujeitos às reencarnações, bem sabemos que o nosso equilíbrio mental é que irá nos permitir buscar a paz ou o desequilíbrio. Que Deus nos livre do orgulho e da vaidade, do egoísmo e da avareza, da vingança e do ódio. Que sejamos dignos do Cristo, que tanto confia em todos nós, os Seus irmãos."

A platéia, inebriada, escutava as explanações do irmão. Sentimo-nos felizes por ali estar, pedindo a Deus que nos ajude a lutar contra as nossas imperfeições.

A palestra havia terminado. Saímos, levando a certeza de que feliz é o Espírito que trilha o caminho do bem e imaginamos alguns encarnados, repletos de orgulho e vaidade, que procuram sempre passar por cima dos seus companheiros de viagem evolutiva; de certos políticos que quando exercem cargos importantes esquecem-se da miséria do povo que os elegeu e só visam vantagens pessoais. Não sabem eles que tudo o que é do plano físico no plano físico fica; que o homem só traz para o mundo espiritual os seus atos, e eles estão sendo catalogados pelo plano mais alto. Nada passa em vão perante Deus. Se o homem público olhar para trás, verá quantos já foram os "donos" da nação e hoje ninguém sequer recorda os seus nomes. O leitor irá perguntar: por que será que o Luiz Sérgio está falando sobre os políticos? Porque naquela platéia um político brasileiro se encontrava atento às palavras do instrutor, e percebemos que várias vezes ele secou as lágrimas que lhe banharam a face.

Alguém chamou nosso nome:

— Luiz Sérgio! Oi, frade!

Com que emoção abraçamos o Enoque, juntamente com os Raiozinhos de Sol!

— O que vocês estão fazendo aqui? Assistiram à palestra?

— Não, estamos indo a um departamento especial, aqui do Hospital de Maria de Nazaré.

— Departamento especial para recuperação de drogados?

— Não — falou Rayto. Uma ala de elucidação para Espíritos que irão reencarnar.

— Você agora também trabalha nesse setor?

— Sempre trabalhamos; mas este grupo que se prepara para a reencarnação é um grupo especial, que irá atuar sobre os drogados, prestando-lhes auxílio. Serão jovens sadios, que servirão de exemplo para os futuros desajustados. A Espiritualidade, sempre atenta, não deixará a sociedade ser atingida.

Percorremos uma certa distância até o hospital-escola, onde vários Espíritos recebiam aulas sobre como lidar com drogados. Percebemos que todos possuíam aparência muito jovem.

— Todos desencarnaram jovens?

— Não, Luiz, são Espíritos que plasmaram em si a eterna juventude.

— E como o conseguiram?

— Sempre ajudando crianças e jovens.

— Agora eles irão mergulhar na carne?

— Sim, e aqui se encontram recebendo um tratamento especial, pois o corpo físico que receberão terá de ser menos denso. Eles se alimentarão menos, para evitar qualquer agressão aos seus corpos e as suas condições serão de Espíritos especiais.

Tínhamos, diante de nós, irmãos que haviam-se proposto a voltar ao plano físico para ajudar a juventude. Aproximamo-nos de Lara, que nos cumprimentou com um lindo sorriso:

— Sejam bem-vindos!

Rayto perguntou-lhe:

— Quando voltam à carne?

— Ainda este mês. Ore por nós, Enoque, não podemos fracassar nessa tarefa.

— Quantos vocês são? — indagamos.

— Muitos, muitos — respondeu, sorrindo.

Estávamos mudos, deslumbrados com o novo trabalho em prol da vida. Rayto perguntou-lhe:

— Lara, há quanto tempo vocês estão sendo preparados para descer ao plano físico?

— Há três anos. Recebemos muitas e muitas aulas, diariamente.

— Por que estão sendo criandos esses grupos?

— Porque os Espíritos superiores há muitos anos pedem às Casas Espíritas que se tornem prontos-socorros espirituais de prevenção e auxílio às vítimas das drogas. Só o Espiritismo pode auxiliar nos dois lados da vida.

— Lara, há vinte anos nós já falávamos sobre as drogas, mas muitos julgavam que elas fossem caso de polícia e não de Espíritos. Hoje, o país escolhido para a Pátria do Evangelho está com uma boa parte da sua juventude doente.

— Essa é a causa deste nosso trabalho. Teremos de mudar a mentalidade dos jovens do plano físico. Enquanto nós não descemos à Crosta para cumprir nossa tarefa de ajuda à regeneração do Planeta, as Casas Espíritas podem bem ajudar os Espíritos superiores.

— Tem razão, Lara. As Casas Espíritas têm de incentivar cada vez mais as atividades da infância e da juventude, fazendo com que os adultos se empenhem em trazer para as Casas Espíritas os seus filhos e netos. Também seria aconselhável que os espíritas praticassem o Culto do Evangelho no Lar e que os pais espíritas tirassem dos seus lares o hábito do tabaco e do álcool, para que seus filhos crescessem sadios. Se as crianças e os jovens freqüentarem uma Casa Espírita, os pais também deverão fazer o mesmo e não só levar seus filhos até ela.

Ainda ficamos conversando um pouco, depois retornamos à presença dos Espíritos que recebiam as instruções para a regeneração da juventude do plano físico. Vendo que eram muitos, pensamos: "feliz da família que receber um desses missionários!" Confessamos que estávamos curiosos para assistir a uma das aulas ali ministradas, mas somente o Rayto teve permissão para adentrar o auditório. Continuamos conversando com Lara e outros meninos.

— Hoje é muito preocupante o estado em que chegam os jovens viciados aqui no plano espiritual. Muitos dos drogados trazem o corpo perispiritual destruído, porque a droga agride tanto o corpo físico, que esta agressão se reflete nas regiões correlatas do corpo perispiritual; e em casos mais graves, chega a deformá-lo de tal modo que nem parece ter forma humana — esclareceu-nos Lara.

— E quando escrevíamos sobre isso, muitos julgavam que estávamos fantasiando em nossos livros. Hoje os traficantes são os "donos do pedaço" e a droga corre solta. Ficamos muito felizes quando constatamos que existem Centros Espíritas que levam a sério o tratamento dos drogados e dos seus familiares. Como dissemos sempre: não é um trabalho para ser feito por médiuns iniciantes, e sim por pessoas capazes, pois é um edifício que para ser erigido precisa de um firme alicerce, chamado conhecimento da Doutrina Espírita. Sem estudo, sem disciplina, sem humildade não existe sucesso.

— É isso, irmão, para a Espiritualidade não existe tempo. O tempo é a eternidade. Se pouco pudemos fazer em prol da juventude brasileira, sabemos que hoje e amanhã teremos a renovação da juventude. Os jovens de hoje amanhã serão adultos e queira Deus alguns cheguem até lá e não desencarnem antes da maturidade. Mesmo assim, estão sendo preparados novos jovens para enfeitar os canteiros da Terra; temos a certeza de que estes não serão adotados pelos traficantes.

Despedimo-nos dos nossos amigos, pois tínhamos de dar uma passada pelo Pronto-Socorro Judas Iscariotes, para rever Camila.

XXXIII

A CURA DE CAMILA

No Pronto-Socorro Judas Iscariotes, encontramos Aurélio, o chefe daquele departamento.

— Como está Camila, Aurélio? Vimos visitá-la, podemos?

— Luiz, seja bem-vindo. Camila se encontra fazendo terapia. Se desejar, vamos até ela.

— Não vamos incomodá-la, Aurélio?

— Só se o irmão o fizer por curiosidade.

— Claro que não. O que mais desejo é a cura dessa irmã. Ela deu muito trabalho?

— Um pouco. Tivemos de trabalhar mais com seu campo mental. Ela nutria pelo Igor um ódio tão intenso, que a deformava, dando-lhe uma fisionomia animalesca. Hoje, ela está praticamente curada. O enforcamento lhe deixou como seqüela apenas uma insuficiência respiratória.

— Só isso, irmão? — falamos, sorrindo.

— Sim, Luiz, por mercê de Deus, pois o suicídio é a pior agressão a um corpo perispiritual.

Conversando, alcançamos a sala de terapia e achamos Camila mais linda do que nunca. Ela não nos via, pois estava isolada por placas metálicas. Ali ficamos, assistindo a uma das inúmeras sessões de tratamento por que passava. Dizia o médico:

— Fique simplesmente de olhos fechados. Agora, vamos inspirar, visualizando uma luz bem forte entrando pela sua cabeça, invadindo seu corpo. Você está vazia, oca, e a luz está-se derramando em sua cabeça, penetrando cada vez mais fundo e chegando ao seu pescoço. Fixe a luz, ela purifica o seu pescoço. Veja, Camila, a luz queima o lençol e a energia enlaça o seu pescoço. Respire bem devagar e profundamente, esta luz irá acalmá-la e lhe dará paz. Agora, pare um pouco de visualizar a luz. Pare, depois voltaremos a novos exercícios.

Como é bom sermos espíritas! O Espiritismo não nega a oração nem o sepulcro ao suicida; ao contrário, tem por ele respeito e uma grande vontade de ajudá-lo a ter paz. Temos aqui a prova: todos os suicidas, se assim o desejarem, podem encontrar alívio nos hospitais espirituais. O mal do suicida não é a condenação de Deus, pois Ele a ninguém condena. O que acontece no suicídio é a autodestruição, por isso os suicidas precisam de tratamento, e não existe melhor terapia do que a prece e o amor. Camila recebia o lenitivo para os seus males e temos certeza que logo estará em condição de trabalhar para minorar a dor de outros suicidas. Fomos saindo. Aurélio não compreendeu nossa atitude:

— Não vai falar com Camila, Luiz Sérgio?

— Não, hoje não, logo voltaremos aqui. Vamos deixá-la divisando a luz do Cristo, e que essa luz irradiante possa queimar-lhe todos os miasmas, para que venha logo a se restabelecer.

Despedimo-nos do bom irmão e ganhamos a rua. Quando já íamos virar a esquina, ouvimos alguém gritar por nós:

— Luiz Sérgio, espere por mim!...

Era Camila. Voltamos e corremos em sua direção e a envolvemos em um apertado abraço.

— Não acredito que iria embora sem me ver!

— Quem lhe disse que não a vimos? Não só a vimos como o nosso coração transbordou de alegria por vê-la tão bem, sem aquele ódio, que a estava aniquilando.

— Luiz, que saudade! Que bom revê-lo! Sabe, um dia eu quero trabalhar com você. Deixa?

— Claro, boneca, será um prazer.

Depois de uma longa conversa, despedimo-nos com um apertado abraço de "até outra vez". Quando já estávamos saindo, ela correu novamente até nos alcançar e tornou a nos abraçar bem forte, dizendo:

— Luiz, diga àquela querida irmã que estou orando pela sua saúde. Jamais esquecerei o quanto me ajudou com suas preces.

— Diremos, e continue orando, pois todos nós estamos preocupados com sua saúde.

Ela voltou à ala. E nós, como bons viajantes, continuamos o caminho; agora, estávamos prontos para nos juntarmos a Nikolas, Otto, Paul, Julienne, Hugues e Ilisabetita, que tanto trabalharam conosco. Íamos andando. Vários transeuntes por nós passavam, mas a nossa meta era reencontrar o grupo. E logo o avistamos.

— Por onde andou, Luiz Sérgio? — perguntou Hugues.

— Pelo jardim de Jesus.

— E encontrou-se com Ele?

— Há muito nós vivemos junto de Jesus, que vive em nosso coração.

— Bravo! — falou Julienne.

Ali ficamos com os nossos amigos, até que chegou a hora de um novo adeus. Cada um voltaria para sua colônia. Havia sido um mês de trabalho, ou melhor, de férias para nós, pois aproveitamos o tempo livre para conhecer melhor o mundo onde vivemos. Caminhando por esse mundo, pudemos compreender melhor a Doutrina Espírita e por que ela é a Terceira Revelação. Compreendemos que aquele que julga que a vida termina junto ao túmulo é um infeliz. O que conhece o Espiritismo e brinca com ele é mais infeliz ainda, porque os Espíritos estão em toda parte e se preocupam com os encarnados. Deslumbrados diante do avanço da ciência e com o conforto da vida moderna, afundam-se no materialismo e vivem cada vez mais estressados em busca do ouro, deixando passar a oportunidade de descobrir o tesouro que há em cada filho de Deus: o tesouro do Espírito, que é eterno.

— Quanto aprendemos neste mês de trabalho! Muito agradecemos a todos vocês por esses dias que passamos juntos.

Nikolas abraçou fortemente a todos nós. Julienne ficou por último. Fitando-nos com carinho, desejou-nos sorte.

— Um beijo carinhoso de quem aprendeu a lhe querer bem — falei.

— Obrigada, irmão querido. Esperamos encontrá-lo outras vezes.

— Até um dia!...

O grupo se desfez e cada um se foi, deixando Nikolas sozinho. Não sabemos por que esperamos todos saírem e nos achegamos ao querido amigo.

— Não está com pressa de voltar para casa?

— Não, Nikolas, se pudéssemos abraçaríamos a todos os que amamos e não deixaríamos ninguém se afastar de nós.

— Deseja acompanhar-nos? Iremos entregar o relatório deste trabalho.

— Se pudermos acompanhá-lo, gostaríamos muito.

Ele não nos respondeu, apenas enlaçou nosso ombro e assim ganhamos estrada. Antes de Nikolas entregar o relatório no Departamento do Trabalho, ainda tivemos a oportunidade de assistir a uma palestra. O instrutor falava sobre a violência no Planeta; sobre os assassinatos bárbaros; dizia que, aos olhos de Deus, é crime qualquer assassinato, pois aquele que tira a vida do seu semelhante corta o fio de uma existência de expiação ou de missão. Somente a necessidade de legítima defesa pode escusá-lo da responsabilidade. Mas o homem tudo deve fazer para não praticar um crime. Ali também se falou sobre as drogas; que ela, ao penetrar nos órgãos físicos do viciado, atinge o aparelho circulatório, o sangue, o sistema respiratório, o cérebro e as células, principalmente as neuroniais. Portanto, a droga é uma assassina fria, que aleija e mata. Muitos fatos foram tratados, assuntos para um novo livro. Saímos, e quando íamos despedir-nos de Nikolas, alguém nos chamou:

— Luiz, estão esperando-o na ala cento e cinqüenta e oito.

Olhamos o nosso amigo, que nos sorriu:

— Vamos até lá, alguém espera por nós.

— O irmão não vai entregar o relatório?

— Ainda não.

E, assim, logo estávamos na ala cento e cinqüenta e oito, onde um comboio de suicidas acabava de regressar do plano físico. Colocamos a "mão na massa", imediatamente, carregando aqueles corpos e os levando para as enfermarias, alguns em total desespero. Confessamos que estávamos cansado, quando Nikolas nos falou:

— Agora, vá até o departamento de emprego, o Antero espera por você.

— E você, para onde vai?

— Iremos entregar o relatório sobre o que vimos e depois, talvez, reencontrá-lo em novas tarefas.

— Não diga, amigo! É verdade? Pois nós adoraríamos tê-lo novamente ao nosso lado.

— Luiz, que Deus nos abençoe. Até logo mais.

Já íamos ficar emocionado, quando Nikolas nos disse:

— Não deixe ninguém esperando, a falta de pontualidade mostra a indisciplina do nosso Espírito. Quando assim procedemos, alguém está sendo prejudicado, deixando de viver os seus minutos, e nós nos tornamos inimigos do horário.

Rimos, recordando-nos de Rajy, quando nos conscientizou da importância da pontualidade. E, assim, fomos até Antero, que procurava emprego e estava precisando de ajuda. Antero sorriu feliz quando nos viu. Logo também nos despedimos dele, pois tudo já estava acertado.

Agora, o que nos restava era voltar para casa. Enquanto isso, fomos observando tudo à nossa volta: as árvores, umas com flores, outras com frutos; os pássaros que trinavam, contentes; as flores, perfumando o nosso Universo de Amor. A cada manifestação da natureza, sentimo-nos tão filho de Deus, tão protegido por Ele, que corremos pelos campos floridos e beijamos cada árvore, tal a alegria e a emoção em sentir o Pai nas Suas criaturas. Não ouvimos a voz de Deus, como ocorreu no batismo de Jesus, mas ouvimos as flores e os filhos de Deus murmurarem baixinho: "Obrigado, Senhor, porque nós existimos e possuímos a vida eterna". Ao tocar a flor, sentimos que ela também murmurava uma oração silenciosa, por não ser órfã, mesmo quando esmagada, porque nela existe a vida e esta é eterna.

E, assim, naquele belo jardim de Jesus, ouvíamos a canção da natureza agradecida pelo universo de amor que pertence a Deus e imploramos pela paz entre os homens. Junto de nós, belas cascatas, jardins floridos, cantos de pássaros, tudo compunha o Universo de Deus. Com que alegria constatamos que um dia passamos pelas mãos do Criador e, como uma célula, fomos colocados no primeiro ventre, o reino mineral! Como essência divina, continuamos a nossa caminhada, adentrando o maravilhoso mundo dos sonhos: o reino vegetal. Desse modo, fomos engatinhando, como criança divina, cuidada por Deus, amadurecendo como princípio inteligente, encarnando no mundo animal. E com que alegria nos sentimos homem, curvando a cabeça para ser coroada pela dádiva da razão: o livre-arbítrio! Não éramos mais pedra, vegetal nem animal, e sim homem — ser inteligente, livre para caminhar por todo o paraíso: o Universo. Quanta alegria, Senhor, ao constatar que temos um Pai-amigo, que jamais nos deixou sem Sua presença, mesmo quando éramos apenas uma pedra! Imagine agora, que nos tornamos adultos e tanto precisamos da Sua inteligência e do Seu amor. Obrigado, Deus, Pai amado, por Seu Universo de Amor.

Luiz Sérgio

Brasília, março de 1997.

APÊNDICE

Abraça-me, Senhor

Francisca Theresa

trás a - bra - ça-me Se-nhor a - bra - ça - me se pe-dras e es-pi-nhos me fi -ze-rem la-men-
tar. Quan-do me en-con-trar fe - ri-da pe-lo ba-ta-lhar e la - bu - tar do
so-zi-nha
di -a A - bra - ça-me Se-nhor a - bra - ça - me e de - se - jar so-men - te im-plo-
rar. E co - me-çar a me quei-xar do meu so - fre-er a - bra-ça-me Se-nhor a-bra - ça-me
E fa - ça-me ca - lar.

Jovem Espírita

Luiz Sérgio

tão bus - can - do a fé na luz da ra - zão.
A Dou - tri - na me en - si - na a o - bri - ga - ção mo - ral em ca - da com - pa - nhei - ro um a - mi - go le -
al. Na Ca - sa de Cris - to vi - ve - mos a a - pren - der que a pu - re - za dou - tri - ná - ria é cum - prir com o de - ver.
Sou jo - vem es - pí - ri - ta sou jo - vem cris - tão bus - can - do a
fé na luz da ra - zão. Sou jo - vem es - pí - ri - ta sou jo - vem cris - tão bus - can - do a fé na luz da ra -
zão.

Obras do Espírito Luiz Sérgio

O mundo que eu encontrei – Psicografado por Alaíde de Assunção e Silva
Novas Mensagens – Psicografado por Alaíde de Assunção e Silva
Intercâmbio – Psicografado por Alaíde de A. e Silva e Lúcia M. S. Pinto
Na esperança de uma nova vida – Psicografado por Irene Pacheco Machado
Ninguém está sozinho – Psicografado por Irene Pacheco Machado
Os miosótis voltam a florir – Psicografado por Irene Pacheco Machado
O vôo mais alto – Psicografado por Irene Pacheco Machado
Um jardim de esperanças – Psicografado por Irene Pacheco Machado
Mãos estendidas – Psicografado por Irene Pacheco Machado
Consciência – Psicografado por Irene Pacheco Machado
Chama eterna – Psicografado por Irene Pacheco Machado
Lírios colhidos – Psicografado por Irene Pacheco Machado
Driblando a dor – Psicografado por Irene Pacheco Machado
Deixe-me viver – Psicografado por Irene Pacheco Machado
Dois mundos tão meus – Psicografado por Irene Pacheco Machado
Cascata de luz – Psicografado por Irene Pacheco Machado
Na hora do adeus – Psicografado por Irene Pacheco Machado
Universo de amor – Psicografado por Irene Pacheco Machado
Amigo e Mestre – Psicografado por Irene Pacheco Machado
Ensina-me a falar de amor – Psicografado por Irene Pacheco Machado
Mais além do meu olhar – Psicografado por Irene Pacheco Machado

Obras de autores diversos psicografadas por IRENE PACHECO MACHADO

Diálogo com Jesus – Pelo Espírito Francisca Theresa
Reflexões de Jacó – Pelo Espírito Jacó
Nós amamos você – Por Espíritos diversos
Reflexões de Jacó II – Pelo Espírito Jacó
Por que as lágrimas? – Por Espíritos diversos
Alicerce da Fé – Pelos Espíritos Lázaro José e João Batista
Sonhos & Realidades – Pelo Espírito Jacó
Uma rosa em meu caminho – Pelo Espírito Rosália
Corações amigos – Por Espíritos diversos
Cântico de paz – Pelo Espírito Jacó
As flores também choram – Pelo Espírito Jacó
O Gênesis – Pelo Espírito Cecília (Série *A Bíblia na Linguagem Espírita – Vol. 1)*
Êxodo – Pelo Espírito Cecília (Série *A Bíblia na Linguagem Espírita – Vol. 2)*
Levítico – Pelo Espírito Cecília (Série *A Bíblia na Linguagem Espírita – Vol. 3)*
Números – Pelo Espírito Cecília (Série *A Bíblia na Linguagem Espírita – Vol. 4)*
Deuteronômio – Pelo Espírito Cecília (Série *A Bíblia na Linguagem Espírita – Vol. 5)*
Josué, Juízes, Rute – Pelo Espírito Cecília (Série *A Bíblia na Linguagem Espírita – Vol. 6)*

Obras de autores diversos

O Barco de Maria – Mauricio Maia Soutinho
Conquista do Reino – João J. Moutinho
A Longa Estrada – Mauricio Maia Soutinho e Jab Sousa Silveira

Impressão e Acabamento:

LID GRÁFICA
E EDITORA LTDA.

SAAN Quadra 01 Lote 615 Brasília - DF
Tel.: (61) 361-8986 - Fax: (61) 361-9304 - e-mail: lidgrafica@lidgrafica.com.br